유태인의 비지니스 비결
유태인의 지혜

从0到1有多远
著: 洁岛

Copyright ⓒ 2005 by 北京沧浪文化发展有限公司
Korean translation Copyright ⓒ 2006 by Gandhibook Publishing Company
All rights reserved.
This Korean edition is published by arrangement with 北京沧浪文化发展有限公司
through EntersKorea Co., Ltd, Seoul.

이 책의 한국어판 저작권은 (주)엔터스코리아를 통한 중국 北京沧浪文化发展有限公司와의 계약으로 간디서원이 소유합니다. 신 저작권법에 의하여 한국 내에서 보호를 받는 저작물이므로 무단전재와 복제를 금합니다.

유태인의 비지니스 비결
유태인의 지혜

초판일 | 2006년 9월 30일
개정일 | 2016년 12월 20일

지은이 | 지에다오
옮긴이 | 남혜선

펴낸곳 | 간디서원
펴낸이 | 김강욱
등 록 | 제382-2010-000006호

주 소 | 06996 서울시 동작구 동작대로33길 56(사당동)
전 화 | (02)3477-7008 팩시밀리 (02)3477-7066
이메일 | gandhib@naver.com

ISBN 978-89-97533-17-6 03320

※잘못된 책은 바꾸어 드립니다.

유태인의 비지니스 비결
유태인의 지혜
지에다오 지음 | 남혜선 옮김

간디서원

머리말

세계 최고 장사꾼들의 경영 비결

세계적으로 유명한 상인들은 미국의 상인들을 최고로 여긴다. 그러나 미국의 가장 뛰어난 상인들 중에서도 최고는 바로 유태인 출신의 상인들이다.

유태인들은 그 천재적인 상술을 바탕으로 전 세계의 비즈니스 업계가 인정하는 '세계 제일의 장사꾼'들이 되었다. 전 세계의 수많은 민족들 중, 유태인과 같은 민족을 찾기란 하늘에 별 따기 만큼이나 어렵다. 5,000여 년의 역사 중 2,000여 년이 넘는 시간 동안 발 길 닿는 데로 떠돌아다니며 온갖 핍박을 받았던 유태인. 어떤 의미에서 봤을 때 유태인들의 생존과 존엄성을 지켜준 것은 다름 아닌 그들의 천재적인 상술이었다.

역사 이래 가장 부유했던 거부들 중에서도 유태인들은 두드러진다. 유럽 금융의 명맥을 장악하고 있는 로스차일드에서 월스트리트의 최고 갑부 모건까지, 최초로 소련과 무역을 했던 붉은 자본가 아먼드 해머(Armand Hammer)에서 세계 최초의 억만장자 록펠러까지, 금융가의 일인자 조지 소로스(George Soros)에서 주식투자계의 신 워렌 버핏(Warren Buffet), 민간인으로 올림픽을 개최했던 피터 위버로스(Peter V. Ueberroth)에 이르기까지, 셀 수도 없이 많은 유태인 출신의 비즈니스 업계 거물들이 세상 사람들의 주목을 받고 있다.

  세상은 이 위대한 민족에 놀라움을 금치 못했고 사람들은 이들을 주시하며 연구하기 시작했다. 필자는 이 책에서 방대한 자료를 바탕으로 유태인의 상술과 경영 기술을 자세히 소개하고 분석하면서 유태인의 경영 지혜를 전반적이면서도 입체적으로 드러내고자 애썼다. 그런 만큼 이 책이 감히 '세계 제일의 장사꾼'들의 경영 비결을 두루 훑어볼 수 있는 책이라고 자부한다.

  '타산지석, 가이공옥(他山之石, 可以攻玉)'이라고 했다. 다른 산의 돌로 나의 옥을 갈 수 있다는 말이다. 이 책이 독자 여러분들이 앞으로 사업을 하고 돈을 버는 데 도움이 될 수 있기를 진심으로 바란다.

CONTENT

1 돈을 세속의 하느님으로 여기는 유태인

노점상 출신의 기발한 사업가 파욜 _ 12

돈 앞에서 솔직했던 록펠러 _ 16

하느님은 비웃을 수 있어도 돈은 비웃지 않는다 _ 21

돈을 세속의 하느님으로 여기는 유태인 _ 24

노는 땅을 황금벌판으로 만든 힐튼 _ 30

쓰레기 갑부 존 랜고스 _ 32

공짜로 석탄을 산 아먼드 해머 _ 35

행복을 가져다주는 돈 _ 38

유태인의 기부 관념 _ 42

가장 큰 성공의 열쇠는 근면 _ 50

2 사람의 심리를 교묘하게 이용하여 목적을 이루는 유태인

주식왕 조셉 _ 56

선박왕 오나시스를 능가했던 루트비히의 종자돈 모으기 _ 63

정부와 여론을 주물렀던 아이아코카 _ 70

상대의 머리 위에서 놀아라 _ 74

박리다매 전략과 고가 전략 _ 76

500달러로 1만 달러짜리 부동산을 산 허들린 _ 79
M&A의 유태인 귀재들 _ 83
사람의 심리를 교묘하게 이용하여 목적을 이루는 유태인 _ 88
엄격한 일본의 외환관리제도를 역이용한 유태인들 _ 92
실현가능한 목표를 세우고 전진하는 유태인들 _ 96
워털루전황 정보를 이용한 로스차일드의 주식투자 _ 100

3 불가사의한 계약의 민족 유태인

신용을 최고의 자산으로 여기는 유태인 _ 106
법이란 무기로 록펠러 가문에 대항한 유태인 _ 110
불가사의한 계약의 민족 유태인 _ 113
월스트리트 금융제국의 지배자 모건 가의 성공 비결 _ 117
법을 모르면 걸출한 상인이 될 수 없다 _ 121
50만 달러 주식과 국채를 저당 잡히고 1달러를 대출한 유태 상인 _ 125
석유 부호 레온 헤스의 뇌물 _ 130
유태인의 납세와 탈세 개념 _ 136
상대를 배려하는 지혜를 가진 유태 상인 _ 139
기회만 생기면 아들을 속였던 록펠러의 부친 _ 142

4 협상의 비밀은 모든 것을 준비하고 답하는 데 있다고 믿는 유태인

중매쟁이 키신저의 협상술__148

자동차업계의 판매술 오티스 호출법__153

보물을 다루듯이 신중하게 자신의 혀를 놀려라__160

심리 암시를 이용한 판매술__165

협상테이블에서의 시간 제한 기법__170

독으로 독을 다스리는 협상술__174

양측의 입장은 조정할 수 없어도 이익은 조정할 수 있다__180

협상의 비밀은 모든 것을 준비하고 답하는 데 있다고 믿는 유태인__186

더 높은 협상 목표를 가져야 더 많은 열매를 맺는다__190

초펠이란 유태인의 협상 사례__194

5 유태인의 유일한 재산은 지혜

워렌 버핏이 굴린 돈 눈덩이__206

용접제 한 방울로 년간 5억 달러의 비용을 절감한 록펠러__211

유태인이 은행에 돈을 맡기지 않는 이유__217

유태인의 유일한 재산은 지혜__222
어릴 때부터 용돈기록 훈련을 받는 록펠러 가문의 전통__229
78:22 법칙__232
금융계의 거두 앙드레 메이어의 돈 버는 4가지 비결__239
대담한 모험으로 세계 금융계의 지배자가 된 모건 가문__252
다른 사람은 엄두도 못내는 장사를 한 아먼드 해머__258

6 올림픽을 상품으로 팔아먹은 유태인 위버로스

유태인들의 성공은 운이 좋기 때문이다?__268
올림픽을 상품으로 팔아먹은 유태인 위버로스__273
욱한 마음에 플레이보이를 창간한 헤프너__280
'여성'과 '입'과 관련된 사업은 유태인들이 가장 좋아하는 두 가지 사업__284
금광에서 금을 캐지 않고 물을 팔았던 아머__289
초특급 두뇌집단으로 구성된 키신저의 국제 컨설팅 회사__297
전 세계 호텔업계의 선두에 설 때까지 만족을 몰랐던 힐튼__303
주위의 온갖 반대를 무릎쓰고 세계 최초의 뉴스 전문 채널(CNN)을 만든 테드 터너__309

1

돈을 세속의 하느님으로 여기는 유태인

"사람에게 해를 끼치는 것에는 고민, 싸움, 빈 지갑, 이렇게 세 가지가 있다. 그중에서도 최고는 바로 텅 빈 돈지갑이다."

유태 속담

노점상 출신의 기발한 사업가 파욜

한 노인이 77세의 생을 마감하기 직전, 비서를 시켜 신문에 조그만 광고를 냈다. 그 광고의 내용인즉슨, 자신이 곧 세상을 떠나 천당에 가게 될 터인데, 그때 가족이나 가까운 사람들을 먼저 떠나보낸 사람들의 소식을 전해주고 싶다는 것이었다. 한 사람당 미화 100달러면 가능하다고 했다. 이 황당하기 그지없는 소식은 수많은 사람들의 호기심을 불러일으켰고, 그 결과 노인은 순식간에 10만 달러를 벌어들였다.

이 일화의 주인공 디오리 파욜은 입지전적인 유태인이다. 빈민굴에서 태어난 그는 그곳의 다른 아이들과 마찬가지로 지는 것을 싫어하고 싸움질을 잘하는, 툭하면 학교 수업 빼먹고 땡땡이치기를 좋아하는 아이였다. 다만 다른 점이 있다면 돈 버는 재주 하나는 타고났다는 것이었다. 어느 날은 길가에서 주은 장난감 자동차를 고쳐 친구들에게 갖고 놀게 하고는, 그 대가로 한 사람당 10센트씩을 받아 챙겼다. 이렇게 해서 번 돈으로 일주일 만에 새 장난감 자동차를 산 적도 있었다. 파욜의 담임선생님은 그에게 이렇게 말했다.

"네가 만약 부유한 가정에서 태어났더라면 아주 뛰어난 상인이 되었을 게다. 그렇지만 지금 너에게 그건 불가능한 꿈에 지나지 않아. 노점 행상인이라도 될 수 있으면 그것으로도 괜찮으련만."

중학교를 졸업한 후, 파욜은 정말로 노점상이 되었다. 담임선생님이 말씀하셨던 것처럼 같은 또래의 빈민굴 출신 아이들에 비하면 꽤나 잘나가는 편이었다. 쇠붙이 조각, 건전지, 레몬주스 등등 무엇이든지 파욜이 팔면 잘 팔려나갔다.

그러나 파욜이 큰 성공을 거둘 수 있었던 것은 실크 때문이었다. 한 번은 일본에서 배로 운송되던 실크가 도중에 그만 폭풍우를 만나 염료에 젖고 말았다. 수량으로 따지면 족히 1톤이 넘는 양이었다. 염료에 젖어버린 이 실크 때문에 일본인들은 골치를 썩였다. 처리를 해버리고 싶어도 도대체 가격을 물어오는 사람이 있기를 하나, 그렇다고 항구로 운송해가서 쓰레기통에 처넣어 버리자니 환경부처의 처벌을 받을까 두려웠다. 그래서 결국 회항길에 이 실크를 넓은 바다에 내버리기로 했다.

당시 파욜은 밤이면 밤마다 항구 근처의 어느 지하 술집을 자기 집 안방 드나들듯 드나들며 술을 마셔댔다. 여느 때처럼 술에 흠뻑 취해 있던 그날 밤, 비틀거리며 일본 선원들의 옆을 지나가던 파욜은 그 일본인들이 술집 종업원들과 그 짜증나는 실크에 대해 이야기하는 것을 듣게 되었다. 그들이야 아무 생각 없이 내뱉은 말이었지만, 듣고 있던 파욜에게는 예사롭게 들리지 않았다. 드디어 기회가 왔다는 것을 파욜은 직감적으로 느낄 수 있었다.

이튿날, 파욜은 외항선 쪽으로 가서 항구에 주차된 트럭 하나를 가리키며 선장에게 이렇게 말했다.

"제가 좀 도와드릴까요? 그 쓸데없는 실크를 처리하는 일 말입니다."

 이 말 한마디로 그는 땡전 한 푼 들이지 않고 화학 염료에 젖어버린 실크를 손에 넣었다. 그러고 나서 그는 이 실크로 군인들이 위장할 때 입는 위장복, 위장 넥타이 그리고 위장용 모자를 만들었다. 파욜은 이 물건들을 팔아 하룻밤 사이에 10만 달러의 돈을 벌어들였다.

 더 이상 일개 노점상이 아닌 유명 상인이 된 파욜은 이번에는 교외에 위치한 어느 땅에 눈독을 들였다. 주인을 찾아내 그는 10만 달러에 이 땅을 사고 싶다고 말했다. 그러자 땅주인은 옳다구나 하며 10만 달러를 얼른 챙겨 넣고는 파욜이 멍청하다고 비웃었다.

 '이렇게 외진 곳을 사다니, 바보 아냐? 낄낄낄!'

 그러나 그로부터 1년 후, 시정부에서 생각지도 못한 발표가 나왔다. 내용인즉슨, 시를 둘러싸는 순환도로를 건설하겠다는 것이었다. 그리고 얼마 지나지 않아 파욜의 땅은 가격이 150배나 뛰었다. 어느 부동산 부호가 별장을 지을 요량으로 2,000만 달러에 이 땅을 사고 싶어 했지만 파욜은 웃음 띤 얼굴로 이렇게 말했다.

 "좀더 기다려 보렵니다. 제 생각엔 이 땅 값어치가 분명히 더 나갈 것 같아서요."

 아니나 다를까. 3년 후에 파욜의 땅은 2,500만 달러에 팔려나갔다. 이후 신귀족이 된 그는 상류사회의 사람들처럼 풍요로운 생활을 누렸다. 그와 동종업계에 있는 사람들은 파욜이 대체 시정부에서 순환도로를 건설할 것이라는 정보를 어떻게 얻어냈는지 너무나 궁금해 했다. 심지어 파욜이 시정부의 고위 관리들과 선이 닿아 있다며 의심을 하기도 했다. 그러나 실망스럽게도 파욜은 시정부에 아는 사람이라곤 하나도 없었다.

그는 변함없이 자기만의 방식으로 기적을 창조해 나갔다. 맨 앞에 든 일화가 대표적이다. 만약 그가 병상에서 며칠만 더 버텼다면 아마 더 많은 돈을 벌었을지도 모른다. 그는 아주 특이한 유서도 남겼다. 비서를 통해 다시 한 번 광고를 냈는데, 자신을 예절바른 신사라고 소개하고는 교양 있는 여성과 함께 묻히고 싶다는 바람을 실었다. 그러자 정말로 어느 귀부인이 5만 달러를 내고 그와 함께 묻히고 싶다는 뜻을 전해왔다고 한다.

유태인이 어마어마한 재력의 소유자가 될 수 있었던 것은 머리를 써서 생각할 줄 알았기 때문이다. 사실 돈을 벌 수 있는 길은 많고도 많다. 단지 그 길들이 모두 얇디얇은 창호지에 가려서 보이지 않을 뿐이다. 만약 당신이 창호지를 뚫어낼 만한 '현명한 손가락'을 갖고 있다면, 게임은 그것으로 끝이다.

돈 앞에서 솔직했던 록펠러

구름 한 점 없이 맑게 갠 어느 여름날, 피곤한 기색이 역력한 노인이 옷도 대충대충 걸친 채로 더럽고 어지러운 기차역 대합실에 앉아 있었다. 기차가 역으로 들어오자 그 노인은 몸을 일으켜 개찰구를 향해 걸어갔다.

그때, 대합실 밖에서 한 뚱뚱한 여인이 커다란 상자를 손에 들고 걸어 들어왔다. 이번 열차를 타려는 것이 분명해 보였다. 그렇지만 상자가 너무 무거웠든지 거친 숨을 몰아쉬며 좀처럼 빨리 걷지를 못했다. 급기야 여인은 노인에게 도움을 청했다.

"저, 어르신, 이 상자 드는 것 좀 도와주세요. 사례비는 조금 있다가 드릴게요!"

짐이 그렇게 무거워 보이지는 않았지만 노인은 상자를 들고 개찰구를 향해 걸어갔다. 기차가 서서히 시동을 걸기 시작하자, 여인은 땀을 닦으며 노인에게 감사를 전했다.

"어르신이 아니셨으면 기차를 놓치고 말았을 거예요."

그러고는 노인에게 1달러를 건넸다. 노인은 돈을 마다하지 않고 웃음을 띤 얼굴로 받아들였다. 바로 그때, 차장이 걸어오더니 노인에게 이렇게 말했다.

"존경하는 록펠러 선생, 안녕하십니까. 저희 열차에 탑승하신 것을 환영합니다. 도움이 필요하시면 얼마든지 말씀해주세요. 기꺼이 도와드리겠습니다."

"고맙지만 괜찮소. 3일 간의 도보 여행을 마치고 지금 뉴욕으로 돌아가는 길이랍니다."

노인은 공손하게 대답했다.

"뭐라고요? 록펠러?"

여인은 너무나 놀라 이렇게 소리쳤다.

"세상에나 내가 석유 재벌 록펠러 씨에게 상자를 들게 하고 그것도 모자라 내 손으로 그에게 1달러를 쥐어주기까지 했다니, 도대체 내가 무슨 짓을 한 거죠?"

그녀는 다급히 록펠러에게 사과를 하고는 황송해서 몸 둘 바를 모르겠다면서 1달러를 돌려달라고 청했다.

"아주머니, 사과하실 필요 없습니다. 잘못을 한 것도 없으신 데요 뭘."

록펠러는 웃으며 말했다.

"이 1달러는 제가 번 돈입니다. 그러니 제가 가져가지요."

그리고 나서 그 1달러를 조심스럽게 주머니 안에 넣었다.

유태인들은 돈을 신주 모시듯 받들어 모시지는 않지만 그렇다고 돈을 악마 보듯 하지도 않는다. 더욱이 돈을 벌고 싶으면서도 돈 버는 일을 부끄럽게 여기는 마음 따위는 갖고 있지도 않다. 유태인들은 돈이란 깨끗하고, 아주 일상적인 것이라고 생각한다. 따라서 돈을 버는 것은 숨기고 자시고 할 필요가 없는 자연스럽고도 정정당당한 행위다.

　돈으로 생계를 이어가는 것은 유태인들의 소박하고 자연스런 생활방식에 지나지 않는다. 유태인들은 벌어들일 돈이 있으면 결코 이를 마다해서는 안 된다고 생각한다. 여기서 또 다른 이야기를 살펴보자.

　어느 날 한 무신론자가 랍비를 찾아왔다. 무신론자가 불쑥 금화 한 닢을 꺼내 랍비에게 주자, 랍비는 아무 말 없이 이를 받아서는 곧장 자신의 호주머니에 집어넣었다.

　"제게 뭐 부탁하실 일이 있으신가 보군요. 혹시 아이를 갖지 못하는 아내를 위해 기도를 부탁하시려는 겁니까?"

　"아닙니다. 전 아직 결혼도 안 했는걸요."

　무신론자는 이렇게 대답하고는 랍비에게 다시 금화 한 닢을 건넸다. 그러자 랍비는 또 두말없이 이를 받아 자신의 주머니로 가져갔다.

　"그렇지만 분명히 제게 하고 싶은 말이 있으신 것 같은데요. 뭔가 죄를 지어서 하느님께 용서받고 싶다든가……."

　"아닙니다. 전 어떤 죄도 짓지 않았습니다."

　무신론자는 이렇게 말하더니 또 금화 한 닢을 꺼내 랍비에게 주었다. 랍비 역시 아무 말 없이 금화를 받아 주머니에 넣었다.

　"그럼 장사가 잘 안 돼서 기도를 바라시는 건가요?"

　이번에는 맞기를 기대하며 랍비가 물었다.

　"아닙니다. 올해 장사도 잘 됐습니다."

　대답을 마친 무신론자는 다시 랍비에게 금화 한 닢을 건넸다. 랍비는 계속 금화를 받아 주머니 속에 집어넣었다.

"아니, 그럼 도대체 제게 뭘 바라시는 건가요?"

급기야 랍비가 이상하다는 듯 물었다.

"아무것도 없습니다. 그러니까 아무것도 하실 필요 없어요. 전 그저 하는 일이라곤 아무것도 없는 사람이 도대체 얼마나 오랫동안 돈만 챙길 수 있는지 보고 싶을 뿐입니다!"

그러자 랍비는 이렇게 대답했다.

"돈은 돈입니다. 다른 게 아니지요. 제가 돈을 가져가는 것은 종이 한 장, 돌멩이 하나를 가져가는 것과 다를 바가 없습니다. 있는 것을 가져가는 일이라면 전 마다하지 않을 겁니다."

유태인들은 돈을 종이 한 장, 돌멩이 하나로 보고 평상심을 유지한다. 그래서 돈을 귀신 보듯 하지도 않고, 그렇다고 돈을 깨끗한 돈, 더러운 돈으로 나누지도 않는다. 그들에게 돈은 그저 돈일 뿐이다. 아주 일상적인 물건인 것이다.

유태인은 온갖 지혜를 다 짜내 부지런히 돈을 번다. 마음먹은 만큼 벌 수 있다면 당연히 좋겠지만 돈을 못 벌거나 혹은 돈을 잃어버린다고 해도 그리 괴로워하지 않는다. 이렇게 태연자약한 마음을 갖고 있기 때문에 유태인들은 위험하기 그지없는 비즈니스 업계에서 자유자재로 질주한다. 어려움이 닥쳐와도 놀라거나 좌절하지 않고 업적을 쌓아올려 세상 사람들의 부러움을 산다.

유태인에게 돈을 번다는 것은 영원불멸의 진리이며 너무나 자연스러운 일이다. 설사 몇 푼 안 되는 돈이라고 해도 벌 수 있는데 벌지 않는다면, 그것이야말로 돈에게 죄를 짓는 것이고 하느님의 벌을 받을 만한 일이다.

유태인은 돈을 좋아한다. 돈을 좋아하다 못해 사랑하는 천성을 숨기지도 않는다. 그래서 세상 사람들은 유태인을 욕하면서도 돈 앞에서 솔직한 유태인에게 무릎을 꿇고 만다. 실행 가능한 돈벌이 방법이라면 유태인들은 이를 활용해 반드시 돈을 벌어들인다. 돈을 벌어들이는 것은 아주 자연스럽고 합리적인 일이며 현명하고 지혜로운 행동이다.

하느님은 비웃을 수 있어도
돈은 비웃지 않는다

유태인은 하느님을 믿지만 절대 맹신하지는 않는다. 예를 들어 랍비가 사람들에게 하느님을 믿고 찬양하라고 하면 언제나 그랬듯이 누군가 이렇게 항의한다.

"하느님이 우리 유태인들에게 해준 것도 없으시니 그런 영광을 돌려서는 안 됩니다!"

칼 마르크스는 유태인에 대해 아주 절묘하게 다음과 같은 묘사를 한 적이 있다.

"이제 현실 세계의 유태인을 한번 관찰해보도록 하죠. 유태인의 세속적인 기반은 무엇일까요? 바로 현실적인 필요와 이기적인 마음입니다. 유태인의 세속적인 우상은 무엇일까요? 바로 장사입니다. 그렇다면 유태인들의 세속적인 하느님은 누구일까요? 바로 돈입니다."

유태인은 유머러스하면서도 기지가 넘치는 민족이다. 말끝마다 그들의 총명함과 재치가 가득 묻어나는 우스갯소리를 내놓는다. 유태인은 하느님도 비웃는다. 그렇지만 돈은 절대 비웃지 않는다. 유태인의 마음속에 돈은 신성한 것이기 때문이다.

한 유태인이 친구에게 돈을 빌리려 했다.

"여보게, 내가 요즘 주머니 사정이 좀 빠듯한데 돈 좀 빌려 줄 수 있나?"

"친구 사이에 당연히 빌려줘야지."

"그럼 이자는 얼마면 되겠나?"

"9부."

"뭐, 9부? 자네 정신이 어떻게 된 것 아닌가? 어떻게 친구인 나에게 9부나 되는 이자를 요구할 수가 있어! 만약 하느님이 하늘에서 보고 계신다면 어떻게 생각하실 것 같나?"

"하느님이 하늘에서 내려다보실 때는 9가 6처럼 보일 걸세."

유태인은 자유롭게, 마치 이웃집 사람 이야기를 하듯 하느님에 대해 이야기한다. 그런 유태인들이 돈에 대해서는 언제나 진지하고 경건하다. 그들은 절대 돈을 조롱하지 않는다. 유태인에게 있어 돈은 천국에 계신 하느님보다 더 현실적인 세속의 하느님이기 때문이다. 현실 생활을 중시하는 유태인에게, 반드시 돈으로 생활을 해나가야 하는 유태인에게, 이 세속의 하느님인 돈이야말로 그들의 육체적인 생존을 가능하게 해주는 존재다. 이 세속의 하느님이 육체적인 생존을 보장해주어야만 그들은 비로소 정신적인 하느님 앞에 고개 숙이고 엎드려 절하며 더욱 고귀한 삶을 추구할 수 있는 것이다.

그래서 유태인에게 돈은 삶의 전부다. 돈만 있으면 세상 모든 것이 아름다워진다. 비극의 역사 속에서 유태인은 고통을 숨긴 채 구세주인 하느님을 정성으로 받들었다. 그래서 유태인은 핍박을 당할 때마다 이를 또 한 번의 도전으로 받아들였다. 고통스런 환경 속에서도 그들은 힘겹게 돈 벌 기회를 찾아냈고 쉼 없이 바쁘게 뛰어다녔다. 온갖 고생을 다 해가며 장사를 생존 수단으로 받아들였다. 그리고 천재적인 상술을 발판삼아 유일무이한 업적을 쌓아올렸다.

오랜 비즈니스 전쟁 속에서 유태인은 깊은 깨달음을 얻었다.

"비즈니스 업계는 전쟁터이며 현명한 상인은 온갖 방법으로 이윤을 획득한다. 똑똑한 상인은 이윤을 얻는 데 인정 따위는 조금도 베풀지 않는다."

비즈니스 업계에서 대업을 이루려면 '무정'해야 한다. 마음이 너무 여린 사람은 실격이다.

돈을 세속의 하느님으로 여기는 유태인

처해 있는 사회적 배경과 생활환경의 특수성으로 말미암아 유태인들은 돈에 대해 독특하고도 심오한 생각을 갖게 되었다. 예부터 유태인들은 돈을 세속의 하느님으로 생각해왔다. 그들은 이 세상에서 하느님을 제외하고는 오직 돈만이 존경하고 중시할 가치가 있다고 여긴다.

유태인들의 제2의 성경인 「탈무드」에는 돈에 관련된 수많은 격언들이 있다.

"하느님은 밝은 빛을 내려주시고 돈은 온기를 퍼뜨려준다."

"사람에게 해를 끼치는 것에는 고민, 싸움, 빈 지갑, 이렇게 세 가지가 있다. 그중에서도 최고는 바로 텅 빈 돈지갑이다."

"일단 금화 소리가 들리면 욕하던 입도 다물어진다."

"돈은 죄악도 저주도 아니다. 돈은 인간을 축복해준다."

"돈 벌기는 쉽다. 그러나 돈 쓰기는 어렵다."

"돈은 인정 없는 주인일지 모르지만 능력 있는 심부름꾼임은 분명하다."

"돈을 가지고 가서 문을 두드리면 열리지 않는 문이 없다."

"육체는 마음에 기대어 살고 마음은 돈지갑에 기대어 산다."

"돈이 비록 모든 것을 완벽하게 만들 수는 없지만 그렇다고 모든 것을 망쳐놓는 것도 아니다."

"가난한 자라고 해서 항상 옳고 부자라고 해서 항상 옳지 못한 것은 아니다."

"돈이란 옷이 우리에게 베푸는 정도밖에 해주지 못한다."

"부자를 칭송하는 사람은 사실 부자가 아닌 돈을 칭송하는 것이다."

이런 격언들로부터 우리는 돈을 하나의 도구로 보는 유태인들의 금전 관념을 쉽게 알아챌 수 있다. 세상 사람들은 이를 비웃지만, 유태인들은 사람들이 이를 어떻게 평가하고 비난하는지 전혀 개의치 않는다. 언제나 그랬듯이 돈 버는 일에만 열중할 뿐이다.

돈을 벌기 위해 유태인들은 꾀라는 꾀는 모두 다 짜낸다. 석유 재벌 록펠러의 이야기를 다시 해보자.

19세기 초, 메리트 형제가 미국의 메사비 지역에 정착했다. 우연한 기회에 메리트 형제는 메리트 지역에 철이 많이 난다는 것을 알게 되었다. 기뻐서 날아갈 것 같았던 메리트 형제는 수년 동안 모은 돈으로 급히 대량의 토지를 비밀리에 구입하고 그 자리에 철광회사를 세웠다.

록펠러도 일찌감치 이를 알게 되었지만 아쉽게도 메리트 형제보다 한 발 늦고 말았다. 노른자위 땅은 이미 메리트 형제가 사버렸으니 록펠러는 때를 기다릴 수밖에 없었다.

그러던 중 드디어 기회가 찾아왔다! 1837년, 미국에서 경제 위기가 발발하는 바람에 시장의 자금 회전 상황이 악화되어버렸고, 메리트 형제도 다른 수많은 회사들이 그랬듯이 곤경에 빠지고 말았다. 록펠러는 즉시 한 친구를 시켜 상황을 알아보게 했다. 그 친구는 메사비 지역에서 존경받는 목사였다.

어느 날, 메리트 형제는 목사를 집으로 초대해 정중히 대접했다. 대화는 자연스럽게 국가의 경제 위기에서 자신들이 처한 곤경으로 이어졌다. 이쯤 되자 목사는 얼른 화제를 되받아 친절하게 말했다.

"아니 왜 이제야 제게 알려주시는 겁니까? 일찍 알려주셨으면 미약하나마 제가 여러분을 도와드릴 수 있었을 텐데요."

이미 막다른 골목에 내몰려 있던 메리트 형제는 목사가 한 뜻밖의 말에 기쁨을 감추지 못하고 재빨리 물었다.

"아니 그럼 무슨 방법이라도 있다는 말씀입니까?"

그러자 목사가 말했다.

"제 절친한 친구 하나가 아주 큰 재산가입니다. 제 얼굴을 봐서라도 분명히 여러분께 큰돈을 빌려줄 겁니다. 얼마가 필요하신지요?"

"42만 달러면 될 것 같기는 합니다만. 그런데 정말 확신하시는 건가요?"

메리트 형제는 호박이 넝쿨째 들어온 느낌이었다.

"마음 놓으세요. 모든 것은 다 제가 알아서 하지요."

목사는 가슴께를 손으로 탁탁 치며 장담했다. 메리트 형제는 조심스레 물어보았다.

"그렇다면 이자는 얼마나 될까요?"

형제는 분명히 이자가 높을 것이라고 지레짐작했다. 그런데 생각지도 못하게 목사가 이렇게 말하는 것이 아닌가.

"우리 사이에 어떻게 이자를 받을 수 있겠습니까?"

"안 됩니다. 이자는 받으셔야죠. 저희를 도와 돈을 빌려주시는 것만으로도 이미 너무나 감사드릴 일인데, 어떻게 이자를 드리지 않을 수 있겠습니까?"

메리트 형제가 간절하게 말했다. 그러자 목사는 이렇게 입을 열었다.

"알겠습니다. 그럼 은행 이자율보다 2부 낮은 정도로 하면 어떨까요?"

이는 너무나 낮은 이자였다. 이게 꿈인지 생시인지 두 형제는 순간적으로 정신이 멍해졌다. 이 상황을 주시하고 있던 목사는 재빨리 펜을 꺼내들며 계약서를 쓰게 했다.

"오늘 메리트 형제가 코어 대출금(Core Loan) 42만 달러를 빌리고 그 이자는 3부로 한다. 말만으로는 증거가 될 수 없어 특별히 문서를 남겨 증거로 삼는다."

증서를 다시 한 번 읽어본 메리트 형제는 잘못된 곳이 없다는 생각에 기쁜 마음으로 서명했다. 그리고 반년의 시간이 흐른 어느 날, 목사가 다시 메리트 형제의 집을 찾았다. 목사는 유감스럽다는 듯 메리트 형제에게 말했다.

"일전에 말했던 그 친구가 바로 록펠러인데, 그 친구가 오늘 아침 빌려간 돈을 즉시 갚으라는 전보를 보내왔습니다."

그러나 메리트 형제는 이미 돈을 광산에 모두 쏟아 부은 뒤였기 때문에 빚을 갚을 능력이 없었다. 결국 형제는 어쩔 도리 없이 록펠러에 의해 법정에 불려나가게 되었다.

법정에서 록펠러의 변호사는 다음과 같이 말했다.

"증서에 피고가 코어 대출금을 빌려간 사실이 명확히 적혀 있습니다. 여기서 코어 대출금이 무엇인지 제가 약간의 설명을 덧붙이도록 하겠습니다. 이것은 돈을 빌려준 사람이 언제든지 자금을 회수할 수 있는 성질의 대출금이기 때문에 그 이자가 일반 대출금 이자에 비해 현저히 낮습니다. 우리나라 법률에 따르면 이런 대출금의 경우, 일단 돈을 빌려준 측이 상환을 요구하면, 돈을 빌려간 사람은 즉시 상환해야 합니다. 그렇지 못하면 파산을 선포해야 하지요. 반드시 둘 중 하나를 택해야 합니다."

메리트 형제는 파산을 선포할 수밖에 없었고, 결국 시가 52만 달러에 달하는 메리트 형제의 광산은 록펠러에게 넘어갔다. 그로부터 몇 년 후, 미국 경기가 되살아나면서 철강공업 내부의 경쟁도 치열해지기 시작했고, 록펠러는 1,941만 달러의 가격으로 메사비 광산을 모건에게 팔아 넘겼다. 모건은 거저 주은 것이나 마찬가지라고 생각했다.

혹자는 이 이야기를 듣고 록펠러에게 상도(商道)가 없다고 할지 모른다. 그러나 상인의 눈에는 이야말로 최고의 사업 확장 사례다. 사업을 하는 가장 큰 목적은 바로 돈을 버는 것이다. 돈 버는 게임은 법률의 구속은 받을지언정 결코 도덕적인 제약을 받지 않는다. 그러므로 유태인 출신 상인들은 장사가 합법적이기만 하다면 정당하다고 생각한다.

유태인이 돈을 모으는 데 크게 성공하면서 다른 민족들도 유태민족을 다시 보게 되었고 앞 다투어 유태인을 배우기 시작했다. 이런 의미에서 본다면 유태민족은 두말할 필요도 없이 세계에서 가장 우수하고 가장 현명하며 앞을 가장 잘 내다볼 줄 아는 민족임이 분명하다.

노는 땅을 황금벌판으로 만든 힐튼

유태인으로 힐튼 호텔의 창업주이자 호텔업계의 제왕이 된 콘래드 힐튼(Conrad N. Hilton)은 다음과 같은 비즈니스 신념을 갖고 있었다.

"내가 관리하는 모든 땅에서 황금이 나게 해야 한다!"

아무도 힐튼이 비즈니스 천재라는 것을 의심하지 않는다. 그의 상업적 재능 중에서도 사람들이 가장 탄복해 마지않는 것은 바로 그의 독특한 상업적 안목이다. 그는 한 뙈기의 땅도 놀리지 않았다. 그 땅들을 모두 최대한의 황금을 산출해낼 수 있는 황금벌판으로 만들었다. 대표적인 사례를 하나 들어보자.

힐튼이 월도프 아스토리아 호텔(Waldorf Astoria Hotel)을 높은 가격에 매입해서 경영권을 장악한 후의 일이다. 그는 신속하게 이 뉴욕의 유명 호텔을 이어받고 관리에 들어갔다. 호텔 사업이 나날이 호전되고 있을 무렵, 직원들은 모두 호텔의 모든 사업 수단을 이미 충분히 이용하고 있다고 생각하고 있었다. 그런데도 힐튼은 늘 그랬듯이 꼭 무슨 정원사라도 되는 양 혹시 놀려두고 있을지도 모르는 땅을 조용히 찾아다녔다.

직원들은 곧 힐튼이 호텔 앞에서 잠시 걸음을 멈추어 서서는 마치 한 마리의 매처럼 호텔 로비 중앙의 거대한 원기둥을 주의 깊게 살펴본다는 사실을 알게 되었다. 힐튼이 원기둥 주위를 왔다 갔다 할 때마다 모두들 가 다른 사람은 생각지도 못할 아이디어를 머릿속에서 떠올리고 있는 것이라고 짐작하곤 했다.

원기둥의 구조를 찬찬히 뜯어본 힐턴은 속이 빈 이 4개의 원기둥들이 건축 구조상 천장을 지탱할 만한 역학적 가치를 갖고 있지 못하다는 것을 발견했다. 그렇다면 도대체 이 원기둥들의 존재 가치는 무엇일까? 아무 소용도 없는 단순한 장식품일 뿐 아닌가? 힐턴은 이를 그냥 보아 넘길 수 없었다.

힐턴은 재빨리 이 4개의 원기둥을 투명한 유리 기둥으로 바꾸고 그 안에 아름다운 유리 진열장을 설치했다. 그 결과, 이 4개의 원기둥은 단순한 장식물이 아닌, 더할 나위 없이 좋은 광고판이자 상품 진열대가 되었다. 오가던 손님들은 이 기가 막힌 창의력에 발걸음을 멈추곤 했다. 며칠 지나지 않아 뉴욕의 똑똑한 보석상이며 향수 제조업체들이 이 원기둥을 전부 임대하고는 하나둘 자신들의 상품을 진열하기 시작했다. 여기서 매년 적지 않은 임대료를 받아 챙겼으니 힐턴은 그야말로 앉아서 돈을 번 셈이었다.

결국 돈은 창의력 있는 사람의 것이다. 이런 창의력은 또 강렬한 진취욕과 대담한 상상에서 나온다. 빛나는 아이디어 하나로 메마르고 척박한 땅을 황금벌판으로 만들 수 있다. 그렇지만 그저 옛것에만 집착하는 사람은 비옥한 옥토를 손에 갖고 있어도 아무것도 얻지 못하는 경우가 많다.

쓰레기 갑부 존 랜고스

존 랜고스(John Rangos)는 미국의 '쓰레기 갑부'다. 그는 한때 미국 최대의 쓰레기 처리 회사인 체임버스 디벨럽먼트(Chambers Development)의 시가 17억 달러에 달하는 주식 중 5억 4,600만 달러의 주식을 갖고 있었다.

랜고스는 1929년 피츠버그에서 태어난 유태계 미국인이다. 그는 부모의 불행했던 결혼 생활 속에서 어린 시절을 보냈다. 고등학교를 졸업한 후 휴스턴 비즈니스 스쿨에 합격했으나 겨우 1년을 다니다가 징집되어 입대하게 되었다. 그리고 1954년 한국전쟁이 끝난 후, 그는 세일즈맨이 되었다.

1950년대, 석탄과 철강 생산으로 이름을 날렸던 공업도시 피츠버그에는 코크스 재가 산더미처럼 쌓여 있었다. 랜고스는 조사와 연구를 통해 코크스 재에는 재차 연소할 수 있는 코크스가 함유되어 있다는 것을 알게 되었다. 설사 재차 연소할 수 없는 폐기물이라 해도 미끄럼 방지 재료나 도로를 포장하고 건축 판자를 제조하는 데 사용할 수 있었다. 그래서 그는 1960년부터 쓰레기 처리 사업에 착수했다. 몇 년 동안 심혈을 기울여 경영한 결과 조그맣게 시작한 그의 사업은 날이 갈수록 번창했고 사업 범위도 점차 확대되었다. 처음에는 코크스 재 모으는 것에서 시작해 나중에는 강철 폐기물, 화력발전소 폐기물 수집으로까지 이어졌다. 1969년, 체임버스 사를 사들이면서 그의 사업은 탄탄대로에 들어서게 되었다.

  1970년대 중반, 랜고스의 사업은 또 한 번 새로이 도약했다. 당시 시가지의 쓰레기는 주로 폐기물 관리 회사 같은 대형 회사들이 큰 화물차를 동원해 모은 후 쓰레기 처리장으로 운송해 가서 버리는 것이 보통이었다. 랜고스는 시가지 쓰레기 처리 사업, 특히나 쓰레기 처리장을 사들이고 경영하는 사업의 발전 가능성이 높다고 생각했다. 다년간 석탄재 처리장을 운영해본 경험을 바탕으로 그는 쓰레기 처리장을 사들이는 데 적극적으로 뛰어들었고 소형 쓰레기 수집 회사들을 사들였다.

  1981년 이래 랜고스의 쓰레기 처리 회사의 매년 매출액과 이윤 증가율은 50퍼센트를 넘어섰으며, 1990년에는 그 수치가 각각 2억 5,800만 달러와 3,400만 달러로 증가했다. 그의 회사는 미국 전역에 수십 개의 쓰레기 처리장을 소유하고 있었고, 매일 2,500톤의 쓰레기를 처리했다. 1991년에는 매출액이 3억 달러를 돌파했다. 야심만만한 랜고스는 회사의 높은 성장률을 유지하기 위해 제철소 폐기물 같이 오염된 자재를 처리한다는 목표를 세웠다. 이런 오염 자재들은 72억 톤에 달한 반면, 도시에서 나오는 쓰레기는 연간 1억 8,000만 톤에 불과했기 때문이다.

  똑똑한 유태인은 다른 사람들이 버린 물건이나 혹은 눈에 차지 않아 하는 물건이라도 가치가 없는 것이 아니며 종종 이런 것들 안에 엄청난 잠재가치가 있다고 생각한다. 이런 가치를 발견해낼 두 눈만 있으면 된다. 수많은 유태인들이 이렇게 독창적인 비즈니스 마인드를 가지고 볼품없는 사업 영역, 심지어 다른 사람들이 우습게보고 업신여기는 업종에서 엄청난 성과를 거두고 일반 사람들은 상상도 하지 못할 정도의 거액을 모은 갑부가 되었다.

공짜로 석탄을 산 아먼드 해머

돈을 제 목숨처럼 아끼는 유태인은 돈 벌이를 위해서 정말 온갖 아이디어를 다 짜내고 할 수 있는 모든 방법을 강구한다.

갈리는 한 가난한 교구를 위해 부유한 석탄상에게 편지를 써 자선 목적으로 차량 몇 대분의 석탄을 보내달라고 청했다. 이런 그의 요청에 석탄상은 다음과 같은 답신을 보내왔다.

"그냥 공짜로 물건을 보내드릴 수는 없습니다. 그렇지만 차량 50대분의 석탄을 반값에 팔 수는 있습니다."

갈리는 이에 찬성하고는 상대에게 우선 25대 분량의 석탄을 보내라고 했다. 그러나 물건을 받은 지 3개월이 지났는데도 갈리는 돈을 지불하지 않았고, 다시 물건을 구입하지도 않았다. 그러자 석탄상은 강경한 어조의 독촉장을 보내왔다. 며칠 후 석탄상은 다음과 같은 갈리의 답신을 받았다.

"귀하께서 보내신 독촉장을 저는 이해할 수 없군요. 차량 50대분의 석탄을 반값에 팔겠다고 동의하시지 않았습니까. 25대분의 석탄이면 딱 귀하가 깎으신 그 가격에 해당하는 양입니다. 제 말은 깎아주신 25대분의 석탄은 받고 나머지 25대분의 석탄은 받지 않겠다는 겁니다."

석탄상은 화가 머리끝까지 치밀어 올랐지만 어쩔 도리가 없었다. 그는 사기를 당했다고 억울해 했지만 그러면서도 갈리의 잔꾀에 탄복하지 않을 수 없었다. 갈리는 행패를 부리지도 않았고 사기를 친 것도 아니었다. 그는 그저 불확실한 구두 협의를 이용해 편안하게 집에 앉아서 다른 사람이 '보내주는' 25대분의 석탄을 기다렸을 뿐이다.

이렇게 꾀를 부리는 것으로는 유태인 갑부 아먼드 해머만큼 사람들의 탄성을 자아내는 사람이 없다. 해머는 몇 차례 실패를 거듭한 후 드디어 천연가스 시추에 성공해 큰 기쁨을 맛보고 있었다. 그래서 그는 재빨리 퍼시픽가스전기회사를 찾아갔다. 이 회사와 20년 기한의 천연가스 매매 계약을 맺을 셈이었다.

그러나 생각지도 못하게 거절당하고 말았다. 퍼시픽가스전기회사는 단 몇 마디 말로 그를 내쫓았다. 이미 거액의 자본을 투자해 캐나다로부터 샌프란시스코에 이르는 천연가스 파이프를 시공하기로 했으며, 대량의 천연가스가 이 파이프를 통해 캐나다에서 운송되어 올 것이라고 했다. 그러니 해머의 천연가스는 필요하지 않다며 미안하다고만 했다.

이 일은 해머에게 찬 물을 끼얹은 것이나 마찬가지였다. 해머는 너무 당황해 어떻게 해야 할지 갈피를 잡지 못했다. 그러나 곧 냉정을 되찾은 그는 퍼시픽가스전기회사를 굴복시킬 근본적인 방법을 생각해냈다.

그 길로 해머는 로스앤젤레스로 갔다. 로스앤젤레스 시가 퍼시픽가스전기회사의 가장 큰 고객이었기 때문이다. 해머는 로스앤젤레스의 시의원에게 랜스럽에서 로스앤젤레스까지 천연가스 파이프를 시공하려는 자신의 구상을 생생하게 묘사해 들려주었다. 해머는 로스앤젤레스 시를 만족시키기 위해 퍼시픽가스전기회사보다 더 낮은 가격으로 천연가스를 공급하겠다고 했다. 결국 마음이 움직인 시의원은 해머의 계획을 받아들이기로 했다.

해머의 이 방법에 과연 효과가 있었는지 퍼시픽가스전기회사는 이 소식을 접한 후 득달같이 해머를 찾아와 그의 천연가스를 사겠다는 의사를 표해왔다.

이제 상황이 역전되어 해머는 아주 유리한 고지를 점하게 되었다. 상대방은 울며 겨자 먹기로 해머가 내건 조건을 받아들일 수밖에 없었다.

행복을 가져다주는 돈

어느 작은 마을에서 방탕하게 살던 부자가 숨을 거두었다. 온 마을 사람들이 모두 그를 애도했고 그의 관을 묘지까지 배웅했다. 그의 관이 묘 안으로 들어갈 때는 사방에 울음 소리와 애도하는 소리가 가득했다. 그 마을에서 가장 나이가 많은 주민이 기억하는 바에 따르면, 선교사나 성인 같은 사람들이 세상을 떠났어도 사람들이 이렇게 슬퍼한 적은 없었다고 한다.

공교롭게도 이튿날 마을의 또 다른 부자가 숨을 거두었다. 성격이나 생활방식이 어제 세상을 떠난 그 부자와는 정반대인 사람이었다. 그는 근검절약이 몸에 밴 사람이었고, 늘 금욕적인 생활을 하며, 마른 빵과 무만 먹고 살았다. 평생 독실한 신앙생활을 했고, 하루 종일 연구실에서 법전 연구에 매달렸다. 그러나 가족 이외에는 그의 죽음을 애도하는 사람이 아무도 없었다. 장례식에는 몇 사람밖에 참석하지 않아 썰렁할 정도였다.

외부에서 온 낯선 이가 이런 현상을 이해할 수 없어 물었다.

"어떻게 이 마을 사람들은 파렴치한 사람을 존경하고 성인 같은 사람은 무시하는 겁니까?"

그러자 마을 사람 하나가 대답했다.

"어제 땅에 묻힌 그 부자는 술고래에 여자를 밝혔지만 그래도 우리

동네에서 가장 잘 베푸는 사람이었지요. 성격이 상냥하고 명랑했고 뭐든 좋은 물건을 좋아했죠. 우리 동네에서 그 사람 덕 보지 않은 사람이 없다니까요. 그 부자는 이 사람한테서 술을 사면 저 사람한테서는 닭을 사고 또 세 번째 사람한테서는 거위를 사고 네 번째 사람한테서는 치즈를 사곤 했다고요. 손도 얼마나 컸는지 몰라요. 그래서 우리들 모두 이렇게 그를 그리워하고 애도하는 거랍니다. 그렇지만 그 훌륭하다는 부자는 무슨 소용이 있나요? 매일같이 빵에 무만 먹었으니, 그 사람한테서 땡전 한 푼 얻어낸 사람은 아무도 없잖아요. 장담하건대, 그 사람 그리워하는 이는 아무도 없을 겁니다."

이것이 바로 다른 사람들은 이해하기 어려운 유태인들의 금전 철학이다. 그들은 주변 사람들에게 이롭지 못한 재물은 무용지물이라고 생각한다. 유태인들은 온 힘을 다 바치고 온갖 방법을 다 동원해 돈을 번다. 그렇지만 일단 돈이 손 안에 들어오면 금전이 자신에게 가져다주는 즐거움을 마음껏 누리고 다른 사람에게도 행복을 선사한다. 유태인들에게 돈이란 그들이 완전히 지배할 수 있는 노예나 다름없다.

유태인은 돈을 버는 목적에는 두 가지가 있다고 본다. 하나는 개인의 가치를 실현하는 것이고, 다른 하나는 인생을 즐기는 것이다. 유태인은 생활을 즐길 겨를 없이 시간을 제대로 안배하지도 못하는 사람은 어리석은 사람이라고 생각한다.

그래서 유태인은 돈을 버는 것은 우선 시간을 아끼는 데서 출발해야 한다고 본다. 돈을 벌 시간을 확보한 후 돈을 버는 와중에 시간을 합리적으로 사용해야 한다. 합리적인 시간 계획을 짜지 못하는 사람은 현명한 상인이 아니다.

그러므로 돈 벌 줄 아는 유태인은 '아주 바쁜 사람'이면서 또 한편으로는 '아주 한가한 사람'이기도 하다. '아주 바쁜 사람'인 이유는 그가 늘 열심히 일하고 돈벌이에 바쁘기 때문이다. 유태인들의 비즈니스 이념에 따르면 바빠야 할 때는 바빠야지 그렇지 않으면 효율이 없다. 그러나 '바쁘다는 것'과 '한가한 것'은 상대적인 것이다. 바쁜 와중에도 여유를 갖는 방법을 배워야만 진정으로 인생의 묘미를 즐길 수 있다. 유태인들이 늘 여유로워 보이는 것은 바로 이 때문이다.

유태인들에게는 시간이 돈이다. 그들은 사업을 하는 도중 무심결에 자신과 다른 이의 수명에 대한 이야기를 하곤 한다. 한 유태인 상인이 나이 지긋한 일본 상인에게 이렇게 말했다.

"선생님께서는 올해로 60여 세 정도 되셨지요? 앞으로 10년이나 8년 정도는 분명 아무 문제 없으실 겁니다!"

어떤 민족이든 간에 초면에 이렇게 말을 하면 돌아오는 것이라고는 상대방의 차가운 반응뿐이다. 그렇지만 유태인들은 이런 일에 아주 태연하다. 그들은 사람은 누구나 어쩔 수 없이 죽음에 맞닥뜨리게 되므로 죽는다는 것에 대해 크게 두려워할 필요가 없다고 생각한다. 자신이 앞으로 얼마나 더 살 수 있을지 안다는 것은 자신이 앞으로 얼마나 더 많은 돈을 벌 수 있을지 안다는 것을 의미한다. 유태인들은 죽을 때까지 평생 돈을 번다. 죽음에 대해서도 객관적이고 냉정한 태도를 갖고 있다. 자신이 앞으로 몇 년을 더 살 수 있을지 알게 된 후에는 시간을 아껴가며 돈을 열심히 벌고 또 다른 한편으로는 번 돈으로 열심히 인생을 즐긴다.

어려서부터 '자립' 관념에 세뇌된 유태인들은 나이가 들어서도 보통은 자녀에게 기대어 사는 것을 원하지도 않고 실제로 그럴 수도 없다. 유태인들은 자기 자신이 충분한 돈을 벌어야만 평화롭고 여유로운 삶이 보장된다는 의식을 갖고 있다. 그들은 하늘의 뜻을 알고 있기 때문에 최선을 다해 시간을 아껴가며 죽을 힘을 다해 돈을 벌고 그렇게 힘겹게 벌어들인 돈으로 인생을 즐기는 것이다.

돈은 즐기기 위해 번다는 것, 이것이 바로 유태인들이 돈을 버는 목적이고 그들이 사업을 하는 목적을 가장 잘 설명한 말일 것이다.

유태인의 기부 관념

2,000여 년 전 유태민족은 이미 '수입의 10분의 1 기부'를 하느님의 율법으로 올렸고 곳곳으로 흩어진 세월 속에서도 이는 한 번도 중단된 적이 없었다. 소위 말하는 '자선활동'은 유태인들의 표현이 아니다. 유태인들에게 이런 행위는 일종의 '공공의 의무'에 지나지 않는다. 기부, 즉 일정 수량의 돈을 헌납하는 것은 모든 유태인들이 반드시 실천에 옮겨야 할 '공공의 의무'인 것이다.

오랫동안 사람들은 유태인의 자선 활동이 주로 유태인 내부를 대상으로 하고 있기 때문에 유태인들이 살고 있는 국가의 전체적인 사회 환경에는 직접적인 작용을 하지 못한다고 비판해왔다. 그러나 시간이 흐르면서 이런 주장은 설득력을 잃어버리고 말았다. 유태인들의 기부 정신은 이미 점점 많은 사람들에게 칭송받고 있다. 다음 이야기 속에서 우리는 유태인들의 기부 의식을 엿볼 수 있다.

비엔나에서 부유하고 즐거운 생활을 하고 있는 의사가 하나 있었다. 그는 더 높은 사회적 지위를 얻길 바라는 마음에 일부러 유태인 동포들과는 가깝게 지내지 않았다.

어느 날, 키 작은 유태인 한 명이 이 피부과 의사가 일하고 있는 병원으로 찾아왔다. 그는 길게 기른 수염에 머리에는 둥그런 실크 모자를 쓰고 몸에는 빛바랜 외투를 걸친 채 손에 작은 상자를 들고 있었다.

"멘호퍼 교수님을 만나고 싶습니다."
그러자 접수원이 즉시 이렇게 말했다.
"그건 불가능합니다."
"불가능하다니 그게 무슨 뜻입니까? 교수님을 기다리겠습니다."
그는 이렇게 말하고는 대기실 의자에 앉아 하루 종일 기다렸다. 그 후 며칠 동안 그는 매일 같이 병원을 찾아와서 교수를 기다렸다. 그렇게 5일째 되던 날, 이 노인을 도와주기로 마음먹은 신참 접수원이 입을 열었다.

"제가 소식을 하나 알려 드리지요. 멘호퍼 교수님이 내일 의학 강연을 하실 겁니다. 때가 되면 몇몇 환자들을 표본으로 쓰실 겁니다. 그분을 만나뵐 수 있는 유일한 방법은 바로 그 환자들 속에 섞여 들어가는 겁니다. 환자들은 정확히 3시에 복도를 지나갈 겁니다. 단 옷을 모두 벗으셔야 합니다."

그러자 노인이 말했다.
"그렇군요. 옷을 벗어야 한다면 벗겠소이다."
이튿날 오후 3시쯤, 노인은 모자를 빼고는 아무것도 입지 않은 채 여전히 손에 상자를 들고 환자들 대열의 맨 끝에 섰다. 그리고 얼마의 시간이 흐른 후, 다른 6명의 '표본'들을 따라 큰 강당으로 들어갔다.

멘호퍼 교수는 정시에 도착해 강연을 시작했다. 그는 길고 긴 지휘봉으로 첫 번째 표본을 가리키며 말했다.
"여러분 보십시오. 이는 전형적인 피부 염증 사례입니다."

증상에 대한 장황한 설명이 끝난 후, 멘호퍼 교수는 '표본'에게 감사의 인사를 하고는 다음 환자를 가리켰다.

"이것은 제3기 매독입니다. …… 증상에 주의해야 하고, 또 ……에도 주의를 기울여야 합니다."

그는 이어서 다시 다른 표본을 가리켰다. 결국 멘호퍼 교수는 맨 마지막에 그 노인과 마주하게 되었다. 그는 아래위로 이 '표본'을 한 차례 훑어보고는 안경을 닦고 또 닦더니 도무지 알 수 없다는 듯 물었다.

"도대체 무슨 병을 앓고 계신지요?"

"전 아무 병에도 걸리지 않았습니다!"

노인이 대답했다.

"멘호퍼 교수님, 병은 제가 아니라 교수님께서 나신 게 분명합니다. 4년 연속으로 유태인 자선회에 한 푼도 내지 않으셨으니 말입니다!"

자선을 베푸는 것은 유태인의 기본 신념이다. 심지어는 유태인들의 두 번째 본능이라고도 할 수 있다. 유태법전에 따르면 이 세상은 세 개의 기둥 위에 세워져 있는데, 바로 학습, 기도, 자선이 그것이다. 그중에서도 가장 중요한 것이 자선이다. 사람이라면 누구나 자선을 베풀 의무가 있으며, 이는 자선의 대상이 되는 사람도 예외가 아니다.

유태민족은 윤리도덕을 중시한다. 그들은 단체의식을 중시하고 다른 유태인들에게 할 수 있는 한 많은 도움을 주고 적극적으로 자선사업에 참여한다. 전 세계 2,000여 만 명의 유태인들이 모두 다 갑부는 아니지만 거리의 부랑자나 구걸을 해서 먹고 사는 사람은 없다.

당신이 유태인이라면 땡전 한 푼 없는 빈털터리라고 해도 무서워할 것이 없다. 당신이 어디를 가든 그 지역의 유태인 단체를 찾아내기만 하면 먹고 자는 문제는 바로 해결이 될 테니 말이다. 그렇지만 유태인들이 결코 다른 사람을 단순히 구제해주는 것은 아니다. 유태인들의 뛰어남은 곤경에 처한 사람을 돕는 방법에 있다. 예를 들어 도움을 주려는 유태인이 신발 장사를 하는 사람이라고 하자. 그는 곤경에 빠진 동포에게 이렇게 말한다.

"내가 하는 신발가게가 지금 동부에서는 잘나가고 있지만 서부에는 점포가 없으니 당신이 서부에서 가게를 열어보세요. 점포를 열 돈은 제가 빌려드리지요. 물건도 제가 대도록 하겠습니다. 신발을 팔아서 돈을 벌면 본전에 이자까지 쳐서 제게 갚으시면 됩니다. 당신이 자리를 잡으면(자리 잡는 데는 별 문제가 없을 겁니다. 제가 그렇게 되도록 도와드릴 테니까요), 제가 오랫동안 당신에게 물건을 공급하는 공급상이 되도록 하지요."

다른 사람을 돕는 이런 탁월한 방법은 유태인의 훌륭한 전통이다. 이런 방법을 통해 그들은 남을 돕는 것은 물론이요 자기 자신도 소득을 얻는다. 다른 사람을 돕는 이 방법이 도움을 주는 사람 자신에게도 이득을 주기 때문에 자선행위가 오래도록 계속되어온 것이다.

상업 윤리는 현대에 들어와 경영 활동에서도 점점 더 자주 언급되며 중요성을 더하고 있다. 경제와 문화가 발전하면서 기업에 대한 사회의 기대치는 높아만 가고 있다. 그렇기 때문에 법률상의 기준에 도달하는 것만으로는 사회의 인정을 받을 수 없고 경영상 이득을 볼 수도 없다.

유태인은 합법적인 경영상의 이윤 추구와 상업 윤리 사이에서 어떻게 평형점을 찾아가는 것일까? 예부터 유태인은 이 문제에 대한 효과적인 이념과 행동철학을 갖고 있다. 이는 오늘날 강조되는 윤리경영과 방법은 다를지 몰라도 그 효과는 비슷하다. 유태인들이 경영에 성심을 다하는 것은 자본을 획득하고 앞으로 살아남아 더 큰 발전을 이루기 위해서다. 유태인들은 '경영은 선(善)을 근본으로 해야 한다'는 것을 잘 알고 있다. 많은 유태인들을 살펴보면 그들의 행동에 공통점이 있다는 것을 알게 될 것이다. 그것은 바로 그들이 재산을 불려나가는 중에도 사재를 털어 자선을 베풀고 공익사업에 참여하는 데 조금도 아낌이 없다는 점이다.

유태상인들이 이처럼 기꺼이 자선 사업에 참여하는 것은 사실 긴 안목에서 나온 것이다. 거액을 기부하면 그 소재지에서 공익사업을 할 수 있고, 이는 자연히 그 지역 정부의 호감을 불러일으킨다. 지역 정부의 호감도 상승은 유태인들이 앞으로 각종 사업을 하는 데 아주 유리하게 작용한다. 어떤 유태인들은 자신들이 살고 있는 나라의 공익사업에 큰 역할을 해 국왕으로부터 작위를 수여받기도 한다. 영국 국왕에게서 기사 작위를 받은 로스차일드 가문이 대표적이다. 또 어떤 유태인들은 현지 정부로부터 부동산, 광산, 도로, 건설, 개발 등에서 특혜를 얻기도 한다. 돈 버는 길은 이렇게 해서 더 넓어진다.

이렇듯 유태인들이 공익사업에 열심인 것은 훌륭한 민족적 도덕 전통이기도 하지만 고단수의 경영 전략이기도 하다. 이런 행위는 기업의 지명도를 높여주고 영향력을 확대시킬 뿐 아니라 소비자들의 호감도를 상승시킨다. 심지어 해당 기업의 시정 점유율을 공고히 해 이후 시장 점유율을 높이는 데 중대한 작용을 하기도 한다. 이런 마케팅 전략은 현재 많은 사람들과 기업들에 의해 응용되고 있다. 그러나 현명한 유태인들은 이미 1세기 전에 이 방법을 사용했다.

인간은 모여 사는 동물이다. 사람과 사람 사이의 관계를 어떻게 풀어 가느냐는 사업에도 큰 영향을 미친다. 정치가는 사람을 잘 얻어 흥하기도 하지만 사람을 잃어 망하기도 한다. 기업가는 자신이 공급하는 상품이나 서비스가 사람들의 환영을 받아 재산을 모은다. 여기서도 알 수 있듯이 모든 것이 사람을 떠나서는 불가능하다. 현명한 유태상인들은 이 이치를 잘 알고 있다. 경영을 하면서 다른 사람에게 선행을 베풀고, 사람과 사람 사이의 관계를 잘 처리할 수 있다면 돈은 순풍에 돛 단 듯 자연스레 벌어진다.

유태상인들은 인간의 심성을 깊이 꿰뚫고 있다. 그들은 인간 내면 깊은 곳에 숨어 있는 욕망을 끄집어내 이를 이용한다. 유태인들은 인류의 내면에는 다른 사람으로부터 주목받고 싶은 욕망, 중요한 사람으로 대접받고 싶은 욕구, 다른 사람에게 받아들여지고 싶은 바람이 있다고 생각한다. 사람과 어울릴 때 이 점을 명심해야 한다. 상대가 상사든 동료든 부하직원이든 또 아니면 고객이든 친구나 가족이든 상관없이 당신이 그들이 갖고 있는 이런 모든 욕구에 관심을 기울이고 있다는 것을 알게 해야 한다. 이 목적을 이루는 방법은 바로 선의를 가지고 친절하고도 온화한 태도로 다른 사람과 어울리는 것이다. 이렇게 하면 상대방도 똑같은 방식으로 보답해올 테니, 이야말로 다른 사람과 좋은 관계를 맺는 첩경이다. 사이좋게 어울리는 분위기가 조성되면 서로 간에 협력을 논하기도 쉬워지고 사업을 하기 위한 조건도 쉽게 조성된다. 이것이 바로 화기애애한 분위기 속에서 돈을 모으는 이치다.

유태인들은 다른 사람과 원만하게 잘 어울릴 수 있는지, 다른 사람의 단점과 모자란 부분을 받아들일 수 있는지가 장사의 궁극적인 성패를 좌우한다고 믿는다. 당신이 상대에게 악담을 퍼부으면 설사 상대방이 당신과 첨예하게 맞서지 않을지라도 그는 당신을 멀리할 것이다. 이렇게 당신은 당신의 지지자 혹은 파트너를 잃게 되고 당신의 중요한 고객을 떠나보내게 된다. 그러면 사업이 망하는 것은 당연하다.

그러나 유태인들도 공돈을 바라는 자에게는 은혜를 베풀지 않는다. 록펠러는 평생 동안 적어도 10억 달러의 돈을 벌어들였다. 그러나 지나치게 많은 재산은 자손들에게 오히려 해가 된다는 것을 잘 알고 있었던 그는 일생 동안 7억 5,000만 달러에 달하는 돈을 기부했다. 그러나 기부를 하기 전에 반드시 그 돈의 사용처를 확실히 알아보았다. 절대로 아무렇게나 돈을 기부하지 않았다.

어느 날, 길 가던 낯선 행인이 퇴근길의 록펠러를 막아서서는 자신이 불행하다고 하소연했다.

"록펠러 선생님, 20리 밖에서 당신을 찾아 걸어왔습니다. 오는 길에 만난 모든 사람들이 당신이 뉴욕에서 가장 후한 인물이라고 하더군요."

록펠러는 앞길을 막아선 이 자가 자신에게 구걸을 하고 있다는 것을 알았지만 그 자신은 이런 기부 방식을 아주 혐오했다. 하지만 그렇다고 상대를 난처하게 하고 싶지도 않았다. 그렇다면 어떻게 해야 할까? 잠시 생각에 잠겼던 록펠러는 그 사람에게 이렇게 말했다.

"뭘 좀 여쭤보지요. 조금 있다가 다시 원래 왔던 길로 가실 거죠?"

행인이 그럴 거라고 대답하자 록펠러는 이렇게 말했다.

"아주 잘 됐군요. 그럼 저 좀 도와주시죠. 가시는 길에 오는 도중 만났던 사람들에게 그들이 했던 말은 다 헛소문이었다고 알려주세요."

록펠러는 뛰어난 기지를 발휘해 이 게을러터진 사람에게 생생한 교훈을 남겨주었다. 대다수의 유태인들은 남에게 기생해 사는 사람들에게는 절대 기부하지 않는다. 그렇게 해봤자 남에게 기대어 살아가는 그들의 습성만 더 강해지고 의존심만 더 심해지기 때문이다.

가장 큰 성공의 열쇠는 근면

성경 중에 '눈물 흘리며 씨를 뿌리는 자는 반드시 기쁨으로 거두리로다' '울며 씨를 뿌리러 나가는 자는 정녕 기쁨으로 그 볏단을 가지고 돌아오리라'라는 두 문구가 있다.

유태인들은 부지런한 것이나 게으른 것은 천성이 아니라고 생각한다. 천성적으로 부지런한 사람은 드물고, 마찬가지로 천성적으로 게으른 사람도 드물다는 것이다. 대다수 사람들의 부지런함이나 게으름은 모두 후천적으로 생겨난 것이다. 즉, 습관이 빚어낸 것이란 말이다. 이 밖에도 어린 시절의 가정환경과 교육 또한 큰 영향을 끼친다. 일반적으로 말할 때 부지런함에는 두 종류가 있다. 하나는 억지로 부지런을 떠는 것, 즉 외부의 강압적인 힘에 의한 결과물로서의 근면이다. 또 다른 하나는 자신이 자발적으로 부지런을 떠는 것, 즉 자동적이고 자발적으로 생겨난 근면이다.

가장 힘겨웠던 세월 동안 유태인들은 아주 열악한 환경 속에서 오래도록 고된 노동에 종사했다. 그러지 않고서는 살아남을 방법이 없었다. 이것은 강제적인 근면이었다. 이집트에서 노예살이를 할 때, 유태인들은 장기간 힘겨운 논밭 일을 했다. 그때의 노동량이란 상상할 수도 없을 정도였다. 그렇지만 부지런히 일을 해도 생활은 나아지지 않았다. 외부의 강압적인 힘에 의해 억지로 부지런하게 일했기 때문이다.

억지 부지런은 인간 자신에게 어떤 영향도 미치지 못한다. 일단 그 외부의 힘이 사라지면 그에 따라 부지런도 완전히 사라지기 때문이다. 그러나 자발적인 근면을 통해 인간은 더 쉽게 자기 자신만의 것을 만들어내고 점차 자신을 성장시켜 나간다. 이렇게 오랜 시간이 흐르면 완전한 자아를 확립할 수 있다.

어느 날, 로마 황제 하드리아누스가 무화과나무를 심고 있는 한 노인을 보고는 이렇게 물었다.

"어르신, 어르신께서는 직접 이 무화과나무의 과실을 맛보고 싶지 않으십니까?"

그러자 노인이 대답했다.

"만약 내가 살아서 이 무화과나무 열매를 먹지 못한다 해도 내 아이들이 먹겠지요. 그런데 또 누가 압니까. 혹시 하느님께서 저를 특별히 봐서 살려주실지 말입니다."

그러자 하드리아누스가 노인에게 말했다.

"만약 하느님께서 어르신을 특별히 봐주셔서 무화과나무의 과실을 맛보시게 되면 저에게도 알려주십시오."

세월이 흘러 과연 노인이 살아 있을 때 무화과나무에 열매가 열렸다. 그래서 노인은 바구니 한 가득 열매를 담아 황제를 찾아갔다. 황제를 만난 후 그는 이렇게 설명했다.

"제가 바로 황제께서 보셨던 그 무화과나무 심던 노인입니다. 이 무화과는 모두 제가 부지런히 일해서 얻은 과일들이지요."

황제는 노인을 황금 의자에 앉히고 과일을 담아온 바구니에 황금을 가득 채워주면서 이렇게 말했다.

"조물주께서는 부지런한 자에게 이런 영광을 안겨주시는군요. 저라고 그렇게 하지 못하겠습니까?"

노인은 기쁜 마음으로 집에 돌아갔다.

인근의 한 게으른 여인이 노인의 황금 바구니를 보고는 질투에 사로잡혀 남편에게 말했다.

"황제께서 무화과를 좋아하시는군요. 당신이 무화과 한 바구니를 갖다 바치면 황제께서 금덩이를 내리실 거예요."

남편은 아내의 말을 듣고 똑같이 바구니 하나를 무화과로 가득 채워 황실로 찾아가서는 금으로 바꾸어 달라고 요구했다. 시종이 이를 보고하자 하드리아누스 황제는 크게 격노해 이렇게 말했다.

"그자를 황궁 문 앞에 세워놓고 지나가는 모든 사람들이 그자의 얼굴에 무화과를 던지게 하라!"

황혼 무렵, 온몸이 시퍼렇게 부어버린 이 가련한 남정네가 집으로 돌아왔다.

"내가 받은 것을 그대로 다 당신에게 돌려주지!"

그는 주먹을 쥐고 아내를 향해 소리쳤다.

모든 유태인들은 게으르면 아무것도 이룰 수 없으며 근면한 사람이야 말로 성공할 수 있다고 깊게 믿는다. 많은 것을 생각하게 해주는 유태 속담이 있다.

"성공과 실패는 모두 일종의 습관이다."

유태인들은 적극적으로 근면한 습관을 키워나간다. 이것이 바로 사업에 성공하기 위해 반드시 지녀야 할 덕목이기 때문이다.

2

사람의 심리를 교묘하게 이용하여 목적을 이루는 유태인

"0에서 1까지의 거리가 1에서 1,000까지의 거리보다 더 멀다."
—종자돈 모으기가 얼마나 어려운지를 일깨워주는 유태 속담

주식왕 조셉

1908년 5월, 활활 타오르는 불길 속에 8살이던 조셉의 집 전체가 타 버리고 말았다. 조셉은 그렇게 어린 나이에 거지가 되었다. 어머니, 형제자매들과 함께 살던 작은 방에는 이제 무너진 담벽만 남아 있었고 그 사이로 끝도 없는 연기가 피어올랐다.

그후 형제자매들은 다른 집으로 입양되어 보내졌다. 조셉도 한 노부부에게 입양될 참이었다. 그런데 마치 꿈에서 깜짝 놀라 깬 듯 정신이 번쩍 든 조셉은 이렇게 외쳤다.

"거지가 된다고 해도 엄마와 함께 살고 싶어요!"

어려서 아버지를 잃은 조셉은 어머니마저 떠날 수는 없었다. 조셉은 도대체 왜 어떤 사람은 행복하고 어떤 사람은 불행해야 하는지 알 수 없었다. 그 자신도 행복한 세상으로 가고 싶었지만 그러기 위해 조셉은 먼저 가난뱅이와 부자 사이의 장벽을 넘어서야 했다.

조셉은 어머니와 함께 뉴욕으로 건너갔다. 이 새로운 세계에는 아무리 보고 또 보아도 끝이 없는 신기한 것들이 가득했다. 그러나 이 것들을 모두 눈에 담기도 전에 조셉은 어머니에게 이끌려 방금 보았던 그곳과는 완전히 딴판인 또 다른 세계로 들어가게 되었다. 그곳은 바로 뉴욕 브루클린에 위치한 난잡하고 더럽기 짝이 없는 빈민굴이었다. 더욱이 그곳으로 간 지 얼마 지나지 않아, 어머니가 사고를 당해

병원에 입원하게 되었다. 어머니가 들어간 곳은 와자지껄하게 시끄러운 큰 병실. 싱그러운 꽃이 꽂혀 있고 카펫이 깔려 있는, 백의의 천사들이 특별히 환자들을 돌보아주는 그런 병실은 어머니와는 인연이 없었다. 호텔 식료품점에는 먹을 것이 차고 넘쳤지만 조셉은 굶다가 또 쓰레기통 속의 음식 찌꺼기들을 뒤져 먹다가를 반복하면서 살아야 했다. 이 모든 것이 다 돈이 없었기 때문이었다.

조셉은 길고 긴 고통의 시간 속에서 점차 세상을 움직이는 것은 바로 돈이라는 것을 알게 되었다. 하늘을 찌를 듯 높이 솟은 눈부시게 화려한 고층 건물들과 낮고 음습한 빈민굴, 기쁨이 넘치는 행복과 비참한 슬픔, 아낌없이 통 큰 씀씀이를 자랑하는 사람들과 먹고 살기 위해 서로를 속고 속여야 하는 사람들, 호의호식으로 살이 피둥피둥 찐 사람들과 뼈마디만 앙상하게 남은 사람들, 이 모든 것이 돈 때문이었다. 어린 조셉은 맹세했다. 다시는 돈의 노예가 되지 않겠다고.

꽃피는 따뜻한 1911년의 어느 봄날, 맨해튼 브로드웨이의 뉴욕증권거래소는 북적거리고 있었다. 이곳을 왔다 갔다 하며 이것저것 보고 듣고 생각에도 잠기는 소년이 하나 있었으니 그가 바로 겨우 11살 된 조셉이었다. 이곳에서는 돈 한 푼 없어도 순식간에 수백만 달러를 손에 넣을 수도 있었다. 조셉의 몸 안에서 뜨거운 피가 끓어올랐다.

"이곳이야말로 바로 내가 있어야 할 천국이야. 꼭 이 대열에 들어가고 말겠어!"

3년 후, 14살이 된 조셉은 키도 껑충 크고 체격도 건장해져 있었다.

어린 사내아이에서 진짜 남자로 훌쩍 성장한 모습이었다. 조셉은 어머니의 동의도 구하지 않고 당시 꽤 괜찮았던 보석가게 점원 일을 그만두었다. 그리고는 야심만만하게 뉴욕증권거래소의 옥외 시장으로 진입했다. 그러나 아직 젊고 어수룩했던 조셉은 알 턱이 없었다. 제1차 세계대전이 막 시작되어 뉴욕증권거래소에는 찬바람이 불고 있었다는 것을, 북적거리던 과거의 모습은 이미 옛 이야기가 되었다는 것을 말이다.

어쩔 수 없이 다시 일을 찾아야 했던 조셉은 주식과 관련된 일을 찾기로 마음먹었다. 그런데 문제는 어떤 회사도 그를 받아주지 않았다는 것이다. 그는 절망했다. 정신적으로 거의 무너지기 직전이었을 즈음, 다행히도 에머슨 축음기 회사가 그에게 문을 열어주었다. 그는 문서 접수 및 발송 일을 했고 오후에는 전화 교환원 일까지 맡아보았다.

조셉은 열정적으로 일을 했다. 그런데 얼마 후 그는 에머슨 축음기 회사가 주식을 발행하고 실제로 주식을 매매하기도 하지만 자신이 하고 있는 일은 그와는 아무 상관이 없다는 것을 알게 되었다. 입사 6개월이 지난 어느 날 오후, 용기백배한 조셉은 사장실을 찾아가 문을 두드렸다. 침착하게 마음을 가라앉히고 들어선 조셉은 사장의 눈길을 대담하게 응시하며 차분하게 입을 열었다.

"제가 사장님의 주식중개인이 되고 싶습니다."

담력은 주식시장을 헤쳐 나가는 데 필요한 첫 번째 조건이다. 조셉의 이런 담력은 사장을 압도해버렸다. 그로부터 2주일 후, 조셉은 사장을 위해 주식 시세도를 작성하는 일을 맡게 되었다.

처음에야 모든 것이 낯설었지만 점점 익숙해졌고 조셉은 3년간 부지런하고 성실하게 주식 시세도를 작성했다. 돈을 더 많이 벌어 집에 보태기 위해 그는 월스트리트의 로렌스 사에서도 같은 일을 하기 시작했다. 늘 보고 듣고 고심해가며 연구한 결과, 주식 매매에 대한 조셉의 지식과 경험은 날로 늘어만 갔다. 조셉은 점점 노련해지고 있었다. 주식 문외한이었던 조셉이 주식시장의 큰문을 넘어섰던 것이다.

1917년, 17살의 조셉은 이제 더 이상 다른 사람에게 고용된 직원이 아니었다. 갖고 있는 돈 전부라고 해봐야 겨우 255달러에 불과했지만 그는 자신의 사업을 시작했다.

처음 1년, 조셉의 주식 매매는 순풍에 돛 단 듯 잘 풀려 16만 8,000 달러를 벌어들였다. 그러나 이런 성공에 도취된 조셉은 전쟁이 끝나면서 대폭 하락한 강철회사의 주식을 대량으로 사들였고 그 바람에 눈 깜짝할 새 큰 손실을 입었다. 남은 돈은 4,000달러뿐이었다. 조셉은 경험을 통해 자신의 지식과 경험이 변화무쌍한 주식시장을 통제하기에는 역부족이라는 것을 깨닫게 되었다. 이로 인해 조셉은 미친 듯이 주식 공부에 매달렸고 각 주식시장의 고수라는 사람들을 찾아다녔다. 그는 힘들고 어려운 상황에 지레 겁먹고 쓰러지지 않았다. 처음 주식시장에 입문할 때에 비하면 본전도 충분하니 무슨 일이 있어도 계속 이 일을 해나가야 한다고 생각했다.

1924년, 조셉은 분석을 통해 아직 증권거래소의 매매에 들어있지 않은 몇몇 주식들이 사실상 뽑아낼 이익이 충분하다는 것을 알게 되었다. 이런 주식들의 경우 이윤이 엄청나다고는 할 수 없었지만 위험도가 낮았다. 그는 이 주식들에 온 힘을 기울였다. 1년이 채 지나지 않아 그는 자신의 증권회사를 차리게 되었다. 1928년이 되자 그는 한 달 수입이 28만 달러에 달하는 주식 매니저로 성장해 있었다. 그때 그의 나이 겨우 28세였다. 당시 금융업계에서 이 나이에 이렇게 탄탄하게 자리 잡은 경우는 극히 드물었다.

그런데 미국 전역을 신속하게 휩쓸어버린 경제위기가 서유럽까지 확산되면서 공업과 농업 생산량이 3분의 1로 급전직하했다. 미국에서 사업을 하기가 너무나 어려워졌다. 모두들 이제 앞으로 어떻게 해나가야 할지 막막해 했다.

조셉은 광산물이 풍부한 캐나다로 시선을 돌렸다. 1933년, 그는 토론토에서 증권회사를 열고 토론토 현지에서도 손꼽는 거대 주식 매니저로 거듭났다. 그해 4월, 조셉은 캐나다 산업계의 거두 라반 형제와 손잡고 금광 회사를 세웠다. 그리고 주당 20센트의 싼 가격에 59만 8,000주의 상장주식을 구입했다. 그가 참여하면서 주가는 상승일로를 지속해 3개월 후 주당 25달러까지 치솟았다. 그러나 주가의 과열상승을 지켜본 그는 분명히 대폭락이 올 것이라 예감하고 은밀히 주식을 매각했다. 과연 그의 예상은 빗나가지 않았다. 1개월 후 주가는 폭락했고 그는 선견지명으로 130만 달러를 벌어들였다.

1933년부터 1963년에 이르는 30년 동안 조셉은 금뿐 아니라 우라늄,

철, 동, 석유 등 광산업을 집어삼켰다. 이 외에 부동산 사업도 번창했다. 타고난 주식 매매 소질과 주식 사업에 대한 고집, 명석한 두뇌와 담력으로, 그는 자신의 꿈을 실현해 백만장자가 되었다.

조셉은 남루한 누더기를 걸친 거지에서 엄청난 재산을 거느린 갑부가 되었지만 오래도록 자신과 함께 동고동락한 파트너를 잊지 않았다. 자신을 낳아 온갖 고생을 다 해가며 키워주신 어머니는 더더욱 잊지 않았다. 그는 한시도 과거 자신이 어떻게 살았는지를 잊지 않았다. 그래서 학교에 기부를 해 가난한 집의 아이들에게 배움의 기회를 주었다. 또 맹인 병원과 고아원에도 돈을 헌납해 장애인들과 의지할 곳 하나 없는 고아들이 더 행복하게 살 수 있도록 도와주었다. 특히, 가난하지만 예술적 재능이 넘치는 학생들을 아끼고 좋아했던 그는 그들이 마음 놓고 예술에 몰두할 수 있도록 도와주었다.

어떤 사람들은 대중의 환심을 사기 위해 이런 일을 한다. 그리고 사실 이렇게 하면 사업에도 유리하다. 그러나 조셉은 그렇지 않았다. 그는 아랫사람과 기부금을 받는 단체들이 자신의 기부 사실을 떠벌리지 못하게 했다. 젊은 시절 생활의 압박으로 이루지 못한 대학 진학의 꿈을 그는 기부를 통해 쫓고 있었던 것이다.

그는 돈만 벌자고 사업을 한 것이 아니었다. 주식 매매로 장사만 하겠다는 것도 아니었다. 소리 소문 없이 큰돈을 척척 기부했던 그의 아낌없는 대범함, 예술에 대한 그의 애정과 예술가들에 대한 관심, 이 모든 것들이 그의 인생의 가치를 드러내는 것이었다. 삶의 가치를 실현하는 것이야말로 그의 사업이었다. 주식 매매로 돈을 버는 것은 삶의 가치를 실현하기 위한 경제적인 기반에 지나지 않았다. 이 기반 없이는 기부는 고사하고 예술 애호도 불가능했으니까 말이다.

그는 주식 매매 사업을 통해 인생의 즐거움과 격동하는 삶의 불꽃을 느끼게 되었다고 말했다. 자신은 여전히 젊고 민첩한 사고 능력을 갖고 있으며 아직도 젊은이들과 맞붙을 수 있다고도 말했다. 한때의 승패가 중요한 것이 아니다. 정말 중요한 것은 자신의 개성을 충분히 드러내느냐 하는 것이다. 그는 이런 대범한 말을 하기도 했다.

"내게 얼마나 이득을 남길 수 있는지를 묻지 마시고 얼마를 잃어도 견뎌낼 수 있는지를 물어보십시오."

유태인 갑부 조셉의 입지전적 이야기를 통해 우리는 돈 버는 길은 바로 우리 발밑에 있다는 것을 알 수 있다. 고집스럽게 밀고 나가기만 하면, 노력을 다해 기회를 잡고 자신의 담력과 지식을 결단력 있게 운용하기만 하면 돈은 끊임없이 굴러들어온다. 유태인들은 몇 천 년 동안 온갖 고난을 겪었다. 그렇지만 이런 경험은 그들을 참고 견디며 흔들리지 않는 사람들로 단련시켜주었다. 유태인들은 고난도 하나의 재산으로 본다. 숨이 붙어 있기만 하다면 절대 절망하지 않는다. 어둠이 지나가면 밝은 빛이 찾아오기 마련이므로.

선박왕 오나시스를 능가했던
루트비히의 종자돈 모으기

사업에 처음 뛰어드는 사람들의 경우 보통 손에 쥐고 있는 돈이 얼마 되지 않는다. 그렇다면 이렇게 자금이 부족한 상황에서 어떻게 해야 큰 성공을 이룰 수 있을까? 이는 아주 현실적인 문제다. 루트비히라는 유태인의 놀라운 경험은 우리에게 많은 것을 시사해준다.

다니엘 루트비히(Daniel Ludwig)는 1897년 미국 미시건 주의 작은 마을에서 태어났다. 루트비히의 부친은 부동산 중개업자였는데, 10살이 되던 해에 루트비히의 부모님이 이혼을 했다. 이렇게 해서 루트비히는 아버지를 따라 고향을 떠나 해운업을 위주로 하는 작은 도시, 텍사스의 포트아서로 이주하게 되었다.

배에 유난히 집착해 거의 푹 빠져 지내던 루트비히는 고등학교를 졸업하지도 않고 부둣가로 나가 일을 시작했다. 처음에는 몇몇 배 주인들을 도와가며 증기선 엔진을 분해, 조립하고 수리하는 일을 했다. 이쪽 일에는 남다른 재주를 갖고 있었던 그는 가르쳐주는 스승 없이도 모든 것을 독학으로 깨우쳤다. 여기서 우리는 그가 이후 해운업에서 남다른 성공을 이루게 된 요인을 발견하게 된다.

최전성기 시절의 루트비히와 비교하면 세계적인 선박왕 오나시스는 새 발의 피에 불과하다. 루트비히는 당시 세계에서 적재량이 가장 큰 석유발동기선을 가장 많이 소유하고 있었고 그 외 여행업과 부동산, 자연자원 개발 사업까지 겸하고 있었다.

유태인 속담에 '1에서 0까지의 거리가 1에서 1,000까지의 거리보다 멀다'는 말이 있다. 최초의 종자돈을 모으는 것이 가장 어려운 일이다. 가난한 어린 소년 루트비히는 어떻게 자신의 사업을 시작했을까? 루트비히가 가장 처음 손댔던 사업은 일반적으로 예상하는 것과는 달리 낡은 배 장사에 불과했다.

그는 아버지에게서 50달러를 빌려 그 중 일부로 사람을 고용해서 바다 속에 오래도록 가라앉아 있던 디젤선을 인양해 올렸다. 그리고 원래 배 주인에게서 이 배를 사들인 후, 나머지 돈으로 이 배를 수리해서 다른 사람에게 임대했다. 이렇게 해서 그는 많지도 적지도 않은 50달러의 돈을 벌어들였다.

그는 아버지가 50달러를 빌려주지 않았다면 이 장사를 한다는 것은 근본적으로 불가능했다는 것을 알고 있었다. 동시에 그는 맨손으로 성공하려는 사람이 자금을 손에 넣으려면 반드시 돈을 빌려야 한다는 것, 다른 사람의 돈으로 자신의 사업을 시작해야 한다는 것을 잘 알고 있었다.

은행에 개인 대출을 신청하기로 결심한 루트비히는 은행 몇 곳을 찾아다녔다. 은행에서 빌린 돈으로 규격에 맞는 낡은 화물선을 한 척 사고 싶었다. 그는 낡은 화물선을 손봐서 좀더 돈벌이가 되는 석유발동기선으로 개조하려고 했다. 그러나 담보로 내세울 물건이 하나도 없다는 이유로 루트비히는 은행들로부터 번번이 거절만 당했다. 그렇지만 그는 조금도 낙담하지 않았다. 낙담하기는커녕 일반적인 틀을 벗어난 놀라운 아이디어를 떠올렸다.

루트비히에게는 아직 바다에 나가보지 않은 오래된 배가 한 척 있었다. 그는 저가에 이 배를 큰 석유회사에 임대시키기 위해 새로 수리하고 신경 써서 단장했다. 그리고 나서 이 임대 계약서를 들고 은행을 찾아가서는 큰 석유회사에 임대시킨 석유발동기선을 한 척 갖고 있다고 말했다. 만약 은행에서 그에게 대출을 해주면 석유회사에서 매달 보내오는 임대료를 바로 은행에 넣어 은행에서 빌린 원금과 이자를 분납 상환하겠다고 밝혔다.

이리저리 따져본 은행 매니저들은 루트비히의 요구를 받아들였다. 당시 대다수 은행가들은 이 일을 불가사의하게 여겼다. 돈이라고는 한 푼도 없는 루트비히 같은 사람에게 대출금을 내주는 것은 바다에 돈을 버리는 것과 다름없었기 때문이다. 그렇지만 은행 매니저들도 다 계산이 있었다. 비록 루트비히 본인은 자산신용이 없었지만 그 석유회사는 충분한 신용과 명성을 갖고 있었고 수익도 괜찮은 편이었다. 무슨 천재지변이나 인재 같은 불가항력적인 일이 발생하지 않는 한, 석유발동기선이 제대로 운행되고 그 석유회사가 파산만 하지 않으면 임대료는 한 푼도 빠짐없이 입금될 것이 분명했다. 루트비히의 아이디어가 뛰어난 점은 석유회사의 신용과 명성을 이용해 자신의 대출 담보로 삼았다는 데 있었다.

그는 은행의 첫 번째 대출금을 손에 넣은 후 바로 화물선을 한 척 사들였다. 그러고 나서 배를 손봐 적재량이 큰 석유발동기선으로 변신시켰다. 그는 같은 방법으로 이 석유발동기선을 석유회사에 임대시켰고 임대료를 받아냈다. 이 임대료를 저당 잡혀 은행으로부터 다시 돈을 빌렸고 이 돈으로 다시 배를 사들였다. 이렇게 반복하면서 마치 눈덩이 굴리듯 그는 석유발동기선을 한 척, 한 척 사들여 임대시켰다.

일단 대출금을 갚고 나면 배는 바로 그의 소유가 되었다. 대출금들을 착착 갚아나가면서 더 이상 배 임대료를 은행에 저당 잡히지 않게 되었고 이 돈들은 고스란히 그의 개인 계좌로 들어갔다. 루트비히 소유의 배가 점점 많아지자 임대료도 점점 불어났다. 루트비히는 계속해서 자본을 축적했고 사업 규모는 점점 더 커졌다.

이제는 그 은행뿐 아니라 수많은 다른 은행들이 그를 따르기 시작했다. 은행들은 루트비히에게 적지 않은 자금을 끊임없이 대출해주었다. 그러나 여기에 만족하지 않고 루트비히는 직접 석유발동기선을 건조해서 임대시키겠다는 새로운 구상을 했다.

보통사람들 눈에 이는 극도로 위험한 짓이었다. 대량의 자금을 투입해 석유발동기선을 설계하고 건조했다가 만약 배를 임대하려는 사람이 없으면 어떻게 하나? 그러나 루트비히는 배에 대한 남다른 애정을 갖고 있었고 각종 배의 설계에 능통해 어떤 사람에게 어떤 배가 필요한지, 어떤 배가 운송업자들에게 가장 큰 수익을 가져다줄지를 잘 알고 있었다. 그는 몇몇 고객을 대상으로 그들에게 '꼭 맞는 맞춤형' 석유발동기선과 화물선을 설계하기 시작했다. 그리고 나서 설계도를 가지고 고객을 찾아갔다. 일단 고객이 만족을 표시하면 바로 계약을 맺었다. 그렇게 배가 건조되면 고객이 배를 임대해갔다.

루트비히는 이런 계약을 이용해 은행에 다시 고액의 대출금을 신청했다. 이제 은행가들에게 루트비히는 더 이상 옛날의 루트비히가 아니었다. 그 자신의 신용과 명성에 임대해간 사람의 신용과 명성까지 합쳐져 루트비히는 은행에 소수의 사람들만이 누릴 수 있는 '대출금 상환 연기'를 요구했다. 즉, 배가 다 건조되기 전에는 원금에 대한 이자를 갚지 않고 있다가 배가 바다에 나가 정식으로 운항을 시작하면 그제야 은행에 대출금 원금 이자를 상환하는 것이다. 이렇게 해서 루트비히는 먼저 은행 돈으로 배를 건조한 후 임대시킬 수 있었다. 그 다음 일은 배를 빌려간 쪽과 은행이 알아서 해야 할 일이었다. 배를 빌려간 쪽이 은행 대출금의 원금 이자를 갚기만 하면 루트비히는 끊임없이 들어오는 임대료를 앉아서 받을 수 있었고 자연스럽게 배의 주인이 될 수 있었다. 이 전체 과정 중에 그는 돈 한 푼 쓸 필요가 없었다.

'맨손으로 한몫 단단히 잡는' 루트비히의 이런 돈 벌이 방식은 처음 보면 황당무계하기 그지없다. 그렇지만 사실 매 단계가 모두 합리적이었기 때문에 다른 사람들이 받아들일 수 없는 부분이라고는 한 군데도 없었다.

제2차 세계대전이 터졌을 때, 루트비히는 40세였다. 당시 그는 이미 상당한 규모의 조선소와 부두를 소유하고 있었다. 태평양 전쟁이 시작되고 전황이 심각해지자 미국 정부는 대량의 선박이 필요했다. 루트비히는 재빨리 정부 기구와 접촉했고 정부는 루트비히에게 대량의 배를 주문, 구입했다. 루트비히의 부는 급격하게 불어났다.

하지만 전쟁이 끝나고 미국 경제는 다시 번영하기 시작했지만 루트비히는 도리어 곤란한 상황에 처하게 되었다. 정부가 조선업에 대한 세율을 대대적으로 인상하는 바람에 산처럼 쌓인 각종 세금이 이 업종에 종사하고 있는 사람들의 숨통을 조여왔던 것이다. 동시에 노동자들의 임금도 상승했고 원자재 가격도 뛰어올라 상황이 긴박했다. 바로 이때, 루트비히는 선견지명을 발휘했다. 미국에서 벗어나 국외로 자본을 수출하기로 마음먹은 것이다.

당시, 적극적으로 경기 회복에 나서고 있던 일본 정부는 발전을 위해 외자 도입이 시급하게 필요한 상황이었다. 야심만만한 루트비히의 시선은 바로 이곳으로 향했다. 전쟁 전 일본 해군의 주요 항구로 이전부터 주력 군함을 생산하던 구레항(吳港)이 전쟁 때문에 미군에 의해 폐허가 되어 있었다. 노동자들은 하나둘 뿔뿔이 흩어졌고 조선소도 도산해버린 상태였다. 당시 일본인들은 한결같이 이 항구를 재건하고 싶어 했지만 미국 정부를 놀라게 할까봐 엄두를 내지 못했고, 구레항이 미군의 군함 건조 기지가 될까 두려워하고 있었다. 일본 정부의 이런 근심을 꿰뚫어본 현명한 루트비히는 개인 신분으로 이곳을 방문해 관련 기관을 돌아다니며 설득에 들어갔다. 루트비히는 곧 구레항 지방관리의 신임을 얻어냈고 그와 조선 계약을 맺었다. 이 계약을 통해 구레항 지방관리는 루트비히에게 저가의 노동력과 평균가격의 강철을 제공했다.

　루트비히는 부둣가를 임대했는데, 임대료가 낮았던 것은 물론이요 일본 정부는 그에게 면세 혜택까지 주었다. 구레항의 발전으로 루트비히의 사업은 새로운 활력이 넘치게 되었다. 그가 건조한 배의 적재량은 점점 더 커졌고 함대도 점점 더 방대해졌다. 세계 각지의 해역에는 루트비히의 배가 넘쳐났다.

　0부터 1까지는 얼마나 멀까? 이 문제에는 모범답안이 없다. 어떤 사람은 평생 동안 이 고난의 지대를 배회하겠지만 또 어떤 사람은 이 길을 아주 가볍게 통과한다.

　루트비히는 다 망가진 배 한 척으로 사업을 시작했다. 그는 이 배를 이용해 외부의 힘을 끌어들여 순식간에 0에서 1로 도약했다. 사실 유태인들은 예부터 다른 사람의 힘을 빌려 자신의 능력을 최대한도로 발휘하는 것이 성공하는 지름길이라고 생각해왔다. 루트비히는 단지 이를 너무나 잘 발휘했을 뿐이다.

정부와 여론을 주물렀던 아이아코카

1979년 크라이슬러 자동차의 사장직을 맡았을 때, 유태인 리 아이아코카(Lee Iacocca)가 물려받은 것은 빚더미에 올라앉은 형편없는 사업체였다. 뾰족한 수가 없는 상황에서 아이아코카는 정부에 도움을 요청할 수밖에 없었다. 은행에서 10억 달러의 대출을 받아 크라이슬러의 신차 개발에 투입하기 위해 아이아코카는 미국 정부의 담보를 얻고자 했다.

이 소식이 돌자 미국 각계에서 엄청난 파문이 일고 비판이 몰아쳤다. 원래 미국 기업계에서는 외부의 힘을 빌려, 특히나 정부의 도움을 받아 기업을 발전시키는 것은 자유경쟁 원칙에 위배되는 것이라는 불문율이 지배적이었다. 그러나 아이아코카는 벌써 이런 풍파를 예상하고 있었기 때문에 이 일에 대해 이미 충분한 준비를 해둔 상황이었다.

우선, 그는 미국인이라면 모두 다 알고 있는 역사적 사실을 근거로 들어 기업들에게 설명했다. 과거 록히드마틴과 미국 5대 철강회사, 워싱턴 지하철도 정부의 담보를 얻어 은행 대출을 받은 적이 있으며 그 총액이 4,097억 달러에 달한다는 내용이었다.

"도산 직전으로 몰린 크라이슬러가 정부의 담보를 얻어서 신청하려는 대출금이래야 겨우 10억 달러에 불과한데, 이렇게 맹렬한 비난에 직면하게 되다니. 동료 여러분, 어째서 이토록 공평하지 못한 것입니까?"

이어서 아이아코카는 신문과 언론에도 크라이슬러를 구함으로써 미국의 자유 기업 제도를 수호할 수 있으며, 시장경쟁의 공평성을 보장하게 된다고 역설했다. 북미 지역에는 제너럴모터스, 포드 그리고 크라이슬러 이렇게 3대 자동차 회사밖에 없기 때문에, 일단 크라이슬러가 무너지면 북미 시장 전체가 제너럴모터스와 포드에 의해 양분될 것이다. 줄곧 자유경쟁 정신을 자랑스럽게 여겨온 미국에서 이런 일이 일어난다면 그야말로 자유경쟁 정신은 흔적도 없이 사라지지 않겠는가?

아이아코카는 정부에게 거만하게 굴지도 그렇다고 비굴하게 굴지도 않았다. 그 대신 부드러운 말 속에 강경한 메시지를 담은 경고를 보냈다. 그는 친절하게도 정부를 대신해서 계산까지 해주었다. 만약 크라이슬러가 지금 문을 닫게 되면 60만 노동자가 실업자로 전락하게 된다. 파산한 첫 해만 따져보아도 정부는 27억 달러의 실업보험과 기타 사회복지금을 지불해야 할 것이라는 계산이었다. 아이아코카는 적당히 예의를 갖추며 당시 거액의 재정 적자로 막다른 골목에 몰려 있던 미국 정부에게 물었다. 쓸데없이 27억 달러를 지불하고 싶으십니까? 아니면 담보를 내주어 크라이슬러가 은행으로부터 10억 달러의 대출을 받도록 도와주시렵니까?

아이아코카가 국회의원들을 다룬 방법은 더욱 빈틈이 없었다. 그는 아랫사람을 시켜 국회의원 한 명, 한 명 모두에게 상세한 명세서를 끊어주었다. 그 윗부분에는 해당 국회의원의 선거구 내 크라이슬러와 거래를 하고 있는 대리점과 공급업체의 명칭이 열거되어 있었고, 크라이슬러의 도산이 해당 국회의원의 선거구 내에서 어떤 경제적인 악영향을 몰고 올 것인가를 분석한 보고서를 첨부했다. 이는 실질적으로 국회의원들에게 만약 크라이슬러에 대한 담보 대출에 반대표를 던질 경우, 자신의 선거구 내에서 크라이슬러와 업무상 관련을 맺고 열심히 일하고 있는 선거 유권자들을 실업자로 만들게 될 것이며, 그렇게 되면 국회의원 자리도 불안해질 것이라는 암시였다.

아이아코카의 전방위 공세는 결국 상당한 효과를 가져왔다. 업계와 신문언론계의 반대파들은 비판을 멈추었고, 원래 정부의 담보 대출을 적극 반대했던 국회의원들은 아무 말이 없었다. 정부도 처음의 결심을 뒤집고 적극적으로 나서 담보를 내주며 협력적인 제스처를 보였다. 공공관계 전략을 효과적으로 이용함으로써 아이아코카는 상황을 전화위복시켰고 사회 각계의 동정과 지지를 이끌어냈다. 그리고 그에게 필요했던 대출금 10억 달러를 결국 순조롭게 손에 넣을 수 있었다. 그는 이렇게 힘겹게 얻어낸 대출금으로 단번에 몇 종류의 세단 승용차를 개발해냈다. 1982년부터 크라이슬러는 적자에서 흑자로 돌아섰고, 그 다음해에는 9억 달러의 이윤을 올려 크라이슬러 창사 이래 최고의 이윤 기록을 세웠다.

세상 모든 것은 다 나를 위해 이용할 수 있다. 이용할 수 있는 모든 자원을 최대한도로 이용해야 한다. 제대로 틀이 잡힌 시장경제 속에서는 정부가 기업의 경제 행위에 개입할 수 없다. 그러나 어떤 특정 조건 아래에서라면 이것이 불가능한 것만도 아니다. 그리고 그것이 때로는 기사회생의 길이 되기도 한다.

상대의 머리 위에서 놀아라

어느 뉴욕 길거리에 옷 수선가게 셋이 나란히 자리 잡고 있었다. 세 집 모두 솜씨가 괜찮은 편이었다. 그러나 서로 너무 가까이 자리 잡고 있기 때문인지 경쟁이 아주 치열했다. 손님을 뺏어가기 위해 그들은 모두 사람을 끌 만한 간판을 내걸고 싶어 했다.

첫 번째 가게 재봉사는 가게 문 앞에 '뉴욕 최고의 재봉사!'라는 간판을 내걸었다. 이 간판을 본 두 번째 가게 재봉사도 재빨리 간판을 하나 써서 이튿날 내걸었는데 그 내용은 이러했다. '전국에서 가장 뛰어난 재봉사!' 세 번째 가게의 재봉사는 유태인이었는데 당시 외출을 해서 돌아오지 않은 상태였다. 앞의 두 집들이 위풍당당한 광고 간판들을 내걸고 손님들을 뺏어가는 걸 보고 있자니 그의 아내는 마음이 다급해졌다. 간판 거는 일에 골몰하느라 밥 먹는 것도 잊어버릴 정도였다.

"한 집은 '뉴욕 최고의 재봉사'라고 하고, 또 다른 한 집은 '전국 최고의 재봉사!'라니. 광고들이 모두 이렇게나 위풍당당한데, 우리는 세계에서 가장 뛰어난 재봉사라고 해야 하나? 너무 뻔한 거짓말 아닐까?"

며칠이 지나, 유태인 재봉사가 돌아왔다. 아내가 그에게 고민을 털어놓자 그는 살짝 웃음을 짓더니 급하게 굴 것 없다며 오히려 두 집이 우리 광고를 해주고 있다고 말하는 것이었다. 그러더니 그도 간판을 내걸었다. 아니나 다를까 간판을 걸고 나니 새로운 고객들이 몰려왔다. 장사가 이전보다 훨씬 더 잘 됐다. 도대체 그가 내건 광고판에는 무엇이라고 씌어 있었을까? 앞 두 사람과 비교하면 이 사람은 입심이 아주 약했다.

'이 거리에서 가장 뛰어난 재봉사!'

하지만 '이 거리'에서 가장 뛰어나다는 말은 결국 이 세 집 중 가장 뛰어나다는 뜻이었다. 현명한 유태인 재봉사는 사방에 대고 자신의 작은 가게를 과대포장하기는커녕 생각을 바꿨다. 광고에 넣을 문안을 선택할 때 지역적으로 '전국'이나 '뉴욕'보다 훨씬 작은 '이 거리'를 사용한 것이다. 작디작은 '이 거리'가 오히려 그보다 큰 '뉴욕', 훨씬 더 큰 '전국'을 덮어버렸다.

유태인들은 경쟁 상대가 자신을 추월할 때, 다급하게 굴지 말고 상대가 어떤 면에서 우세한지를 자세히 연구해봐야 한다고 생각한다. 답안을 찾아낼 수만 있다면, 그리고 나서 온갖 방법을 짜내 그들의 머리 위에 '자리 잡으면' 당신이 바로 최고가 된다.

박리다매 전략과 고가전략

　모두 다 알고 있듯, 박리다매는 시장에서 효과적으로 경쟁하는 수단이며 일반 소비자들의 심리에도 부합하는 가격 전략이다. 그러나 대부분의 경우에 이런 가격 방식이 항상 효과적인 것은 아니다.

　뉴욕의 큰 길거리에 마이클이는 장사꾼이 의상 판매 대리점을 열었다. 가게가 큰 것도 아니었고 장사가 그렇게 잘되는 것도 아니었다.

　큰돈을 벌고 싶다는 생각뿐이었던 마이클은 고급 디자이너를 초빙했다. 그리고는 심혈을 기울여 디자인한 끝에 최신 유행 스타일의 청바지를 내놓고 판매에 들어갔다.

　마이클은 이 상품에 큰 기대를 걸고 있었다. 이 상품으로 단박에 경영부진을 뒤집어보고 싶었다. 마이클은 이 상품에 6만 달러의 자금을 투입했고, 1차로 1,000벌을 생산해냈다. 생산비는 56달러였는데 시장진입을 위해 저가 전략을 취해 한 벌당 가격을 80달러로 책정했다. 이는 의류 상품으로서는 비교적 낮은 가격이었다. 마이클은 새로운 디자인과 낮은 가격 때문에 개업 첫날부터 대박을 칠 것이라고 생각했다.

　그러나 대대적인 판매에 들어간 지 보름이 지났는데도 사는 사람이 얼마 없었다. 마음이 다급해진 마이클은 굳은 결심을 하고 한 벌당 가격을 10달러 더 내리기로 했다. 그리고는 또다시 대대적인 판매에 들어갔다. 보름을 그렇게 소리 높여 팔아봤지만 손님은 여전히 많지 않앗다. 저가로 밀고 나가면 분명 손님이 들 것이라고 생각한 마이클은 가격을 또 다시 10달러 더 낮췄다. 이제 가격이 거의 최저 판매가에 근접했지만 판매 상황은 여전히 변함이 없었다. 실패를 일정할 줄 모르는 마이클은 이번에도 이것저것 살펴보지 않고 아예 바겐세일에 들어갔다. 한 벌당 50달러. 생산원가도 못 건지는 밑지고 파는 창고정리 세일을 시작했다. 그렇지만 적지 않은 손님들의 관심을 끌었을 뿐, 그나마 손님이 몇 명이라도 있었을 때보다 더 못한 상황이 되고 말았다. 손님들은 '그냥 물 흐르듯 지나쳐가서는' 다시 돌아오지 않았다.

너무나 절망한 마이클은 자신의 운명이 이렇게 운이 없는가보다 하며 이제 아예 밖에 나가서 물건 사라고 외치지도 않았다. 그는 점원을 시켜 '세계 최신 유행 스타일의 청바지 한 벌당 40달러!'라는 광고판을 내걸게 했다. 팔려나갈지 어떨지는 하늘에 맡겨보는 수밖에 없었다. 번화한 뉴욕의 길거리에 이렇게 저렴한 옷이 있다니, 너무나 보기 드문 일이었다. 그저 고객들이 가엽게라도 봐주었으면 했다. 그러나 이 광고판을 내걸었는데도 가격 물어오는 손님 하나 없었다.

이즈음, 유태인 친구 하나가 그를 찾아왔다. 근심걱정에 쌓여 가여울 지경인 마이클의 모습을 본 그 친구는 마이클에게 한 수 가르쳐주었다.

그 방법은 아주 간단했다. 40달러 뒤에 0을 하나 더 붙이는 것이었다. 그렇게 40달러는 400달러가 되었다. 순식간에 가격이 10배나 높아진 것이다. 그런데 놀랍게도 0을 갖다 붙이자마자 손님들이 물밀듯

이 몰려들더니 옷 고르는 데 재미가 들린 듯 이것저것 고르기 시작했다. 얼마 안 있어 정말로 7~8벌이 팔려 나갔다. 게다가 그 이후의 판매 상황은 점차 좋아졌다. 장사는 점점 더 잘됐다. 이렇게 장사가 잘 됐던 적이 없었을 정도로.

옆에 서 있던 마이클은 정신이 멍해진 채 우두커니 서 있었다. 그렇게 한 달이 지나갔지만 마이클은 여전히 도대체 어찌된 영문인지 상황 파악이 되지 않았다. 이렇게 얼떨떨한 채로 그는 청바지 1,000벌을 모두 다 팔아버렸다. 하마터면 장사 밑천도 다 까먹을 뻔했던 마이클은 순식간에 횡재를 한 것이다.

실제 상황에서 '싼 값으로 많이 파는 수법' '비싼 값으로 많이 파는 수법' '적절한 값으로 많이 파는 수법'을 어떻게 사용해야 하는가에 대한 통일된 법칙은 없다. 상품의 특성과 회사의 앞날을 멀리 내다본 전략에 근거해 그때그때 대응해야 한다.

500달러로 1만 달러짜리 부동산을 산 허들린

허들린이라는 유태인은 겨우 6년 만에 가난뱅이 실업자에서 유명한 백만장자로 거듭났다. 도대체 무엇이 그를 이렇게 빨리 성공하게 해준 것일까? 정답은 바로 그가 기회를 잡을 줄 알았다는 점이다.

25세였을 때 재산 모으기에 관한 책을 한 권 읽은 허들린은 그때 느낌이 마치 휘황찬란한 신세계를 본 것만 같았다고 한다. 그래서 그는 투자와 부동산 관련 지식을 가능한 한 모두 알아보았다. 기회가 생기는 대로 부동산업에 종사하는 친구, 친척들과 이야기를 나누면서 30살에 백만장자가 되겠다는 목표를 남몰래 세웠다.

어느 날, 한 부동산 중개업자가 흥분을 감추지 못하고 그에게 말했다. 투자액은 적은데 수익은 엄청난 돈벌이가 있다는 것이다. 중산층들이 사는 주택가에 자리 잡은 현대식 주택 한 채가 있는데, 유지보수도 잘했고 집 상태도 아주 좋은 일류 건물이라고 했다. 집주인이 1만 4,500달러에 집을 내놓았는데, 이런저런 이유 때문에 무슨 일이 있어도 한 달 안에는 집을 팔아버려야 한다는 것이었다. 결국 흥정을 통해 가격은 1만 달러까지 떨어졌다. 당시 허들린의 은행 잔고는 500달러가 채 되지 않았지만 놓치기 아까운 기회라는 생각이 들었다. 설사 1만 달러를 못 만들어낸다고 해도 중개상에게는 사례금조로 100달러만 주면 그만이었다.

그는 조금도 머뭇거림 없이 집주인과 계약을 한 후, 그 도시에서 가장 큰 은행으로 직행했다. 은행에서 1만 달러를 빌려 집주인에게 주려는 생각이었다.

또 다른 은행을 찾아가서는 새로 사들인 집을 저당잡혔다. 그리고는 첫 번째 은행에서 빌린 돈 1만 달러를 갚을 대출금 1만 달러를 손에 넣었다. 몇 년 지나지 않아 그 집에 살고 있는 실거주자가 보내온 돈으로 두 번째 은행에서 빌린 돈을 갚았다. 이렇게 해서 허들린은 순식간에 백만장자가 되었던 것이다.

기회가 왔을 때, 이미 충분히 준비했기 때문에 돈주머니에 손만 뻗치면 된다고 말할 수 있는 사람은 드물다. 사실 많은 부분에서 부족할 것이다. 그러므로 용기를 내서 '스릴 넘치게 도약'할 필요가 있다. 물론, 기회가 왔는지를 알아챌 수 있는지, 성공적으로 도약할 수 있는지는 평상시에 얼마나 준비를 하고 경험을 쌓는지에 달려 있다. 그리고 약간의 운도 필요하다.

전 세계 홀리데이 인 호텔의 창업자이자 미국 갑부인 케먼스 윌슨(Kemmons Wilson)은 창업 초기, 집에 가재도구라고는 단 하나밖에 없을 정도로 가난했다. '외상'으로 사와서 할부로 갚아나가야 하는 50달러짜리 팝콘 기계 한 대가 유일한 가재도구였다고 한다.

제1차 세계대전이 끝날 즈음, 장사로 돈을 좀 번 윌슨은 건축부지 장사를 해보기로 결심했다. 당시에는 이 업종에 종사하는 사람이 많지 않았다. 전쟁 직후라 모두 가난에 허덕이다보니 건축 부지를 사서 집을 짓고 상점을 세우고 큰 집을 건축하는 사람들이 별로 없었던 까닭이다. 그래서 건축 부지 가격이 줄곧 낮은 수준을 유지하고 있었다.

월슨이 돈도 되지 않는 이 장사를 하려고 한다는 소문이 퍼지자 이를 전해들은 친구들이 찾아와 뜯어말렸다. 그러나 월슨은 고집을 꺾지 않았다. 그는 친구들의 소견이 너무 좁다고 생각했다. 비록 계속된 전쟁으로 미국 경제가 쇠퇴했지만 미국은 전승국이니 경제는 금방 회복될 테고 그렇게 되면 건축 부지 가격도 상승일로에 놓일 테니 돈 버는 것이야 시간문제라는 판단이었다.

그래서 월슨은 갖고 있던 모든 자금에 대출금을 더해 교외 지역의 넓은 건축 부지를 구입했다. 이 땅은 저지대에 자리 잡고 있었기 때문에 농사에는 부적합했고 집짓는 용도로도 적당하지 않았다. 그런 까닭에 누구 하나 이 땅에 관심을 보이지 않았다. 그러나 두 번이나 직접 가서 둘러본 월슨은 잡초가 우거진데다 황량하기 이를 데 없는 이 땅을 사기로 결정했다.

이쯤 되니, 장사에 대해서는 일절 묻지 않던 그의 어머니와 아내까지 들고 나와 간섭을 하기 시작했다. 하지만 월슨은 미국 경제는 빠른 속도로 활기를 띨 것이고, 도시 인구도 점차 증가할 것이며, 시가지도 계속 확대될 것이라고 생각했다. 그러므로 그가 사둔 이 땅은 '황금알을 낳는 거위'가 될 것이 분명하다는 것이었다.

그로부터 3년 후, 월슨이 예상했던 것처럼 도시 인구는 급증했고 시가지도 신속하게 발전했다. 도로도 바로 월슨의 땅 옆까지 계속 확장을 거듭했다. 대다수의 사람들은 이때가 되어서야 갑자기 윌슨이 소유한 땅의 풍경이 너무나 매력적이라는 것을 알게 되었다. 옆으로는 미시시피 강이 구불구불 흘러가고 있었고, 버드나무 그늘이 드리운 서쪽 강둑은 사람들의 피서지였으니 말이다. 이 바람에 윌슨이 사들인 부지의 땅값도 솟구쳤다. 수많은 상인들이 높은 가격을 부르며 이 땅을 사려고 했지만 윌슨은 성급하게 굴지 않았다.

　이것이 바로 성공하는 경영자가 갖고 있는 뛰어난 점이다. 윌슨 자신도 이 땅의 가격을 모르는 게 아니었다. 그러나 그는 더 멀리 내다보았다. 풍경이 사람들을 끄니 점점 더 많은 여행객들이 몰려들 것이 분명했다. 만약 직접 이곳에서 호텔을 연다면 땅을 파는 것보다 더 많은 돈을 벌 수 있지 않을까? 그래서 윌슨은 자금을 조달해 호텔을 열기로 마음먹었다. 얼마 후 윌슨은 모텔을 하나 지어 올렸고 '홀리데이 인'이라고 이름지었다. 지역적 위치가 좋고 편안하면서도 편리한 홀리데이 인은 문을 열자마자 손님들로 북적거렸고 사업은 번창했다. 이때부터 윌슨의 홀리데이 인은 미국과 세계 각지에 우후죽순처럼 세워졌다. 그리고 앞을 내다볼 줄 아는 이 '명당자리 전문가'는 더 큰 성공을 거머쥐었다.

　사업을 하는 것은 장기를 두는 것과 같다. 평범한 사람들은 종종 눈앞의 한두 수밖에 보지 못하지만 뛰어난 고수들은 그 뒤의 대여섯 수, 심지어는 더 멀리까지 내다볼 줄 안다. 일에 맞닥뜨렸을 때 조심조심해가면서 다른 사람들보다 더 멀리, 더 정확하게 보고 결정을 내려야만 비로소 시장의 요구에 부응할 수 있다.

M&A의 유태인 귀재들

유태인은 사업체를 경영하면서 종종 몸집이 작은 기업으로 큰 기업을 삼켜버리곤 한다. 그리고 이를 통해 빠른 속도로 사업 영역과 규모를 확대해 종국에는 사업 자체를 독점한다.

유태인은 자금 운영에 능하고 기업 조직 면에서도 끊임없이 새로운 것을 발명하고 혁신을 낳는 능력이 있다. 19세기 로스차일드 가문은 국제적인 금융 조직인 국제 신디케이트를 세워 제도상의 한계를 넘어섰다. 1960년대, 유태인들은 선도적으로 새로운 기업 조직 창조에 앞장섰다. 이렇게 해서 생겨난 새로운 기업 행태가 바로 '연합기업'이다.

연합기업과 전통적인 주식회사의 차이점은 연합기업의 주요 목적에 있다. 그 첫째는 연합기업의 경우 인수합병을 통해 우선 인수합병 대상 기업의 유휴 자산이나 사용하기에 부적합한 자산을 좀더 합리적으로 이용함으로써 자본의 가치를 증가시킨다는 것이다. 두 번째는 인수합병을 통해 끊임없이 새로운 기업을 구축하면서 증권시장에도 부단히 새로운 주식을 발행해 주식 매각과 매매를 통해 이익을 올린다는 것이다.

몸집이 작은 기업은 이런 발전 모델을 통해 아주 손쉽게 몸집이 큰 회사를 합병할 수 있게 된다. 연합기업의 존재 자체가 무엇보다도 먼저 이런 순환과정의 지속에 기대는 방식을 결정지었다.

이런 신형 기업 조직 형태는 미국의 유태인 금융가와 기업가들이 1960년대에 만들어낸 것이다. 당시 세계경제가 지속적인 번영을 구가하고 있는 가운데 증권시장은 극도로 활기를 띠고 있었고 미국 정부는 비교적 방임적인 정책을 취하고 있었다. 이런 상황은 유태인 기업가들에게 '창조적인 자본 경영의 최고 형태'를 실천에 옮겨볼 만한 환경을 제공해주었다.

유태인들이 투자한 래저드 블리어스, 텍스트론, 리만 브라더스, 로브 로즈, 골드만삭스 같은 은행들이 이러한 새로운 기업 형식을 만드는 데 참여했다. 그리고 연합기업을 만들어 나가는 과정 중에는 메리트-채프먼 앤 스콧(Merritt-Chapman & Scott Co.)이 가장 열성적이었다.

메리트-채프먼 앤 스콧은 세계 최초의 연합기업으로 평가받는다. 비록 가장 먼저 이런 구상을 한 사람은 텍스트론의 로이 리틀(Roy Little)이었지만 '연합기업의 아버지'로 추앙받는 사람은 세계 최초 연합기업의 경영자인 루이스 울프슨(Louis Wolfson)이었다. 최전성기 시절의 메리트-채프먼 앤 스콧은 조선, 건축, 화학공업, 투자은행 업무를 총망라하고 있었으며 당시 연매출 총액이 5억 달러에 달했다.

1960년대, 연합기업은 몸집이 작은 기업이 몸집이 큰 기업을 집어삼키는 방식을 통해 지속적으로 성행했다. 그러나 1969년 증권시장이 붕괴하고 보수적인 공화당이 정권을 잡으면서 연합기업은 각 방면에서 제약을 받게 되었다. 정권을 잡은 닉슨은 사법부 반트러스트(Anti-Trust)

규제반에 명령을 내려 '유태인과 카우보이의 결탁'에 대해 행동을 취하게 했다. 그 결과 2개월 만에 13개 연합기업의 주식이 폭락하면서 50억 달러에 달하는 큰 손실을 보게 되었다.

그렇지만 연합기업이 무너진 것은 아니었다. 연합기업은 점점 안정을 찾아나가기 시작했다. 유태인 기업가 중 이리 블랙과 그가 경영한 '유나이티드 브랜드 컴퍼니'는 연합기업의 특성을 보여주는 대표적인 사례다.

1960년대, 블랙은 미국 비즈니스 업계에서 '기업 약탈자' 심지어는 '해적'이라는 악명을 떨치고 있었다. 기업의 가치를 평가하고 이에 적절한 조치를 취하는 데 너무나 능수능란했기 때문이다. 그러나 천재적인 기업가인 이리 블랙도 사실 처음부터 이 일에 종사한 것은 아니었다.

블랙은 랍비학교를 졸업한 후 부모를 따라 폴란드에서 미국으로 이주했다. 그는 미국에서 몇 년 간 랍비 생활을 하다가 콜롬비아 대학의 비즈니스 스쿨에 진학했다.

학교를 졸업한 그는 리만 브라더스에서 어느 정도 일을 하고 나서 로즌월드(Rosenwald) 가문의 재산을 관리하는 일을 맡아보았다. 그후, 블랙은 곤란한 상황에 빠진 병마개 제조회사를 사들였다. 그의 말에 따르면 이 회사는 '규모는 작았지만 문제는 심각했던' 회사였다. 그는 이 회사를 개조하고 AMK로 이름을 바꾼 후 합병의 길에 들어섰다.

그는 자산총액이 4,000만 달러에 불과한 이 병마개 제조회사를 가지고 문제가 첩첩산중으로 쌓인 또 다른 회사, 존 모렐(John Morrell)을 겨냥했다. 존 모렐은 육류 통조림 회사로, 규모는 AMK보다 20배 컸고 자산은 8억 달러에 달했다.

목표를 이룬 후, 블랙은 다시 보스턴을 근거지로 하는 유서 깊은 바나나 재배 및 운송 회사 유나이티드 프루트 컴퍼니(UFC)를 겨냥했다. UFC는 중앙아메리카에 수십만 헥타르에 달하는 재배지를 갖고 있었고 냉동함선도 37척이나 소유하고 있었다.

우연한 기회에 블랙은 어느 브로커부터 소식 하나를 듣게 되었다. 그 브로커는 2년 전 자신이 좀 높은 가격으로 다른 중개인에게 추천했었던 UFC의 주식을 지금 다시 팔아넘기려는 참이라고 했다. 이 소식을 접한 블랙은 즉시 행동을 취했다. 그 브로커로부터 주식을 사들여 경쟁자들을 한발 앞서나갔다. 이어서 그는 모건 개런티 트러스트 사를 대표로 하는 은행 그룹으로부터 3,500만 달러를 빌려 시가보다 4달러 높은 주당 56달러의 가격으로 73만 3,200주를 사들였다. 이 거래는 뉴욕증권거래소 역사상 세 번째로 큰 규모였다.

선두에 선 블랙은 손 하나 까딱 하지 않고 UFC를 손에 넣고 싶었다. 그러나 많은 사람들이 이 회사가 얼마나 알짜배기 회사인지 알아챘기 때문에 한 바탕의 격전이 일어날 것이라는 것은 불 보듯 뻔한 일이었다. 한 바탕의 격전 직후, 주식 가격은 주당 50달러에서 88달러로 급상승했다.

격전의 연기가 사라진 후 마지막 승리를 거머쥔 사람은 바로 블랙이었다. 그는 새로 조성한 연합기업을 '유나이티드 브랜드 컴퍼니'라고 이름지었는데 이 식품가공 종합회사는 그 엄청난 규모로 경쟁자들을 벌벌 떨게 했다.

사람의 심리를 교묘하게 이용하여
목적을 이루는 유태인

사업을 하다보면 많은 사람들이 도둑을 맞고 사기를 당한다. 혹은 빚을 떼어먹히기도 한다. 이런 상황에 맞닥뜨렸을 때는 유태인들이 써먹는 고단수 수법을 응용해보는 것이 좋다.

유태 상인 하나가 어느 시장에 들어가 장사를 하고 있었다. 그러던 중 며칠 후면 이곳에서 대규모 바겐세일이 있을 것이라는 것을 알게 된 그는 이 세일을 기다려보기로 결심했다. 그러나 갖고 있는 돈이 적지 않았다. 아직 은행도 없던 시절이었고, 여관에 돈을 둔다는 것도 불안한 일이었다.

생각에 생각을 거듭한 끝에 그는 혼자서 사람 그림자도 보이지 않는 곳으로 갔다. 그러고는 땅에 구멍을 파서 돈을 묻어버렸다. 그런데 이튿날 돈을 묻어둔 곳에 가보니 돈이 보이지 않는 것이었다. 정신이 멍해져서 우두커니 서 있던 그는 어떻게 된 영문인지를 되풀이해서 생각해보았다. 당시 그 부근에는 아무도 없었다. 그러니 아무리 생각해도 돈을 어떻게 잃어버린 것인지 생각이 나지 않았다. 답답한 마음을 가누지 못하다가 무의식적으로 고개를 든 그에게 멀리 집 한 채가 보였다. 아마도 그 집 주인이 창문을 통해 마침 돈을 묻는 것을 보고는 몰래 파서 가져간 것 같았다.

그런데 어떻게 해야 돈을 되찾아 올 수 있을까? 골똘히 생각해본 그는 그 집 주인을 찾아가서는 정중하게 말했다.

"도시에 살고 계시니 아는 것도 많고 현명하신 분이 분명하겠지요. 제가 여쭤보고 싶은 일이 하나 있는데요."

그러자 주인은 아주 친절하게 대답했다.

"무슨 일인지 말씀해보세요."

유태 상인은 이렇게 말했다.

"저는 이곳에서 장사를 하려는 외지사람입니다. 몸에 돈 주머니 두 개를 갖고 다니는데, 하나에는 금화 800개를 채워두었고 다른 하나에는 500개를 넣어두었습니다. 그 중 금화가 적게 들어간 주머니는 사람이 없는 곳에 묻어 두었는데, 돈이 많이 들어 있는 이 주머니는 믿을 만한 사람에게 맡겨 보관을 해야 할지, 아니면 역시 땅에 같이 묻어버리는 것이 안전할지 모르겠습니다."

이 말을 들은 주인은 웃으며 말했다.

"처음 오신 분이니 아직 믿을 만한 사람이 없으시겠죠? 큰돈 주머니도 땅에 같이 묻어버리는 게 좋을 듯합니다."

이 유태인이 자리를 뜨자 욕심쟁이 주인은 바로 훔쳐온 돈 주머니를 꺼내들고는 돈을 파냈던 곳으로 가서 다시 묻어두었다. 바로 이때, 부근에 숨어 있던 유태 상인은 속으로 쾌재를 불렀다. 그리고는 그 집 주인이 가자마자 땅을 파 돈 주머니를 꺼내들고는 멀리 사라졌다.

다른 사람 주머니 속으로 들어간 물건을 다시 찾아오는 것은 아주

고단수의 수법이다. 이 이야기 속의 유태 상인은 사람이라면 누구나 욕심이 있다는 것을, 게다가 그 욕심에는 끝이 없다는 것을 잘 알고 있었다. 도둑에게 넌지시 돈을 내보이면 그 욕심을 더 부추길 수 있다. 이 유태인은 기지를 발휘해 사람의 이런 심리를 아주 교묘하게 이용했던 것이다.

사업을 하다보면 다루기 힘든 수많은 난제를 만나기 마련인데 이럴 때 융통성 있게 '속임수'를 써먹어야 한다. 물론 법률을 위배하지 않는다는 전제하에서 상대에게 어떤 약속도 하지 않고 또 속임수의 '증거'를 남기지 않으면서 상대방을 속일 수 있다면 아주 손쉽게 자신의 목적을 이룰 수 있다.

페르난도는 상점에서 점원 일을 하는 유태인이었다. 어느 금요일, 그는 한 마을에 가게 되었는데 돈이 한 푼도 없어 먹고 자는 문제를 해결할 수 없었다. 그러다가 유대교회의 집사를 만났는데, 그 집사는 페르난도에게 이렇게 말했다.

"금요일이면 이 마을로 오는 가난한 사람들이 특히 많아서 집집마다 방이 꽉 차지요. 유일하게 예외인 집이 금은방 주인 짐멜 씨 댁이죠. 그렇지만 유감스럽게도 그는 대단히 인색해서 손님을 받지 않는답니다."

그러자 페르난도는 확신에 차서 말했다.

"짐멜 씨는 분명히 저를 받아들이실 겁니다."

페르난도는 이 말을 남기고 짐멜 씨 댁을 찾아갔다. 문을 두드린 후 그는 비밀이라도 있는 듯 짐멜 씨를 옆으로 잡아당기더니 외투 주머니에서 벽돌만한 조금은 묵직한 주머니를 하나 꺼내고는 작은 소리로 말했다.

"실례 좀 하겠습니다. 벽돌 크기 정도 되는 황금은 가격이 얼마나 나가나요?"

금은방 주인인 짐멜 씨는 이 말을 듣자마자 두 눈이 휘둥그레졌다. 그러나 이미 안식일이었기 때문에 계속해서 장사 이야기를 할 수가 없었다. 금은방 주인은 얼른 페르난도를 자신의 집에서 묵게 하고는 내일 아침 날이 밝으면 다시 이야기하자고 했다.

안식일 날 하루 종일, 페르난도는 융숭한 대접을 받았다. 토요일 저녁, 거래를 할 수 있는 때가 되자 짐멜은 얼굴에 웃음을 머금고 '물건'을 꺼내 보여 달라고 페르난도를 재촉했다. 그러자 페르난도는 일부러 깜짝 놀라며 이렇게 말했다.

"금은 무슨 금이요? 전 단지 벽돌 크기 황금 가격이 얼마나 되는지 여쭤보고 싶었을 뿐인데요."

엄격한 일본의 외환관리제도를 역이용한 유태인들

'계약의 민족'이라는 유태인들은 언제나 계약을 지킨다는 전제하에서 자신의 재능을 이용해 현명하게 돈을 벌어들인다. 법을 교묘하게 이용해서 돈 벌기, 이것이 바로 유태인들이 외환 매매를 할 때 발휘하는 특기다.

1971년 8월 16일, 미국 대통령 닉슨이 달러 방위 성명을 발표하자 현명한 유태인 금융가들과 상인들은 이 조치가 미국을 상대로 엄청난 무역흑자를 올리고 있는 일본을 겨냥하고 있다는 것을 즉시 알아차렸다. 유태인들은 정보를 통해 미국과 일본이 이 문제를 놓고 여러 차례 담판을 가졌다는 것도 알아냈다. 이 모든 것들이 엔화의 평가절상을 예고하고 있었다.

더 놀라운 것은 유태인들이 닉슨 대통령의 성명 발표 후가 아닌 반년 전에 벌써 이런 결론을 내렸다는 것이다. 수많은 유태인 금융가들과 상인들은 정확한 분석에 근거해 결론을 내렸고, 다른 사람들이 아직 이를 발견하지 못했을 때 대규모의 '매도 공세'를 퍼부어 대량의 달러를 일본으로 팔아넘겼다.

당시 일본 재무성의 조사 보고서에 따르면, 1970년 8월, 일본의 외화보유액은 35억 달러에 지나지 않았다. 그러나 1970년 10월부터 외화보유액이 매달 2억 달러의 증가 속도를 보이며 상승하기 시작했다. 이는 일본의 수출 무역 발전과 관련이 있었다. 당시 일본의 트랜지스터 라디오, 컬러 TV와 자동차 산업이 크게 번창하고 있었다. 하지만 미국 내 유태인들은 이미 일본을 향해 달러를 '팔기' 시작한 상황이었다.

1971년 2월, 일본의 외화보유액 증가폭은 더욱 커졌다. 처음에는 매달 3억 달러의 속도로 증가하더니 나중에는 15억 달러로까지 증가했다. 당시 일본 정부는 아직 아무것도 모르고 있었다. 언론 쪽에서는 심지어 자국 외화보유액의 빠른 증가를 두고 '일본인들의 근검절약이 가져온 결과'라고 선전하고 있었다. 일본 각계 인사들은 아직 이런 기현상이 미국 내 유태인들의 '매도 공세'가 일본에 가져다준 결과라는 것을 알지 못했다.

닉슨 대통령이 성명을 발표한 1971년 8월을 전후로 미국 내 유태인들은 거의 미친 듯이 달러를 팔아댔다. 제2차 세계대전 이후 25년 동안 일본으로 유입된 총 외화 액수가 35억 달러였는데, 1971년 8월 한 달 동안 증가한 일본의 외화보유액이 46억 달러에 달했을 정도다.

1971년 8월 하순, 즉 닉슨이 성명을 발표하고 열흘이 지났을 즈음이 되어서야 일본 정부는 외화보유액이 급증한 원인을 발견했다. 발견 즉시 상응하는 조치를 취했으나 이미 때는 늦어있었다. 이어서 미국 내 유태인들이 예견했던 일, 엔화의 대폭 평가절상이 일어났다. 이때 일본의 외화보유액은 이미 129억 달러까지 올라가 있었다.

그후 일본 금융업계는 대가를 치렀다. 몇 개월 동안 달러 '팔기' 장사로 6,000억 엔(20여 억 달러)에 달하는 손해를 보았다. 그리고 이 20여

억 달러는 고스란히 유태인들이 벌어갔다.

일본의 외환관리제도가 상당히 엄격했기 때문에 유태인들이 외환 시장에서 투기 활동을 통해 돈을 번다는 것은 근본적으로 불가능했다. 그러나 일본이 큰 손해를 본 것은 분명한 사실이다. 이것 말고도 이상한 것이 또 있었다. 미국 내 유태인들이 이상할 정도로 달러를 팔아치우는데, 일본인들은 어째서 이렇게 늦게야 눈치챘을까? 유태인들은 어떻게 일을 처리한 것일까? 이는 '법을 수호하는 민족'이라고 불리는 유태인들이 법의 빈틈을 뚫고 들어가서는 법을 거꾸로 이용한 고도의 수법과 관련되어 있다. 어쩌면 '전문적인 교육을 받은' 유태민족만이 써먹을 수 있는 수법인지도 모른다.

1970년 10월부터 일본의 외화보유액은 매달 2억 달러의 속도로 상승하기 시작했다. 하지만 일본의 트랜지스터 전자제품과 자동차 수출무역이 호조를 띠고 있었기 때문에 이런 증가 속도는 정상적인 것이라 여겨졌다.

일본인들은 그들의 외화선불제도가 아주 엄격하다고 생각했지만 유태인들 눈에는 이 제도에도 큰 구멍이 있어 보였다. 외화선불제도란 일본 정부가 2차 대전 이후 외화가 특별히 필요하던 때 반포한 제도였다. 이 제도의 규정에 따르면, 수출 계약서에 서명한 생산업자에게 정부는 미리 외화를 지불함으로써 자금의 흐름을 원활히 하고 수출을 장려했다. 동시에 이 규정 속에는 계약 해제를 허가하는 조항이 포함되어 있었다. 유태인들은 바로 이 외화 선불과 계약 해제라는 조항을 이용해 달러를 당당하게 팔아치우고 일본의 외환시장을 교란시켰던 것이다.

　유태인들이 사용한 방법은 사실 아주 간단했다. 우선 일본의 수출업자와 거래계약서(엔화로 계산된 계약서)에 서명할 때, 그들은 외환선불제도의 규정을 충분히 이용해서 달러를 엔화로 환산하고 일본측 업자에게 돈을 지불했다. 이때는 아직 돈을 벌었다고 말하기 어려운 시점이다. 그러나 엔화의 가치가 상승할 때를 기다렸다가 시기가 되면 계약을 해제해서 일본측 업자가 다시 엔화를 달러로 환산해서 지불하게 만들었다. 이렇게 돈이 한 번 나갔다 다시 들어오는 두 번의 환산으로 가치가 상승한 차액을 이용했고, 이런 식으로 어마어마한 돈을 벌어들였던 것이다.

　이 사례를 통해 우리는 미국 내 유태인들이 이룬 성공의 열쇠가 일본의 법을 '거꾸로 이용한' 데 있었다는 것을 알 수 있다. 일본 정부가 무역을 장려하기 위해 허가한 선불금과 계약 해제 규정이었지만, 유태인들은 바로 그 규정을 가지고 거짓 장사로 막대한 환차익을 벌어들인 것이다. 일본 정부는 자국 법에 얽매여 유태인들이 너무나 합법적으로 돈을 버는 것을 그저 두 눈 뜨고 지켜볼 수밖에 없었다.

실현 가능한 목표를 세우고 전진하는 유태인들

"어떻게 해야 돈을 벌 수 있을까?"

이는 모든 장사꾼들을 곤혹스럽게 하는 문제다. 많은 사람들이 생각에 생각을 거듭해보지만 결국 그 해답의 '문' 앞에도 가보지 못하고 만다.

유태인들은 돈 버는 일은 지력과 체력을 바탕으로 완성하는 일이며, 또한 세상에서 가장 어려운 일이라고 생각한다. 돈 벌기라는 이 인생 게임에는 두뇌, 정보 그리고 사람의 마음을 휘어잡을 수 있는 능력이 필요하다. 돈은 이렇게 해야만 벌어지는 것이다.

유태인들은 사업을 할 때, 자기 자신에게 목표를 하나 세운다. 이 목표는 현실적인 목표로 실행 가능해야 한다. 어느 유태인 회사의 사무실 벽 정면에 이런 표어가 걸려 있었다.

"자신감이 있다고 꼭 승리하는 것은 아니지만 자신감이 없으면 반드시 실패한다. 행동에 옮기는 것이 성공을 뜻하지는 않지만 행동에 옮기지 않으면 반드시 실패한다."

이 표어는 '대담한 생각에서 비로소 대담한 행동이 나온다. 이기고 싶은 마음이 있으면 필사적으로 매달릴 것이다. 이렇게 필사적으로 매달려야만 비로소 승리할 수 있다'는 의미를 담고 있다.

유태인 피터 위버로스는 미국에서 가장 우수한 여행사를 세워, 1985

년 1월 「타임」지의 올해의 인물로 뽑혔다. 자기 자신에 대한 자신감과 쉼 없이 목표를 쫓아가는 마음, 사업에 최선을 다해 몰두하는 자세가 위버로스를 지도자의 풍모를 갖춘 기업가로 만들어주었다.

그의 노력 끝에 제22회 올림픽은 2억 5,000만 달러의 이익을 남길 수 있었다. 폐막식에서 열정적인 관중들은 그에게 기립박수를 선사했다. 비즈니스 업계의 거두로 불리는 한 인물은 당시 상황을 이렇게 이야기했다.

"수많은 스포츠 이벤트에 참가해보았지만, 8만 4,000명이 함께 일어나 그들에게 표를 판 장본인에게 환호하는 광경은 태어나서 처음 본 것이었다."

뉴욕에서 가장 부유한 유태인이었던 커트 칼슨(Kurt Carlson)은 자수성가해 빛나는 삶을 일궈낸 사람이다. 대공황 시기, 그는 주로 프리미엄 우표를 팔았다. 대공황이 지나고 나서 그는 연매출액이 90억 달러가 넘는 세계적인 대형 연합회사를 차렸다.

칼슨은 주주들의 성원도 받지 못했고 파트너의 도움도 얻지 못했다. 그렇지만 그는 자기 자신에 대한 자신감으로 가득 차 있었고 자신의 판단이 다른 누구의 판단보다도 더 정확하다고 믿었다. 그는 다른 사람들의 방해를 받고 싶지 않았다. 지미 카터 시기 미국은 심각한 경제 쇠퇴기에 접어들었다. 그런데 당시 칼슨은 다음과 같이 말해 사람들을 놀라게 했다.

"올해 그리고 내년, 아니면 더 오랜 시간이 지나 사회경제 상황이 어떻게 되든, 우리 회사에는 어떤 영향도 미치지 못할 것입니다. 어떤 상황이 발생한다 하더라도 1989년만 되면 우리 회사의 매출액은 원래의 10억 달러에서 40억 달러로 증가할 것입니다."

칼슨은 자신의 약속을 2년이나 앞당겨 지켰다. 1987년에 매출액 40억 달러를 달성했으며, 1990년대 초 그의 회사의 매출액은 90억 달러를 기록했다. 칼슨은 이렇게 말했다.

"사람은 인생 전체를 통해 경주를 합니다. 대부분은 자기 자신과의 경쟁이죠. 그 앞에는 경쟁 상대가 없으니까요."

자신감, 언제나 꾸준한 마음 그리고 일에 대한 몰두가 위버로스와 칼슨을 최후의 승자로 만들어주었다. 위버로스와 칼슨처럼만 하면 다른 사람들도 분명히 성공할 수 있을 것이다. 깨지지 않는 세계 기록이란 없다. 평생 한 회사하고만 거래하는 고객도 없다. 비즈니스 업계는 늘 생사의 기로에서 변화하며 돌고 돈다. 이런 비즈니스 업계에서 새로운 기회는 자신감에 차서 목표를 가지고 사업에 무섭게 몰두하는 사람들에게만 돌아가게 되어 있다.

위버로스와 칼슨 같은 우수한 유태인들은 돈을 벌겠다는 목표를 달성하기 위해 생각을 행동으로 옮긴다. 그들이 세운 목표에는 실질적으로 중요한 네 가지가 있다. 그 첫째는 한결같은 마음으로 사업에 뛰어들어 자신의 모든 에너지를 쏟아 붓는다는 것이다. 두 번째는 다른 사람에 대한 존중이다. 고객과 직원, 중개 판매업자 등 모두에 대한 존중이 담겨 있다. 세 번째는 상품의 질을 높이려 노력한다는 점이고, 네 번째는 제대로 된 서비스를 제공한다는 점이다.

유태인들은 목표를 세울 때, 반드시 현실적인 목표를 세워야 실현 가능하다고 생각한다. 한 회사가 세운 목표가 사회의 발전과 과학 기술의 진보에 부응할 수 있을 때, 그들은 가장 적은 생산비로 기술적으로 뛰어난 상품을 만들어낼 수 있으며, 이로부터 높은 이윤을 얻어낼 수 있다.

유태인들은 목표를 세울 때는 세 가지 단계에 따라야 한다고 본다. 첫 번째 단계에서는 자신의 목표를 확립해야 한다. 두 번째 단계에서는 목표를 실현할 계획을 세워야 하고, 세 번째 단계에서는 계획의 실현을 확고히 하기 위해 할 수 있는 한 정확하게 시간을 분배해야 한다.

유태인들은 상황이 어떠하든 포기하지 않는 것이 목표를 추구하는 데 전제가 된다고 본다. 상황이 허락한다면 적시에 전과를 늘려나가는 행동력도 반드시 갖추고 있어야 한다. 이를 해내려면 상황을 냉정하게 판단할 줄 아는 능력을 갖고 있어야 한다.

워털루 전황 정보를 이용한 로스차일드의 주식투자

정보는 중요하다. 어떤 때는 정보 하나가 생사존망을 가를 수도 있다. 오랫동안 안전을 보장받지 못했던 민족에게는 더욱 그렇다. 바로 이런 이유 때문에 유태인들은 정보를 극도로 중시할 뿐 아니라 정보에 극도로 민감하다.

격렬한 시장경쟁 속에서 상인들에게는 똑같은 기회가 주어진다. 비슷한 조건하에서는 먼저 기회를 잡는 자가 승자가 될 수 있다. 먼저 기회를 잡는 가장 효과적인 길은 관련 정보를 얻어 내용을 파악하는 것이다. 유태인들의 기민한 정보력은 세계적으로도 그 명성이 자자하다. 특히, 로스차일드 가문은 정보에 관한 가장 좋은 사례를 우리에게 제공해준다.

로스차일드 가문은 서유럽 각국에 퍼져 있다. 이렇게 분포되어 있기 때문에 로스차일드 가문은 비교적 쉽게 정보를 손에 넣을 수 있으며 그들이 확보한 각종 정보들이 특별히 중요한 가치를 지니게 된다. 이 지역에서는 이미 유통기한이 지난 정보가 저쪽 지역에서는 엄청난 상업적 가치를 지닌 정보가 될 수 있다. 이 때문에 로스차일드 가문은 특별히 전문적으로 자신들을 위해 서비스를 제공하는 신속한 정보 전송망을 조직했다. 교통과 통신이 아직 빠른 속도를 내지 못했던 시대에 이런 정보 전송망의 역할은 결코 무시할 수 없는 것이었다.

19세기 초, 나폴레옹과 유럽 연합군이 힘겨운 전쟁을 벌이고 있을 당시, 전황이 혼미를 거듭하면서 정세가 급변하고 있었다. 누가 이기고 누가 지게 될지 판단하기 어려운 상황이었다. 그후, 연합군 원수 웰링턴 장군이 벨기에에서 새로운 공세를 퍼부었다. 공세가 시작되었을 때는 상황이 상당히 심각했기 때문에 유럽 증권시장에서 영국 주식은 시세가 폭락하고 말았다. 런던의 네이선 로스차일드(Nathan Rothschild)는 전황의 향방을 파악하기 위해 특별히 영국해협을 건너 프랑스로 가서 상황을 알아보았다.

　전쟁이 역전하면서 프랑스군의 패색이 짙어졌을 무렵, 네이선은 바로 워털루 전쟁터에 있었다. 정확한 소식을 얻은 그는 바로 몸을 돌려 정부의 긴급 정보 전송원보다 몇 시간이나 앞서 런던으로 돌아갔다. 정보로 선수를 친 로스차일드 가문은 엄청난 자금을 움직여 영국 주식이 아직 상승하기 전에 대량으로 사들였다. 그리고 몇 시간이 지난 후, 정부의 정식 발표가 나자 주가는 급상승했고 로스차일드 가문은 엄청난 돈을 벌어들였다.

　이 일화는 금융계에서는 전설적인 이야기다. 많은 사람들이 정보를 얻어 남보다 앞서 결정을 내리는 금융 기술의 원조를 로스차일드 가문으로 돌린다. 이는 정보 방면에서 유태인들이 갖고 있는 탁월한 능력을 사람들도 인정하고 있음을 보여준다.

　정보의 통로가 하나인 경우는 드물다. 대부분의 경우에 정보는 여러 곳에서, 대중들로부터 나온다. 그렇기 때문에 정보를 전문적으로 모으고 정리하고 분석할 필요가 있으며, 이렇게 정보의 내용을 파악해내는 탁월한 사고 능력이 필요하다.

버나드 바루크(Bernard M. Baruch)는 미국의 저명한 유태인 기업가이며 정치가와 철학가로도 칭송받았다. 그는 30대 초반에 이미 백만장자가 되었다.

1916년, 윌슨 대통령은 그를 국방위원회 고문과 원자재관리위원회의 위원장으로 임명했으며, 그후 그는 군수산업위원회의 위원장도 맡았다. 1946년 UN 원자력위원회 미국 대표를 맡은 바루크는 유명한 '바루크 안(案)'을 내놓았다. 이 안에서 그는 원자력 사용을 통제하고 모든 원자력 설비를 검사하기 위한 국제적 권위를 갖는 기구를 세우자고 제안했다. 생전이나 사후에나 바루크는 두루 존경을 받았다.

창업 초기, 바루크의 사업은 순탄하지 못했다. 그러나 그는 정보에 대한 유태인 특유의 예민한 감각을 발휘해 하룻밤 새에 엄청난 부를 쌓았다.

1898년 7월의 어느 날 밤, 28세의 바루크는 부모와 함께 집에 있었다. 그런데 갑자기 라디오 속에서 스페인 함대가 산티아고에서 미국의 해군에 패했다는 소식이 흘러나왔다. 이는 미국—스페인 전쟁의 종결을 의미하는 것이었다.

그날은 마침 일요일이었고 그 다음날은 월요일이었다. 관례에 따르면 미국의 증권거래소는 월요일에는 문을 닫지만 런던거래소는 평소와 같이 영업을 했다. 그 순간 바루크는 만약 뉴욕으로 급히 갈 수 있다면 뉴욕에만 있는 정보를 이용해 런던 주식시장으로부터 대량의 주식을 사들일 수 있을 것이라고 생각했다.

당시는 아직 자동차가 세상에 나오기 전이었고 기차도 밤에는 운행을 하지 않을 때였다. 이렇게 속수무책인 상황에서 바루크는 기가 막힌 아이디어를 짜냈다. 그것은 서둘러 기차역으로 가서 전용 열차를 임대하는 것이었다. 결국 바루크는 뉴욕에 있는 자신의 사무실에 늦지 않게 도착했고, 다른 투자자들이 아직 '깨닫기' 전에 몇 개의 거래를 성사시켜 거액을 벌어들였다.

정보를 얻은 시간으로 보았을 때 바루크는 결코 시간을 선점한 것은 아니었다. 그러나 그날 들은 뉴스에서 자신에게 쓸모 있을 정보를 어떻게 분석해내고, 이에 따라 결정을 내리고, 그에 상응하는 행동을 취할 것인지 하는 문제에서 그는 분명히 기회를 선점한 것이었다.

바루크는 조금은 의기양양한 태도로 유사한 수법을 통해 여러 차례 큰돈을 벌었던 자신의 경험을 회상하면서, 이런 금융 기술의 원조는 로스차일드 가문이라고 밝혔다. 그러나 정보에 대한 '이성적인 계산'에 있어 바루크는 분명히 로스차일드 가문을 뛰어넘은 사람이었다.

3

불가사의한 계약의 민족 유태인

"자기가 하기 싫은 일은 다른 사람에게도 요구하지 말라."

유태 속담

신용을 최고의 자산으로 여기는 유태인

　토머스라는 이름의 유태인이 있었다. 어느 해엔가 그는 친구에게 40만 달러를 빌렸으나 담보로 삼을 만한 재산이 없었고 저당잡힐 통장 잔고도 없었다. 있는 것이라고는 그가 남긴 이 한 마디뿐이었다.
　"나를 믿게, 연말이 되면 상황이 어떻든지 갚아주겠네."
　연말이 되었지만 자금 상황은 악화되어 있었다. 돈이 돌지 않았다. 빌려준 돈은 들어오지 않는데 빚 갚으라는 독촉은 심해졌다. 친구에게 40만 달러를 돌려주기 위해 그는 돈을 짜내고 짜내서 겨우 20만 달러를 만들었다. 그러나 남은 20만 달러는 아무리 해도 끌어올 수가 없었다.
　어떻게 해야 하나? 아내는 그에게 친구에게 사정을 잘 이야기해서 2달만 기간을 늦춰달라고 말해보라고 권했지만 토머스는 고개를 가로저었다. 회사의 한 '터줏대감'은 그에게 이런 의견을 내놓았다.
　"어쨌든 친구분도 급히 돈을 써야 하는 것은 아니잖아요. 우선 친구분께 20만 달러를 현금으로 돌려드리고 나머지는 공수표를 한 장 끊어드렸다가 은행 계좌로 돈이 들어오면 그때 돌려드리는 게 낫지 않을런지요."
　그런데 이 말을 들은 토머스가 버럭 화를 내더니 이 '터줏대감'을 신용 없는 사람이라고 꾸짖었다. 그러고는 조금도 망설임 없이 오랫동안 자신과 일을 함께 해왔던 그를 해고해버렸다. 토머스는 결국 자신이 살고 있는 집을 담보로 대출을 받기로 결정했다. 그런데 은행이 이 집에 매긴 가치평가액이 24만 달러였고, 빌릴 수 있는 돈은 18만 달러에 불과했다. 토머스는 마음을 모질게 먹고 아내와 상의를 한 후 살고 있던 집을 20만 달러라는 낮은 가격에 팔아치워 결국 40만 달러를 만들어냈다. 그 바람에 토머스 가족은 교외에서 세를 들어 살게 되었다.

기한 내에 돈을 돌려받은 토머스의 친구는 일요일에 몇몇 친구들과 함께 토머스의 집에 놀러가려고 했다. 그런데 토머스가 이를 완곡히 거절하는 것이었다. 평소 호탕하고 쾌활한 토머스가 어째서 이렇게 '무정'하게 변한 것인지 알 수 없었던 그 친구는 홀로 차를 몰고 도대체 어찌된 일인지 알아보러 갔다.

우여곡절 끝에 한 농가에서 토머스를 찾아냈을 때 친구의 눈가는 젖어들었다. 그는 토머스의 손을 꼭 잡고 시종일관 고개를 저었다. 돌아갈 때 그는 다음과 같은 말 한 마디를 남겼다.

"자네야말로 신용을 중시하는 사람일세. 앞으로 어려운 일이 있을 때 가능한 나를 찾아주게나!"

그 다음해, 토머스의 회사가 빌려준 돈이 속속 돌아왔고 사업도 크게 번창했다. 토머스는 새집을 구하고 작은 차도 한 대 마련했다. 그러나 세상일은 알 수 없는 것이다. 토머스가 업계에서 실력을 제대로 보여주려고 했을 때, 한 다국적기업이 토머스의 회사를 주시하기 시작했다. 이 다국적기업은 온갖 수단을 동원해서 토머스 회사의 시장을 장악했고 다른 회사와 결탁해 토머스의 대출금을 빼앗아갔다. 토머스의 회사가 받은 충격은 엄청난 것이었다. 회사는 무너지고 차도 넘어갔다. 집은 저당잡혔고 토머스는 파산하고 말았다. 아무것도 남은 것이 없었다. 산더미처럼 쌓인 빚밖에는.

토머스는 재기의 깃발을 들어올렸다. 그러나 거미도 줄을 쳐야 벌레를 잡는다고, 뭘 해보려고 해도 가진 것이 아무것도 없었다. 대출을 받고 싶었지만 보증을 서줄 사람도 없었고 저당잡힐 것도 하나 없었다. 이렇게 막다른 골목에 처해 있는데 예전에 자신에게 돈을 빌려주었던 친구가 떠올랐다. 한번 시도나 해보자는 마음에 그는 친구를 찾아갔다. 친구는 한꺼번에 몰아닥친 불행에 넋 나간 듯한 토머스를 박대하지 않고 집안 사람들이 반대하는데도 그에게 40만 달러를 다시 빌려주었다. 토머스는 떨리는 손으로 수표를 받아들고는 이를 악문 채 결심을 다지며 이렇게 말했다.

"아무리 늦어도 2년 안에는 무슨 일이 있어도 돌려주겠네!"

실패를 맛본 토머스는 다시 비즈니스 업계라는 전쟁터로 돌아가 격전을 벌였다. 과거의 경험 때문인지 그는 자연스레 주의 깊고 신중하게 일을 처리했고 어려운 일이 닥쳐도 놀라지 않았다. 그 결과 그는 다시 성공을 거두었다. 2년 후 빚을 갚은 것은 물론이요 큰돈을 손에 쥐게 되었다. 사람들이 도대체 어떻게 기사회생한 것이냐고 그에게 물을 때마다 그는 상대방에게 이렇게 대답했다.

"신용 때문이지요!"

분명히 신용은 그 자체로 큰 자산이다. 살면서 절대로 아무 생각 없이 신용을 내팽개쳐서는 안 된다. 사회에서 활동하고 사람들과 왕래를 하는 데 신용이 없어서는 안 된다. 장사를 할 때도 똑같이 신용이 필요하다. 신용이 없는 사람은 울타리 위의 갈대처럼 불안정하다. 그러나 신용이 있는 사람은 어떤 환경에 놓이든 '신용을 중시한다'는 좋은 평판 때문에 자연스럽게 다른 사람들로부터 특별한 신뢰를 얻게 된다. 보이지 않는 사이에 그는 자신을 위한 거대한 자산을 쌓아올린 것이다.

다른 사람의 신임을 얻으려면 말만 하지 말고 실천에 옮겨야 한다. 직접 몸으로 실천해야 한다. 이렇게 조금씩 조금씩 쌓아가야만 비로소 다른 사람의 신임을 얻을 수 있다.

법이란 무기로 록펠러 가문에 대항한 유태인

유태인 부자 루이스 블로스타인(Louis Blaustein)과 제이콥 블로스타인(Jacob Blaustein)은 1910년 아모코(American Oil Company)를 세웠다. 1930년대 휘발유 산업이 발전하면서 아모코는 상당한 규모를 가진 전국적인 주유소 네트워크를 만들었다. 당시 아모코 주유소는 전국 주유소의 5퍼센트를 차지했다. 그러나 아모코는 자체적으로 원유를 채굴해서 공급하지 못해 어쩔 수 없이 다른 석유회사에서 석유를 구매해야 한다는 큰 약점을 갖고 있었다.

앞으로의 회사 발전 계획을 고려해 블로스타인 가족은 팬아메리칸석유운송회사(Pan American Petroleum and Transport Company)와 상의 끝에 아모코 주식의 50퍼센트를 팬아메리칸에 팔고 팬아메리칸은 아모코에 원유를 공급하기로 결정했다.

그러나 이 협의안을 실행에 옮긴 지 얼마 지나지 않아 팬아메리칸이 록펠러의 석유회사 중 하나인 인디애나 스탠더드오일의 손에 넘어가면서 원래 계획은 모두 수포로 돌아갔다. 인디애나 스탠더드오일은 팬아메리칸으로 하여금 채굴해낸 원유를 모두 뉴저지 스탠더드오일에 팔게 했다. 그런데 이 회사는 바로 아모코의 직접적인 경쟁업체였다.

인디애나 스탠더드오일은 곳곳에서 아모코를 견제해왔다. 아모코의 석유 생산 능력을 억제하기 위해 인디애나 스탠더드오일은 원유 정제 설비도 갖추지 못하게 만들었다. 이는 명백한 반트러스트법 위반이었다. 결국 인디애나 스탠더드오일은 아모코에게 합병을 한 후 원유 정제 설비를 설치하자는 제안을 내놓았다. 그러나 관련 사안들에 관한 담판이 끝났을 때는 1930년대의 경제 대공황기로 석유업이 큰 불황을 맞고 있었다. 그러자 인디애나 스탠더드오일은 이랬다저랬다 하며 갈팡질팡하더니 스스로 했던 제안을 철회해버렸다. 합병을 제쳐놓고는 아무런 고려도 하지 않았다.

상황이 이렇게 되자 블로스타인 가족은 이를 법원에 상소하고 제재를 취소해줄 것을 요구했다. 중소기업이 미국 최대의 부호 중 하나인 록펠러 가문에 대항하려니 이 싸움이 얼마나 힘들었을지 알 만하다. 옆에서 지켜보던 사람들 말에 의하면 이는 실패할 수밖에 없는 싸움이었다. 그러나 블로스타인 가족은 이를 두려워하지 않았고 논리적으로 강력한 논쟁을 펼쳐나갔다. 이 소송은 1954년까지 17년이나 이어졌고, 그 결과 아모코와 팬아메리칸 모두 인디애나 스탠더드오일에 합병되는 것으로 소송은 끝이 났다.

이 소송이 마지막에 얻어낸 합병이라는 결론으로 볼 때, 블로스타인 가문이 졌다고 하기도 어렵고 이겼다고 하기도 어렵다. 그러나 중요한 것은 이것이 아니다. 가장 중요한 것은 사람들이 이 소송을 통해 법을 근거로 항쟁하는 자는 결코 약자가 아니라는 것을 보게 되었다는 점이다. 게다가 강한 법률 의식은 이후 블로스타인 가족의 앞길을 훤히 열어주었다. 1957년, 블로스타인 가족은 전국 11대 거상에 랭

크되었다. 당시 재산이 1~2억 달러로 미국에서 가장 부유한 유태인 가문이었다.

장사를 하는 사람은 자신의 이익을 지키고 자유경쟁 원칙을 수호하려는 의식을 갖고 있어야 한다. 일단 협력 파트너가 실언을 하거나 약속을 어겨 큰 손해를 입히면 법이라는 무기로 자신을 지켜내야 한다.

불가사의한 계약의 민족 유태인

　한 일본 상인과 유태인 상인이 1만 상자의 버섯 통조림 계약서에 서명했다. 이 계약서에 따르면 20개의 통조림을 한 상자로 계산하고 통조림 한 통당 무게는 100그램이었다. 그런데 물건을 내보낼 때 일본 상인은 한 통당 150그램이 나가는 통조림 1만 상자를 채워넣었다. 화물의 무게가 계약서상의 무게를 넘는 것이었지만 일본측에서는 돈을 더 받지 않았다. 그러나 유태인 상인은 그래도 이를 받아들이지 않고 오히려 배상을 요구했다. 일본측이 계약을 어겼다는 것이 그 이유였다.
　보통사람들은 아마 이렇게 생각할 것이다.
　"더 이득을 볼 수 있는데 가만히 있지. 유태인들 정말 너무 하는 것 아닌가!"
　결국 몇 차례의 담판을 거치고 나서야 사람들은 비로소 유태인들의 이런 행동을 이해하게 되었다. 어느 영국인 변호사는 다음과 같이 말했다.
　"국제 무역 규칙과 국제적인 관례로 볼 때 계약의 질은 아주 중요한 조건입니다. 영국법은 이를 요건이라고 부르지요. 계약서가 규정한 상품 규격은 한 통당 100그램이었지만 수출업자가 넘긴 것은 150그램짜리였지요. 비록 50그램이 더 나갔지만 파는 쪽에서 규정 조건을 따르지 않고 물건을 넘긴 것은 계약을 위반한 것입니다. 국제적인 관례에 따라 유태 상인들에게는 물건을 인수하지 않고 배상을 요구할 권리가 있습니다."

시장 상황에 정통한 또 다른 인사는 이렇게 분석했다.

"유태 상인들이 그런 규격의 상품을 구매한 것은 소비자의 취향과 습관, 시장의 공급 상황, 경쟁 업체에 대한 대응 전략을 포함한 특별한 목적이 있기 때문입니다. 만약 수출업자가 실어 보낸 150그램의 통조림이 시장의 소비 습관에 적응하지 못하면 유태 상인들은 이를 받아들이지 않을 겁니다. 가장 간단하게 설명하면 말입니다. 만약 이번에 150그램짜리 통조림과 100그램짜리 통조림의 가격이 같았다면 그럼 이 유태 상인이 앞으로 장사를 어떻게 해야 하겠습니까? 예를 들어 다음번에도 같은 가격대로 가는데 무게는 다시 이전의 100그램으로 돌아가게 된다면 소비자들이 이걸 어떻게 보겠느냐, 이 말입니다. 게다가 수입 통제가 비교적 엄격한 국가의 경우 수입신청허가서에는 100그램으로 되어 있는데 실제 물건의 무게는 150그램이면 관련 부서의 의심을 사기 쉽습니다. 고의로 수입 관리를 빠져나가고 관세를 피하려 한다는 의심을 받게 되는 것이죠. 수입신청허가서에는 무게를 줄여서 신고해놓고 실제로는 그보다 더 많은 양의 물건을 들여올 경우, 경제적인 처벌을 받게 되고 책임 추궁도 뒤따릅니다. 게다가 이는 상대방의 진심도 의심하게 만들지요."

이 말을 들은 유태인은 박장대소를 하며 이렇게 말했다.

"아이고, 우리라고 그렇게 많은 문제를 고려했던 것은 아닙니다."

이제까지 이런 분석을 내놓은 사람들은 유태인들의 말에 정신이 멍해졌다.

"아니 그럼, 도대체 어떻게 된 것입니까? 이게 원인이 아니라면 도대체 원인이 뭔가요?"

다른 유태인이 정답을 말해주었다. 유태인들은 계약을 특히 중시하기 때문에 일단 이런 계약 관계가 성립되면 반드시 이를 지켜야 한다. 유태인들의 전통에 따르면, 그들은 하느님과 계약으로 맺어져 있다. 인간은 신과 계약을 맺었기 때문에 존재하게 되었다는 것이다. 계약을 장사에 도입한 '계약의 민족' 유태인들은 계약이야말로 사업의 정수이며, 신성불가침한 것으로 본다. 아무런 이유도 없이 계약을 위반하는 것은 신에 대한 모독이고 이렇게 신을 존경하지 않는 자는 조만간 신의 처벌을 받게 된다고 믿는다.

유태인들은 계약을 집행할 때 자기 자신뿐 아니라 남도 엄격하게 단속한다. 다른 사람과 자신을 똑같이 취급하는 것이다. 만약 상대방이 계약을 엄격하게 이행하지 않으면 유태인은 이를 엄하게 추궁하고 조금의 망설임도 없이 상대방에게 손해배상을 청구한다.

사업상의 거래나 사업의 발전 과정에서 전제가 되는 것은 바로 서로에 대한 믿음이다. 이렇게 상대를 안심하고 믿으려면 거래하는 양측이 함께 정한 계약을 성실히 수행해야 하고 그 정한 바를 엄격히 지켜야 한다. 그러나 그들은 계약 내용을 고치지 않는다는 전제하에서 자신들의 필요에 따라 계약을 교묘히 변통하기도 한다. 유태인들은 사업의 와중에 관건이 되는 것은 도덕적이냐 비도덕적이냐 하는 문제가 아니라 합법적이냐 비합법적이냐와 약속을 지키느냐 지키지 못하느냐로 보기 때문이다.

유태인들은 사업을 전쟁터로 보고 다른 사람을 가상의 적으로 본다. 심리적인 경계심을 높이고 모든 것을 계약에 따라 처리한다. 설사 '조금의 이득이 생기더라도' 이를 함부로 취하지 않는다. 이것이야말로 거래상의 위험을 막아주는 지혜로운 행동이다.

월스트리트 금융제국의 지배자
모건 가의 성공 비결

1835년, 모건은 '애트나(Aetna)'라는 작은 보험회사의 주주가 되었다. 이 회사의 경우 즉시 현금을 낼 필요가 없었기 때문에 주주 명단에 서명만 하면 주주가 될 수 있었다. 이는 현금은 없었지만 수익을 얻고 싶었던 모건의 상황과도 잘 맞아떨어졌다.

그런데 곧 애트나의 보험에 가입한 고객이 화재를 당했다. 규정에 따라 배상금을 모두 지불하면 보험회사는 망하게 되어 있었다. 놀란 주주들은 어떻게 해야 할지 몰라 허둥대면서 하나둘 주식을 빼달라고 요구했다. 몇 번이고 심사숙고를 해본 모건은 자신의 신용과 명예가 돈보다 훨씬 중요하다는 생각에 따라 도처를 뛰어다니며 돈을 마련하고 자신의 집까지 팔아 주주들이 빼달라고 요구했던 모든 주식들을 저가에 사들였다. 그리고 나서 그는 배상금 전액을 보험에 가입했던 그 고객에게 지불했다. 그러자 애트나의 명성이 갑자기 치솟았다.

이미 빈털터리가 된 모건이 애트나의 소유자가 되었지만 회사는 파산에 직면해 있었다. 모건은 어쩔 수 없이 광고를 냈는데, 애트나의 보험을 드는 고객은 모두 일률적으로 보험금의 배가 되는 돈을 타게 될 것이라는 내용이었다.

이 광고가 나가자 생각지도 못하게 수많은 고객들이 몰려들었다. 원래 많은 사람들이 애트나를 가장 신용 있는 보험회사로 생각하고 있었고, 이 점 때문에 애트나는 여러 유명 대형 보험회사들보다 더 큰 환영을 받게 되었던 것이다. 애트나는 이렇게 다시 일어났다.

수년이 지난 후, 모건 가문은 미국 월스트리트의 금융제국을 지배하게 되었다. 애트나의 주주였던 모건이 바로 이 가문의 창시자였다.

모건 가문을 이루어낸 것은 단지 한 차례의 화재가 아니라 돈보다 더 가치 있는 신용과 명예였다. 당신에 대한 다른 사람들의 믿음보다 더 소중한 것이 도대체 무엇이겠는가? 당신을 믿는 사람들의 수만큼 당신은 성공의 기회를 얻게 되는 것이다.

신용이란 얻기는 어렵지만 잃기는 쉬운 것이다. 10년을 힘겹게 쌓아올린 신용을 일시에 단 한 번의 언행으로 잃게 되는 일이 종종 있다. 신용이야말로 기업 성공의 근본이며 신용을 지켜야 고객을 지켜낼 수 있다.

모건 가문은 미국의 전설적인 비즈니스 제국으로, 명성이 자자한 '애트나'를 탄생시킨 가문이다. 모건 가문의 '애트나' 일화는 지금도 각 비즈니스 스쿨의 교실에서 고전적인 사례로 불리고 있다. 사실 그다지 유명하지 않은 유태인들 중에서도 신용에 관한 많은 이야기들을 찾아낼 수 있다.

브라운베리 베이커리는 유태인이 세운 제빵회사다. 이 회사는 '속임 없이 성실하게'라는 아주 간단한 경영 원칙을 갖고 있다. 회사는 가장 신선한 식품만을 판매한다는 것을 표방하여 3일이 지난 빵은 절대 팔지 않고 유효기간이 지난 빵은 회사가 회수하는 것을 철칙으로 한다.

어느 해 가을, 회사가 위치한 주의 일부 지역에서 큰 홍수가 나는 바람에 그 지역의 빵 판매량이 급증했다. 그러나 회사는 평상시와 마찬가지로 3일이 지난 빵은 모두 회수했다. 길을 떠나려던 회수 차량이 빵을 사려고 앞 다투어 몰려드는 사람들과 부딪혔다. 사람들은 회수 차량을 빙빙 둘러싸고는 유통기한이 지난 빵이라도 꼭 사야겠다고 했다. 그렇지만 차를 호송하는 운송원은 어떻게 해도 팔 수 없다고 하면서 거의 우는 듯한 얼굴로 이렇게 설명했다.

"제가 팔지 않으려는 것이 아니라 우리 사장님이 너무 엄격하신 탓입니다. 만약 유통기한이 지난 빵을 손님에게 팔았다는 사실을 누가 알기라도 하면 모두 해고라고요."

그럼에도 운송원이 수를 쓰는 것이라고 생각한 사람들은 그와 심한 말다툼을 벌였다. 현장에 있던 기자 한 사람이 모두를 대표해 운송원에게 간청했다.

"지금은 비상시기입니다. 빵이 가득한 차를 눈앞에 두고서 굶어죽으라고 할 수는 없는 노릇 아닙니까!"

이 말에 일리가 있다고 생각한 운송원은 알듯 말 듯한 표정을 지으며 기자의 귓전에 대고 이렇게 말했다.

"전 아무것도 팔지 않겠습니다. 그렇지만 강제로라도 꼭 사셔야 한다면 저한테는 책임 없는 겁니다. 여러분들, 빵 가져가시면서 양심적으로 몇 푼 내시고 성의를 표시해주세요. 어쨌든 회사 입장에서는 유통기한 지난 빵 한 차량이 아쉬울 것은 없으니까요."

이 말이 끝나자마자 회수 차량 안의 빵은 순식간에 다 팔려버렸다. 운송원도 머리가 어찌나 잘 돌아가는지 기회를 엿봐 기자에게 자신이 강제로 빵을 빼내는 사람들을 저지하는 장면을 사진 찍게 했다. 자신에게는 책임이 없다는 것을 증명하려는 것이었다. 이 이야기가 이후 신문기자에 의해 대대적으로 보도되었고, 이 제빵회사의 빵은 소비자들에게 깊은 인상을 남겨주었다. 그리고 일시에 이 회사의 신용과 명예가 치솟았다.

경영자에게 소비자의 믿음을 얻는 것보다 중요한 것은 없다.

"장사를 하는 데 가장 중요한 것은 성실입니다. 성실로 다른 사람을 대하고 신용으로 장사를 해야 합니다. 양심을 속여 돈을 벌어서도, 부도덕한 일을 해서도 안 됩니다."

어느 유태 상인의 말이다.

법을 모르면 걸출한 상인이 될 수 없다

유태인들은 규칙과 법률을 중요하게 생각한다. 그러나 언제나 규칙과 법률 안의 경계 부근에서 활약한다. 그들은 규칙을 준수하는 한편, 할 수 있는 한 최대로 이런 규칙들을 이용하기도 한다. 유태인들은 법의 허술한 틈을 잘 뚫고 들어간다.

'아무리 단단한 계란도 결국은 깨지게 마련이다'라는 말처럼, 아무리 조밀한 계란 껍질도 틈이 있게 마련이다. 세상에 완전무결한 일이란 존재하지 않으며, 완벽한 법률이나 제도 따위는 더욱 존재하지 않는다.

유태인들은 자신만의 기준으로 사물의 면면을 따져본다. 예를 들어 100점을 만점으로 했을 때, 유태인들은 64점이면 합격점이라고 친다. 유태인들은 만점을 얻을 수 있는 일이란 존재하지 않지만 합격점을 받을 만한 일은 적지 않다고 본다. 법률에 대해서는 더욱 그렇다. 이 세상 어느 나라 법률도 100점에 도달했던 적은 없었고, 아마 앞으로도 영원히 그런 법률은 없을 것이다. 법률이 가장 발전해 있다는 나라의 법률도 알고 보면 맹점이 적지 않아서 이런 틈새를 뚫고 들어가는 사람들은 언제나 있게 마련이다. 심지어는 정말 나쁜 짓을 하고도 법망을 유유히 빠져나가는 사람들도 있다.

만점짜리 법률은 없지만 64점을 받기 위해 갖추어야 할 요구조건도 만만치 않다. 장사를 해서 돈을 벌고 싶은 사람은 관련 법률을 숙지해야 한다. 자신의 나라에서 장사를 하는 상인은 반드시 자기 나라의 법률을 숙지해야 하고 외국에서 장사를 하는 상인은 자신이 머물고 있는 나라의 상업 관련 법규와 법률을 숙지해 두어야 한다. 사람이 만든 법률이니 그 안에서 분명히 틈새를 찾아낼 수 있을 것이라 믿으라. 돈 버는 지름길의 문은 이렇게 하면 쉽게 열린다.

유태인들의 성공 비결 중 아주 중요한 한 가지는 지나치게 많은 제약에 얽매이지 않고 대담하게 '혁신'을 가한다는 점이다. 어떤 국가에든 적지 않은 법률과 조문이 있게 마련이다. 그리고 이는 상인들을 심하게 제약한다. 돈벌이에는 결코 유리하지 않은 일이다. 상인들을 옭아매는 제약이 적으면 적을수록 돈 벌이는 쉬워지게 마련이다. 어떻게 해야 법률의 제약을 받지 않으면서 또 처벌도 피해갈 수 있을까? 유일한 방법은 바로 법률의 틈새를 찾아내는 것이다. 이렇게 아주 합법적인 상황하에서 자신에게 유리한 장사를 하면 되는 것이다.

유태인들은 이 세상에 완벽한 것은 없다고 생각한다. 사람이 만든 법률이야 오죽할까. 완전무결한 법률 같은 것은 존재하지도 않는다. 그래서 자세히 연구하고 열심히 찾다보면 분명히 적지 않은 틈새를 찾아낼 수 있다. 이런 틈새는 상인들에게는 절대적으로 득이 된다. 법률을 숙지하고 있는 상인들은 이 틈새로 인해 법률의 맹점을 이용하고 편의를 도모할 수 있게 된다. 또 법률의 힘을 빌려 자신의 이익을 침해당하지 않고 지켜낼 수 있다. 이야말로 꿩 먹고 알 먹고, 도랑 치고 가재 잡기 아닌가. 이런 상황에서는 정부도 뾰족한 수가 없으니 결국은 이런 상인의 이익을 보호해줘야 한다. 다른 한편으로 법률 안에서 유유히 노닐며 법률이 규정한 권리를 충분히 누리면서 의무에서 벗어날 수 있다.

소재 국가의 법률을 잘 파악하지 못한 상인은 결코 성공한 상인이 아니다. 이런 상인은 분명 큰돈을 만질 수 없을 것이다. 큰돈을 버는 사람은 모두 법을 지킨다는 전제 아래서 융통성 있게 법률을 이용하는 사람이다. 법률을 숙지하고 있기 때문에 교묘하게 피해갈 줄 알게 되니 현존하는 법률로는 이런 상인들을 제약할 방법이 없다.

고지식하게 법률을 그대로 지키는 사람은 머리는 굳을 대로 굳고 융통성 있게 일을 변통할 줄도 모르는 답답한 사람임이 분명하다. 이런 사람은 걸출한 상인이 될 수 없다. 법률을 모르는 사람은 절대로 상인으로서 합격점을 받을 수 없다. 법률을 모른다는 것은 어떻게 해야 자기 자신의 이익을 침해당하지 않고 지켜낼 수 있는지를 모른다는 뜻이기 때문이다. 비즈니스 업계에서 이익 침해는 다반사로 일어나는 일이다. 그래서 이런 사람은 벌써 첫 대면에서 다른 사람에게 '당하고' 만다. 전장과 같은 비즈니스 업계에서 이런 사람은 영원한 패자일 뿐이다.

법을 이용해 돈을 버는 방법은 유태인들이 찾아낸 보물이다. 유태인들은 법률을 심도 있게 연구한다. '몸에서 1파운드만큼의 살을 베어가라'는 이야기를 기억하는가? 셰익스피어의 「베니스의 상인」에 나오는 유태인 고리대금업자 샤일록은 법률지식을 이용해 안토니오에게서 계약서를 받아내, 계약상에는 분명히 1파운드의 살을 베어간다고 씌어 있었다. 그러나 그렇게 똑똑한 샤일록도 놓친 것이 있었으니 1파운드의 살을 베는 데 피를 흘려도 되는지 아닌지를 명백하게 써놓지 않았던 것이다. 결국 이 대수롭지 않은 세부 조항을 소홀히 하는 바람에 소송에서 지고 말았던 것이다.

외국에서 장사를 하며 해당 국가의 법률을 빠른 시일 내에 숙지할 수 있는 상인은 가장 강한 패를 손에 쥐게 된다. 여기에 어느 정도의 기교만 갖춰지면 승리는 그의 것이다. 외국 법률의 맹점을 파고들면 돈 벌이에 아주 이득이 된다. 법률이 완비되지 못한 곳일수록 그 틈새를 파고들기는 더 쉬운 것이 보통이다.

법 준수는 비즈니스 업계에서 반드시 지켜야 할 마지노선이다. 법을 알지 못하거나 법에 익숙하지 못하면 경영을 하면서 반드시 큰 문제를 겪게 될 것이다. 법률을 어겨서 그렇게 될 수도 있고 그 법률의 맹점을 소홀히 넘겼다가 손실을 겪게 될 수도 있다. 이 문제에 관한 한 우리는 유태인들의 남다른 탁월함에 감탄하지 않을 수 없다.

50만 달러 주식과 국채를 저당 잡히고
1달러를 대출한 유태상인

유태 상인은 규칙을 지킨다. 그러나 그들은 언제나 형식상의 규칙을 바꾸지 않는다는 전제하에서 융통성 있게 규칙을 변용할 줄도 안다. 아래 이야기는 유태인들의 이런 지혜를 담고 있다.

유태 상인 바라니가 어느 은행의 대출 부서를 찾아가서는 건들거리며 자리를 잡았다.

"저 무엇을 도와드릴까요?"

대출 부서의 주임이 온 몸을 명품으로 휘감은 바라니를 아래위로 훑어보며 이렇게 물었다.

"대출을 받고 싶습니다."

"얼마나 대출받고 싶으신가요?"

"1달러요."

"예? 1달러요?"

"예, 1달러면 됩니다. 대출해주실 수 있나요?"

"당연하죠. 담보만 있으시다면 더 많이도 괜찮습니다."

"좋습니다. 이것들은 담보로 괜찮을까요?"

바라니는 이렇게 말하더니 화려한 지갑 속에서 산더미같이 많은 주식과 국채를 꺼내 그 주임의 책상 위에 올려놓았다.

"이것들을 다 합치면 대충 50만 달러 정도 됩니다. 충분하죠?"

"충분하죠, 충분하고말고요! 그렇지만 선생님, 정말 대출 1달러만 해드리면 됩니까?"

"예."

말을 마친 바라니는 1달러를 받아들었다.

"연이율은 6퍼센트입니다. 6퍼센트의 이자만 내시고 1년 후에 상환하시기만 하면 이 주식들은 모두 돌려드리겠습니다."

"감사합니다."

말을 마친 바라니가 은행을 나서려고 했다.

마침 그 자리에 은행장이 있었다. 그는 줄곧 옆에서 초연한 눈으로 상황을 지켜보고 있었다. 그런데 아무리 봐도 이해할 수 없었다. 50만 달러를 가진 부자가 어째서 은행에 와서 1달러를 대출받은 것인지 말이다. 행장은 발걸음을 재촉해 바라니를 따라가서 물었다.

"저, 선생님, 잠시만요!"

"무슨 일이신가요?"

"제가 아무리 봐도 이해를 못하겠어서 그럽니다. 50만 달러나 갖고 계신 분께서 어째서 1달러를 대출받으신 겁니까? 30만, 40만 달러를 대출받고 싶으시다면 저희는 기꺼이……."

"호의에 감사드립니다. 이렇게 친절하신 분이니 사실대로 말씀드려도 되겠네요."

바라니가 웃으며 말했다.

"저는 이 지방에 와서 장사를 하는 사람입니다. 이렇게 많은 돈을 지니고 다니자니 일에 방해가 되더군요. 그래서 돈을 보관할 곳을 찾고 싶었습니다. 이 은행에 오기 전에 몇 군데 금고를 찾아가서 물어봤지만 그쪽 보관함 임대료가 너무 비쌌습니다. 그래서 이 은행에 주식들을 넣어두기로 한 것이죠. 그런데 임대료가 너무 싸네요. 1년에 6센트면 된다니……."

이 이야기는 우스갯소리다. 정말 똑똑한 사람이나 생각해낼 수 있는 현명한 사람에 관한 우스갯소리. 이런 똑똑함은 일반 사람들은 배우고 싶어도 배울 수 없는 것이다. 단순히 계산을 따지는 똑똑함으로는 부족하다. 무엇보다 먼저 똑똑하게 생각할 줄 알아야 한다.

많은 사람들이 귀중품을 금고의 보관함에 넣어두어야 한다고 생각한다. 그게 유일한 방법이니까 말이다. 그러나 유태 상인 바라니는 이런 상식에 얽매이지 않고 새로운 방도를 찾아냈다. 증권을 은행 보관함에 넣어둘 방도를 찾아낸 것이다. 믿을 만하고 안전한지로 보면 금고에 넣어두나 은행에 보관하는 것이나 별 차이가 없다. 거둬가는 돈이 다르다는 것밖에는. 비록 규칙은 바꿀 수 없지만 그런 규칙을 활용하면 자신의 목적을 이루는 데 도움이 된다.

그러나 여기까지는 여전히 '횡적 사고'에 지나지 않는다. 어떻게 해야 이 증권들을 은행 보관함에 넣어놓고 은행이 본인 대신 보관하게 하면서 돈은 거의 내지 않고 진정한 '역발상'을 써먹을 수 있을까.

일반적인 상황에서 대부분의 사람들은 돈을 빌리기 위해 저당을 잡힌다. 언제나 가능한 저당을 적게 잡혀서 가능한 많은 돈을 빌릴 수 있기를 바란다. 은행은 대출의 안전성과 유리한 조건을 보장하기 위해 대출액이 절대 저당물의 실제 값어치에 근접하지 않도록 한다. 그래서 일반적으로 대출액의 상한에 관한 규정만 있지 그 하한에 관한 규정은 할 필요가 없다. 이는 돈을 빌리는 사람 자신이 알아서 해야 할 문제이기 때문이다.

그러나 은행이 돈을 빌리는 사람에게 대출액 하한을 스스로 알아서 관리하도록 '위임'한 이 세부 사항이 유태인들의 '역발상'을 촉발시켰다. 유태인들은 저당잡히기 위해 돈을 빌렸다. 대출이자는 어쩔 수 없이 지불한 '보관비'다. 지금 당장 대출액 하한에 대한 명확한 규정이 없으니 유태인들이 1달러만 빌리는 것도 당연히 가능하다. 그렇게 해서 보관비가 6센트 수준으로 떨어진 것이다.

이런 방식에 따르면 은행이 1달러 대출금으로 건질 수 있는 이익은 거의 없다. 원래 이자나 처벌로 몰수한 저당물에서 얻을 수 있는 보관비도 겨우 6센트밖에 되지 않는다. 순전히 유태인만을 위해 의무적으로 서비스를 제공하면서도 책임은 막중해 지는 것이다.

물론 이 이야기 자체는 우스갯소리에 불과하지만, 50만 달러의 자산을 가진 유태인이 돈을 맡기면서 이것저것 세세히 계산해보는 것은 결코 우스운 이야기만은 아니다. 역발상으로 규칙을 거꾸로 이용하는 이런 발상은 더더욱 우스운 이야기가 아니다. 규칙에는 융통성이란 것이 없다. 규칙은 고정적이고 불변하는 것이다. 그러나 규칙을 활용하면 우리는 목적을 이룰 수 있다. 이것이 바로 유태 상인들이 우리에게 가장 크게 시사하는 점이다.

석유부호 레온 헤스의 뇌물

유태민족은 계약을 중시하는 민족이다. 원래부터 약속 잘 지키고 법 잘 준수하기로 유명하지만 실제 경영을 하다보면 그들도 불가피하게 법률 규정과 경영 목표 간에 충돌이 생겨 빚어지는 진퇴양난의 상황에 맞닥뜨리게 마련이다. 고집스럽게 하나에만 매달리기 좋아하는 몇몇 다른 민족 상인들과 다른 것은 유태인들의 경우 진퇴양난 상황을 전화위복시켜 윈윈으로 역전시키는 것이 그들의 기본전략이라는 점이다.

심각한 주택 부족 문제로 독일계 유태인(유태인 중에서도 법률 관념이 가장 강한 것이 바로 독일계 유태인이다)들은 버려진 기차에서 임시거처를 마련할 수밖에 없었다.

어느 날 밤, 몇몇 독일계 유태인들이 잠옷을 입고 차가운 바람 속에 오들오들 떨면서 몇 번이고 왔다 갔다 하며 찻간을 밀어댔다. 이를 이해하지 못한 한 독일인이 물었다.

"여기서 뭐하시는 겁니까?"

"어떤 사람이 화장실에 가고 싶어 해서요."

차를 밀던 사람이 참을성 있게 설명했다.

"열차가 멈추어 있을 때는 화장실 사용을 금한다고 열차 안에 씌어 있거든요. 그래서 우리가 이렇게 계속 열차를 밀고 있는 거랍니다."

장거리 기차를 타본 사람은 모두 이 규정을 알 것이다. 하지만 이 열차는 이미 움직이지 못하는 거처가 되었으니, 열차 운행 중의 이 규정은 자연히 효력을 상실하게 된다. 비록 '거주지' 주변의 환경위생을 보장하는 데는 반드시 지켜야 할 것이 있지만, 이 몇몇 독일계 유태인들은 융통성 있게 변용할 줄을 몰랐다. 그저 죽어라 규정을 지켰지만 결과는 좋지 못했다. 사람은 얼어 죽을 지경이었고, 환경위생도 좋아지지는 않았으니 말이다. 사람들은 일반적으로 이 이야기를 이렇게 이해한다.

그러나 다른 각도에서 보면, 이 유태인들의 행동이 완전히 '케케묵은' 것도 아니다. 오히려 이는 '융통성'의 표현이라고 할 수 있다.

이 이야기의 전제는 유태인들이 다른 민족들의 사회에 살아온 것처럼 이 몇몇 유태인이 기차 안에 살고 있었다는 점이다. 그리고 그 규정은 철도 주관 부서에서 제정한 것이다. 그 규정이 유효한 것인지 아닌지에 상관없이, 이 유태인들에게는 입법의 권리가 없으며, 그 법률을 폐지할 권리도 없다.

실제로 경영을 하다보면 유태인들은 각자 속해 있는 나라에서 원래는 반드시 자연히 폐지되었어야 마땅한데도 여전히 영향을 발휘하고 있는 법률, 혹은 사회적으로 일반화되어 인정되는 규정들을 자주 맞닥뜨리게 된다. 만약 그들이 주제넘게 이런 법률이나 규정을 폐지해버리겠다고 공포하거나 밥 먹듯 이런 법률이나 규정을 어겨버리면 그에 따른 결과는 아마도 환경위생 문제 따위로 그치지 않을 것이다.

이왕 규정을 폐지할 수 없는 바에야 사람이라면 화장실은 꼭 사용해야 하니 똑똑한 독일계 유태인들은 열차를 '움직이는' 아이디어를 짜 냈던 것이다. 열차가 움직이기만 하면 그 규정은 기본적으로 적용하기에 부적합해진다. 그러니 그 규정을 폐지할 필요도 없어진다. 철로 주관 부서에서 사람 힘으로 기차 미는 것을 허가할지 말지를 규정하지는 않았으니, 유태인들이 이를 스스로 알아서 결정할 수 있는 건 당연지사다. 이렇게 밖에서 벌벌 떨며 기차를 미는 바람에 규정을 어기지도 않고 화장실 가는 요구도 만족시켰으니 이야 말로 윈윈이 아닌가?

이 이야기는 보통 유태인들이 법률을 융통성 있게 변통한다는 것, 그리고 형식적으로는 법을 지키지만 원래 그들이 갖고 있는 지혜로운 활동 방식을 정말 바꿔버리지는 않는다는 것을 잘 보여준다.

이렇게 추상적인 이야기도 우스갯소리와 함께 놓고 보면 아주 자연스럽게 이해된다. '도(道)는 어디에나 존재한다. 도는 하다못해 똥오줌 속에도 있다'는 말이 있다. 본래 '도'가 가장 많이 숨어 있는 곳이 바로 이런 우스갯소리다. 우스갯소리 속 진퇴양난의 상황을 장사로 대입해 보면 재미난 점을 발견하게 된다.

대부분의 경우, 뇌물은 장사에서 거의 빼놓을 수 없는 수단이다. 그러나 수많은 국가에서 뇌물 수수를 법으로 금지하고 있다. 특히, 미국 내에서는 엄격히 뇌물을 제재하고 있다. 앞에서 우리가 살펴본 유나이티드 브랜드 컴퍼니의 이리 블랙은 온두라스의 대통령이 뇌물을 요구하는 바람에 강제로 뇌물을 갖다 바친 적이 있었다. 자발적인 것이 아닌 강제적인 뇌물이었지만 블랙은 결국 미국 정부에 의해 이름이 공개되고 말았다.

사실 미국 정부의 규정이 너무 지독하다고만 할 것도 아니다. 외국의 극악무도한 통치자들과 접촉할 때 미국의 법률을 그대로 옮겨다 놓을 수는 없다. 그렇다고 미국 정부가 상인들의 이러지도 저러지도 못하는 어려움을 모르는 것이 아니다. 그래서 미국 정부는 이런 사람들에게 적은 액수의 팁만 지불하고 회사의 손익계산서를 공개해서 확실히 설명하도록 규정했으며, 대외무역에서는 일반적으로 뇌물 수수를 금지하지 않았다. 블랙은 팁을 바치고 이를 공개적으로 설명하기를 거부한데다가 팁 액수도 기록적이었기 때문에 이름이 공개되고 말았던 것이다.

그러나 블랙이 공개적인 설명을 거부한 것은 그만한 이유가 있었다. 뇌물 수수는 대부분 은밀하게 진행된다. 공개적으로 뇌물을 바칠 수 있는 기회는 거의 없다. 유나이티드 브랜드 컴퍼니가 뇌물 경비를 스위스 은행에 넣어두었던 것은 온두라스 대통령도 불편한 점이 있었기 때문이다. 비밀스런 담판 이후 공개적인 설명이라니 부질없는 행동 아닌가? 기본적으로 미국의 이 법률 규정은 그 자체 결함이 있었다. 비록 앞의 열차 규정처럼 심각한 것은 아니었지만 말이다.

똑같은 상황에서 레온 헤스(Leon Hess)는 어떻게 행동했는지 살펴보자. 이 유태인이 얼마나 깨끗이 솜씨를 발휘했는지 느끼게 될 것이다.

유태인 레온 헤스는 미국의 석유 부호로 미국 최고의 부호 명단에서도 21위를 차지한 사람이다. 그는 상당한 규모를 갖춘 아메라다 헤스(Amerada Hess) 석유회사의 22퍼센트에 달하는 표결권을 가진 주식을 장악하고 있었다. 재산이 2~3억 달러에 달했다.

1981년 이전까지 아메라다 헤스는 줄곧 외국에서 수입한 고가의 석유를 사용해왔다. 동시에 매년 2억 달러에 달하는 보조금을 받고 있었다. 그러나 1981년부터 미국 정부는 국내 석유 가격 통제를 취소했다. 이 조치로 국내 석유와 외국 석유 사이의 엄청난 가격 차이는 더 이상 존재하지 않게 되었다. 보조금도 동시에 취소되었다. 그러자 헤스는 자신이 수입한 석유 가격 때문에 골머리를 앓았다. 문제를 해결할 가장 간단한 방법은 관련 국가의 관리들에게 뇌물을 갖다 바쳐서 가격 혜택을 받는 것이었다. 이런 수법은 흔히 볼 수 있는 것이었다. 몇몇 대형 석유회사들도 모두 이런 지름길을 택하고 있었다. 단지 각종 재무와 회계 수법으로 이런 종류의 돈 지불을 감추어서 관련 기구의 조사를 피해갔을 뿐이다.

그들보다는 헤스가 더 똑똑했다. 그는 비교적 직접적인 방법을 선택했다. 헤스는 주주들에게 편지를 보내 이렇게 말했다.

"이 엄청난 액수의 경비는 내 개인 기금으로만 지불합니다."

이 기금 자체도 업무 지출 금액으로 간주되지 않아 그의 개인 납세액에서 빠져나갔다.

다시 말하면, 헤스는 개인의 돈으로 회사를 위해 길을 튼 것이다. 그뿐 아니라 그는 이렇게 회사를 위해 길을 트려고 낸 돈 때문에 개인

소득세를 납부해야 했다. 미국 정부의 뇌물 수수 관련 규정은 기업 법인 행위상의 규정으로 개인간의 선물 증정에는 적용되지 않았다. 하물며 증정금 자체의 세액을 이미 다 납부한 상황에서는 더더욱 그러했다. 이렇게 해서 헤스는 논쟁이 되는 법인 행위 혐의에서 깔끔하게 벗어났다.

더 정확히 말하면, 행위 자체는 여전히 존재하고 있었으나 이는 이미 법인 행위가 아니었고 헤스도 지불한 돈의 향방을 주주들에게 일일이 말로 다 설명할 필요가 없었다. 그러나 뇌물만 보내주면 원유가 특혜 가격으로 들어왔다. 회사는 이렇게 해서 큰돈을 벌 수 있었고, 헤스 개인의 돈주머니도 이에 따라 불룩해졌다. 그러니 그의 개인 기금도 돈줄이 마를 날이 없었다.

결국 미국 정부도 한쪽으로는 뇌물 수수를 금지하면서도, 다른 한쪽으로는 뇌물 수수가 가져다주는 이득을 보게 되었다. 주주들 또한 헤스가 개인 돈을 써서 그들에게 벌어다주는 돈을 기꺼이 받아들였다. 헤스는 정부의 관련 규정을 무효라고 선언하고 나서지는 않았지만 자신의 방식으로 이를 무용지물로 만들었다. 헤스의 개인 기금과 추운 밤 몸을 오들오들 떨며 쉬지 않고 열차를 밀어댄 독일계 유태인들이 얻은 효과는 같은 것이다. 단지 사용한 방법이 달랐을 뿐이다.

유태인의 납세와 탈세 개념

유태민족은 세계에서 가장 부유한 민족이다. 그들은 유럽, 미주 대륙, 아시아 등등 곳곳에서 엄청난 부를 소유하고 있다. 그러니 재산에 따라 세금을 걷으면 그 액수가 어마어마하다. 호기심 많은 사람은 이렇게 물을 것이다.

"유태인들도 탈세를 하지 않나요?"

이 말을 들은 유태인들은 이를 자신들에 대한 모욕으로 여길 것이다. 유태인들은 세금 납부에 적극적이고 주동적이다. 탈세를 하는 법이 없다.

유태인들은 세상에서 가장 많은 재산을 가졌으면서 어째서 세상 어느 나라의 상인들보다도 법을 잘 지키는 것일까? 이 문제에 관해 유태인들은 자신들만의 생각을 갖고 있다. 그들은 납세는 국가와 맺은 '계약'이라고 생각한다. 무슨 문제가 발생하든 계약은 반드시 이행해야 한다. 탈세를 한 자는 곧 국가와 맺은 계약을 위반한 것이다. 이는 '신성한' 계약을 어긴 것이며, 유태인에게 이는 용서할 수 없는 일이다.

유태인은 유랑 생활에 익숙한 민족이다. 국가라는 뿌리가 없어 어딜 가든 사람들의 핍박을 받아야 했던 유태인들. 여기저기서 박해를 받았기 때문에 그들은 어디서든 자신을 보호하고 행동에 조심해야 했다. 유태인들이 국가에 대한 확실한 납세를 맹세한 것은 의심할 것도 없이 머물고 있는 국가의 국적을 얻고 사람들의 존중을 받고 싶었던 그들만의 노력이었다. 몇 천 년 동안 그들은 모두 각 나라에서 오래도록 살아왔고, 본국 국민들보다 돈도 더 많이 벌었다. 그중 일부분의 공로는 '절대 탈세 불가'가 가져온 효과로 돌려야 한다.

그러나 유태인들이 '절대 탈세하지 않는다'고 해서 결코 쉽게 불필요한 세금을 낸다는 의미는 아니다. 다시 말하면, 유태인들이 아무렇게나 멋대로 사람들에게 세금을 징수당하는 것이 아니라는 이야기다. 유태인들은 그 명석한 두뇌로 세금을 내기로 결정했다. 그들은 큰 거래를 하기 전에 언제나 먼저 수지타산이 맞을지 어떨지 따져본다. 세금을 공제하고 나서 그들이 벌게 될 이윤이 얼마나 될지를 미리 계산해보는 것이다.

보통 상인은 이윤을 계산할 때 언제나 세금을 그 안에 포함시킨다. 예를 들어, 중국인들이 30만 달러의 이득을 보았다면 그 안에는 분명히 세금이 포함되어 있다. 그러나 유태인들이 말하는 이윤은 세금을 제외하고 난 순수익이다.

"이 거래에서 10만 달러의 이윤을 벌고 싶습니다."

유태인이 이렇게 말할 때, 그가 말한 10만 달러의 이윤 속에는 결코 세금이 포함되어 있지 않다. 만약 세금이 이윤의 50퍼센트라면 유태인들은 반드시 중국인들이 말하는 20만 달러의 이윤을 벌어들여야 한다. '절대 탈세하지 않는 것'으로 보면 유태인들이 고지식하기는 하다. 그렇지만 세금을 공제하고 난 이윤을 계산하는 것은 정말 꼼꼼히 계산하고 따지기 잘하는 유태인들의 스타일과 너무나 잘 맞아떨어진다.

그런데 사실 절대 탈세하지 않는 유태인들이 고지식하다는 것은 도리에는 맞지 않는 말이다. 아래의 사례를 보자.

어떤 사람이 해외여행을 갔다가 귀국하는 길에 다이아몬드를 몰래 갖고 들어왔다. 그는 세금을 물지 않고 입국하려고 했으나 그만 세관에 걸려 억류되었고 엄청난 손해를 보게 되었다. 이 사람의 유태인 친구가 이 일을 전해들은 후 크게 놀라 그에게 물었다.

"아니 어쩌자고 법대로 세금을 내고 정정당당하게 입국하지 않은 겐가? 다이아몬드 수입세는 보통 많아 봐야 7퍼센트를 넘지 않으니 규정대로 세금을 내고 정정당당하게 입국했으면 국내에서 그 다이아몬드를 다시 팔 때 가격 7퍼센트 올릴 방법만 생각해내면 되는 것 아닌가. 이렇게 간단한 숫자 계산도 못하다니."

이를 통해서도 법대로 세금을 납부하는 유태인들의 뛰어난 기지를 알 수 있다.

사실상 유태인들이 보여준 것은 뛰어난 기지뿐만이 아니다. 유태인 자신들도 법대로 세금을 납부하고 탈세하지 않으려면 엄청난 금액의 돈이 필요하다는 것을 너무나 잘 알고 있다. 돈은 더 많이 벌고 세금은 더 적게 내는 것이 가능하다면 어느 누가 이를 바라지 않겠는가. '세금'을 줄이기 위해 유태인들은 다른 '똑똑이들'처럼 탈세를 하지는 않을 뿐이다. 그들은 탈세와는 다른 더 교묘하고 더 합리적인, 그러면서도 합법적인 방법을 찾아내서 자신의 세금을 줄인다.

상대를 배려하는 지혜를 가진 유태 상인

유태인은 현실 생활 속에서 사람과 사람은 반드시 서로 돕고 이해해야 한다고 생각한다. 이런 관계가 성립하려면 서로에 대한 이해가 기초되어야 한다. 이런 서로에 대한 이해 속에 얼마나 많은 문제들이 얽히고설켜 있을지, 또 얼마나 많은 장애가 도사리고 있을지는 상관없다. 사람이라면 누구나 행복을 고 불행을 피하려 하기 마련이다. 인간은 자기 자신의 이런 원초적인 욕구로부터 다른 사람을 이해할 수 있는 단초를 찾아내는 것이다.

유태인이 아닌 사람이 랍비를 찾아와 자신이 한 발로 땅을 딛고 서 있을 수 있는 시간 동안 유태 학문의 모든 것을 알려달라고 요구했다. 그가 아직 다리를 들어 올리지도 않았는데, 랍비는 유태 학문의 모든 것을 다음 한 마디로 압축해 그에게 알려주었다. 랍비의 말은 바로 이것이었다.

"자기가 하기 싫은 일을 다른 사람에게도 요구하지 말라."

서로를 이해하고 양보하는 것은 아주 소박한 처세 원칙이다. 「탈무드」 속의 사례는 이를 잘 설명해주고 있다.

한번은 어느 랍비가 여섯 사람을 불러 회의를 열고 일을 상의했다. 그런데 이튿날이 되자 일곱 사람이 오는 것이 아닌가. 그중 한 명은 분명히 초대받지 않은 사람이었다. 그렇지만 랍비는 도대체 누가 초대받지 않은 사람인지 알 수 없었다.

그래서 랍비는 어쩔 수 없이 모두에게 이렇게 말했다.

"만약 초대받지 않으신 분이 계신다면 빨리 돌아가 주시지요."

그러자 일곱 명 중에서도 가장 명성이 자자한 사람이 일어서더니 걸어 나가는 것이었다. 그렇지만 모두들 그가 분명히 초대받은 사람이라는 것을 알고 있었다.

일곱 명 중에는 분명히 초대받지 못한 자가 있었다. 그러나 이미 여기까지 왔는데 스스로 자격 미달임을 인정하는 것은 너무나 난감한 일이었다. 그것도 이렇게 많은 사람 앞에서 말이다. 그러니 자리를 비켜 준 명성이 자자한 그 사람의 마음 씀씀이가 아주 깊었다고 할 수 있다. 그의 자애로운 마음은 이렇게 다른 사람과 입장을 바꿔 생각하고 상대방을 배려하며 이에 상응하는 행동을 취하는 모습에서 나타났다.

이 이야기는 유태민족 특유의 치밀한, 주도면밀하고 상황에 적합한 지혜를 찾아내는 데 치중하고 있다. 이 밖에도 이 이야기에는 조화로운 인간관계를 위해 우선 다른 사람의 인성을 인정하고 심지어는 자신의 욕구를 억제한다는 의미가 내포되어 있다. 그 누구도 자신이 원하지 않는 것을 강제로 다른 사람에게 떠밀 권리는 없다. 또 다른 사람들이 원하지 않는 것을 자기 자신이 강제로 떠안아서도 안 된다.

유태인은 자신들의 발자취를 지구상 곳곳에 남기면서 세상 사람들을 놀라게 하는 놀라운 상업적 성과를 올렸다. 종종 자신의 '엄청난 부' 때문에, 혹은 '사람들 피나 빨아먹는 기생충' 같은 고리대금업자였기 때문에 다른 민족에게 짓밟히고 살육당하기도 했다. 그렇지만 약소민족으로서 자신의 신념과 뛰어난 성과에 기대어 생존한 것은 그 자체로도 하나의 기적이다.

서로를 존중하고 관용을 베푸는 유태인의 이런 도덕관념이야말로 어느 정도는 그들이 치열한 시장경쟁과 강력한 경쟁자들 틈새에서 살아남고 발전하게 된 비결이다.

구체적으로 이를 사업상 응용할 때, 유태인들은 다른 사람을 먼저 생각해주는 것이 사실은 자기 자신을 먼저 생각하는 우회적인 방식이라고 본다. 사업 운영 과정에서 곤혹스런 일이 일어났을 때, 그것이 누구의 과실이든 상관없이 난감한 일은 자신이 처리하고 자신의 파트너의 체면은 살려주는 사람이 바로 현명한 상인이다.

기회만 생기면 아들을 속였던
록펠러의 부친

　유태인들의 생존 역사를 살펴보면 그들의 현실적인 삶이 거의 동요와 역경에 처해 있었음을 알 수 있다. 이런 상황에서 어떻게 역경을 딛고 생존과 발전을 도모해 자신의 운명을 거머쥘 것인지는 모든 유태인들이 반드시 생각하고 넘어가야 할 문제였다. 오랫동안 정처 없이 계속된 유랑에 생각지도 못했던 차별과 핍박까지 더해져 유태인들은 고달프고도 열악한 환경 속에서 독립적인 인생관을 키워왔다. 그래서 유태인들은 앞으로 닥쳐올 가시밭 인생길에 자유자재로 대응할 수 있기를 바라는 마음에 후손들이 유아기일 때부터 그들에게 독립의식을 불어넣는다. 이런 독립의식의 배양은 주로 유태인 부모들이 아이들에게 하는 '믿을 수 있는 건 오직 너 자신뿐'이라는 교육에 힘입은 것이다.
　천진난만한 유년기의 아이들은 모두 순진무구한 마음을 갖고 있다. 아이들은 세상의 진짜 모습이 어떤 것인지 모른 채 세상이 그저 아름답다고만 느낀다. 아이들은 자기 자신뿐 아니라 주변의 모든 사람을 믿는다. 이렇게 순진하고 단순한 아이들은 복잡다단한 인간 사회에 대응할 방법이 없다. 유태인들은 태어나면서부터 역경에 처하며, 그들의 생존 환경은 고난으로 가득한 가시밭길이다. 이런 환경에 적응하려면 무엇보다도 먼저 자기 자신과 다른 사람을 어떻게 대해야 하는지를 알아야 했다. 그래서 유태인들은 자신의 아이들을 교육시킬 때, 아이들이 자기 자신만 믿도록, 자기 자신 이외에는 그 누구도 믿지 않도록 가르친다. 믿지 말아야 할 대상에는 부모도 포함된다.

유태민족의 부모들은 종종 악역을 맡아 아이들을 끝없이 속인다. 아이들이 너무나 쉽게 다른 사람을 믿지 못하게 하기 위해서, 그리고 동시에 아이들로 하여금 부모조차도 나를 속인다는 것을 똑똑히 깨닫도록 하기 위해서다. 여러 차례 속아 넘어가고 나서 아이들은 점차 이 세상에서 믿을 수 있는 것은 자기 자신뿐이라는 것을 깨닫게 된다.

록펠러의 부친 윌리엄은 이렇게 말했다.

"나는 내 아들들이 똑똑한 사람으로 성장하길 바랐습니다. 그래서 기회만 생기면 나는 아이들을 속였죠. 나와 아들들이 같이 장사를 할 때도 매번 아이들을 속여서 내 앞에 무릎 꿇게 할 수만 있으면 조금도 사정을 봐주지 않았답니다."

록펠러에게 어린 시절 기억 중에서도 가장 깊은 인상을 남긴 일이 있었다. 한번은 그의 아버지가 높은 의자에서 아버지 품으로 뛰어내려와 안겨보라고 했다. 맨 처음에는 아버지가 어린 록펠러를 받아 안았다. 그러나 록펠러가 두 번째로 뛰어내렸을 때 아버지는 갑자기 두 손을 거두어버렸다. 그 바람에 록펠러는 맨 바닥에 개구리처럼 널브러지고 말았다.

윌리엄은 이 일을 통해 아들에게 세상은 복잡한 곳이고 쉽게 다른 사람을 믿어서는 안 된다는 것을 알려주고 싶었다. 모든 사람들이, 설사 가장 가까운 사람들이라 해도 적이 될 수 있다는 것을 알려주고 싶었던 것이다.

아이들을 보물처럼 아끼는 우리가 보기에는 이렇게 하는 것이 너무 잔인하다 싶을 것이다. 그러나 유태인들은 이렇게 하는 것이 사리에 맞다고 생각한다. 이렇게 대여섯 번 반복하다보면 아이들이 다시는 다른 사람을 믿을 엄두를 내지 못하게 된다. 그 목적은 세상에 믿을 수 있는 사람은 하나도 없으며, 믿을 수 있는 것은 오직 자기 자신뿐이라는 것을 아이들에게 알려주려는 데 있다.

이렇게 세상에 믿을 수 있는 사람은 자기 자신뿐이라는 유태인들의 생각은 아이들이 독립의식을 키우는 기반이다. 이런 생각으로 인해 유태인들은 어려서부터 독립의식을 갖게 되는 것이다. 유태인들은 세상에 나를 먹여 살릴 수 있는 것은 나뿐이고, 다른 사람에 기대어 살아보겠다는 것은 순진하기 짝이 없는 환상에 불과하다고 생각한다. 그렇기 때문에 유태인들이 어떤 불리한 조건 아래서도 강하게 살아남을 수 있었던 것이다. 그들은 자신의 능력, 거기에 더해 강렬한 생존의식에 기댄다. 그러니 돈을 벌 수 있는 좋은 방법을 찾아내 자신의 생활을 해결해나갈 수 있는 것이다.

이렇게 이 세상에 믿을 수 있는 사람은 나 자신 뿐이라는 의식 때문에 유태인들은 모든 일을 처리할 때 조심에 조심을 거듭한다. 골똘히 생각해보고 난 후에 결정을 하기 때문에 남에게 속는 일도 드물다.

이렇듯 아이들의 독립의식을 키워주는 방식이야말로 유태민족이 오랫동안 외지에 뿔뿔이 흩어져 지내면서도 여전히 꿋꿋하게 살아남은 중요한 원인이다. 오랫동안 이곳저곳을 떠돌며 사람들에게 배척당하면서도 꿋꿋이 살아남은 유태인들에 대해 다른 사람들은 자연스레 많은 의문을 갖는다. 그러나 사업 경영자들이 무엇보다도 우선 갖추어야 할 것은 바로 이렇게 이성적이고 독립적인 생존의식이다.

이런 의식은 유태인들에게 자기 보호의 보호막이 되어주었다. 이 보호막은 유태인들이 다른 사람을 쉽게 믿지 못하도록, 다른 사람이 파놓은 함정에 빠지지 않도록 해준다. 동시에 이 보호막으로 유태인들은 많고 많은 사물의 겉모습에 미혹되지 않는다. 그래서 그들이 늘 비즈니스 업계에서 마음껏 활약하며 천하무적으로 군림할 수 있는 것이다.

4

협상의 비밀은 모든 것을 준비하고 답하는데 있다고 믿는 유태인

"만약 더 행복하게, 더 즐겁게 살고 싶다면 신선한 공기는
코로 충분히 들이마시고 입은 끝까지 꼭 닫아두어라."
-모름지기 입조심을 해야 함을 일깨워주는 유태 속담

중매쟁이 키신저의 협상술

들리는 바에 따르면, 헨리 키신저(Henry Kissinger)가 중매를 한 번 선 적이 있다고 하는데, 그 이야기는 다음과 같다.

키신저가 아주 괜찮게 본 젊은이가 하나 있었는데, 이 청년은 금융업계에 종사하고 있었다. 어느 날, 키신저는 이 젊은이에게 이렇게 말했다.

"자네를 도와주고 싶네. 대부호의 딸과 결혼하도록 도움을 주고 싶고 세계은행의 부총재가 되도록 도와주고도 싶군."

이 말을 들은 그 젊은이가 말했다.

"그게 어떻게 가능하겠습니까? 농담 그만 하시지요."

키신저는 젊은이가 인내심을 갖고 기다리게 해놓고 난 후, 대부호를 찾아가서는 이렇게 말했다.

"내가 자네에게 아주 괜찮은 사윗감을 하나 물색해주지."

그러나 그 젊은이의 이름을 듣자마자 대부호는 아무 이름도 없는 풋내기라는 생각에 고개를 가로저었다. 그러자 키신저가 말했다.

"내가 듣자하니 세계은행에서 곧 그를 부총재로 지명할 것이라고 하더군."

이 말을 들은 대부호는 금세 관심을 보였다.

한편 키신저는 이번에는 세계은행을 찾아가서는 총재에게 이렇게 말했다.

"내가 자네에게 조수를 한 명 추천해주지."

총재도 대부호처럼 고개를 가로젓자 키신저는 이렇게 말했다.

"그래도 그 사람이 자네도 아는 그 대부호의 사위라네."

총재는 이 말을 듣고 바로 승낙했다.

키신저는 세계 일류의 협상 고수다. 이 이야기는 모두에게 웃음을 선사하는 동시에 키신저의 기가 막힌 담판 기술에 감탄을 금하지 못하게 만들기도 한다. 그러나 아무리 대단한 기술이라도 그 밑바탕에는 실력이 깔려 있다. 지식적인 측면의 준비, 상대에 대한 이해와 파악, 이 모든 것들이 실력을 드러내는 것이다.

미국의 전 대통령 포드가 일본을 방문했을 때 휴식을 취하며 산책을 하던 중 별다른 생각 없이 가이드 여성에게 이렇게 물었다.

"대정봉환(大政奉還: 1867년 일본 에도 바쿠후가 천황에게 국가 통치권을 반환한 사건)이 어느 해에 일어난 것이지요?"

순간적으로 답이 떠오르지 않은 가이드가 우물쭈물하고 있는데, 포드를 옆에서 수행하고 있던 키신저가 즉시 답했다.

"1867년입니다."

키신저는 도대체 보통 일본사람도 잘 알지 못하는 일본 역사를 어떻게 그렇게 속속들이 알 수 있었던 것일까? 이유는 아주 간단했다. 유태인의 후손이었던 키신저는 사전 준비의 중요성을 너무나 잘 알고 있었다. 그래서 일본을 방문하기 훨씬 전에 많은 일본 관련 자료를 탐독

했던 것이다. 이렇게 열심히 철저하게 준비하는 태도는 장사를 하는 사람에게도 많은 것을 시사해준다.

협상 전 준비 작업을 충분히 해두는 것은 아주 좋은 습관이다. 이런 방식은 국제 비즈니스 업계뿐 아니라 국제 외교계에서도 보편적으로 중시되고 있다. 말 한 마디로 천 냥 빚을 갚을 수도 있다. 그 뒤에서 얼마나 많은 피와 땀을 흘렸을지는 전혀 알 수 없는 일이다. 이미 고인이 된 중국의 저우언라이(朱恩來) 총리는 외교 전문가였지만 협상 전문가에 더 가까웠다. 그는 매번 협상이 진행될 때마다 아무리 작은 협상이라도 사전에 엄청난 준비 작업을 했다고 하니 사전 준비가 얼마나 중요한지를 잘 알 수 있다.

유태인과 가까워진 이후, 그와 대화를 많이 해보면 해볼수록 당신은 점점 더 모든 유태인들이 마치 박사처럼 박학다식하다는 것을 알게 될 것이다. 그들의 화제는 너무나도 광범위해서 스포츠, 오락, 정치, 경제, 역사, 군사, 시사에 동서고금을 막론하고 미치지 않는 영역이 없다. 마치 유태인 사전에 모르는 것은 없는 것 같다. 그렇다고 유태인들이 입에서 나오는 대로 지껄이는 것도 아니다.

유태인이 당신에게 자동차의 구조부터 이야기하기 시작하면 식물의 분류와 품종, 심지어는 대서양 해역의 특수한 물고기떼의 이름까지 입에 올릴 것이다. 그러면 당신은 아마 그 사람이 이 분야의 전문가인 줄 착각하게 될 것이다. 유태인들의 박학다식함은 그들의 대화 재료가 되어주고 대화 분위기를 바꿀 수 있게 해준다. 이보다 더 중요한 것은 문제를 해결할 최고의 방안을 찾아내기 위해 지식은 그들의 시야를 넓혀줄 수 있고 더 다양한 각도에서 사물을 바라볼 수 있게 도와줄 수 있다는 것이다.

우물 안 개구리가 볼 수 있는 하늘은 너무도 작다. 그러나 시야가 넓은 사람은 사업을 시작해도 아주 쉽게 더 높은 곳으로 올라간다.

유태인들은 계산에 능하고 아주 부지런하다. 또 언제나 메모를 하는 좋은 습관을 기른다. 그러나 그들이 수첩을 갖고 다니는 것은 아니다. 보통은 담배를 피고난 후 담배 갑 속의 은박지를 꺼내 그 뒷면에 기록을 한다. 그래서 다른 사람들은 유태인들이 그냥 아무렇게나 메모한다는 인상을 받는다. 그렇지만 유태인들은 집에 돌아가면 기록해둔 것을 다시 꼼꼼히 정리한다.

비즈니스 협상 중에도 유태인들은 메모하는 게 습관이 되어 있다. 날짜, 금액, 납품 기한과 지점, 모든 것을 정확히 기억해둔다. 조금의 착오도 없이 말이다. 협상 중 기록한 내용들은 사실상 유태인들의 사업 거래 메모다. 어떤 때는 생산 기한이 너무나 촉박하다보니 유태인에게 일부러 애매모호하게 굴면서 이렇게 말하는 자들도 있다.

"당시 협상할 때 납품일자가 11월 9일이었던 것 같은데요. 혹시 선생님께서 잘못 기억하시는 것은 아닌지요?"

그러나 유태인들은 이런 꼼수는 상대해주지도 않는다. 은박지 뒷면의 기록이 바로 그의 원칙이다. 유태인은 조금도 물러서지 않고 이렇게 말할 것이다.

"아닙니다! 잘못 기억하신 것은 선생님이시군요. 분명히 11월 8일입니다. 당시 우리가 나누었던 모든 이야기는 제가 아주 똑똑히 기억하고 있습니다."

자동차업계의 판매술 오티스 호출법

날로 치열해지는 비즈니스 전쟁 속에서 협상은 날이 갈수록 중요해지고 있다. 만약 정책을 결정하는 것이 '전술전략을 짜는 것'이라면, 승부를 결정짓는 실전 단계는 '협상'이다. 이 단계야말로 진정한 결전, 서로 간에 한 치의 양보도 없는 격렬한 실전인 것이다. 양측에게는 오직 하나의 목적밖에 없다. 바로 자신의 이익을 최대화하는 것이다. 이렇게 각자의 이익에서 출발하다보니 협상은 종종 교착 상태에 빠지게 된다. 여기서 이런 교착 상태를 풀어줄 효과적인 방법, 즉 강온 양책의 병용을 소개하고자 한다.

하워드 휴즈(Howard Hughes)는 엄청난 대부호였는데, 성격은 괴팍하고 변덕이 죽 끓듯 하는 사람이었다. 그가 비행기를 대량으로 제작하기 위해 비행기 제조상과 협상을 치른 적이 있었다. 휴즈는 사전에 34개에 달하는 요구 사항을 내걸었는데, 그중에서도 몇 가지 요구 사항은 반드시 관철시켜야 하는 것이었다. 그는 직접 비행기 제조상과 협상에 나섰다. 그런데 성질이 거칠고 급했던 휴즈가 강경한 태도를 고수하자 상대방도 화가 치밀어 올랐다. 그 바람에 협상장도 적대적인 분위기로 가득 찼다. 양측은 모두 자신의 요구를 고수하면서 조금의 양보도 하지 않았다. 휴즈의 무지막지한 태도에 상대방도 더 이상 참지 못했고 협상은 교착 상태에 빠져버렸다.

협상이 끝난 후, 휴즈는 자신이 다시는 상대방과 같이 협상 테이블에 앉을 가능성이 없다는 생각이 들었다. 그 자신도 자기 자신의 성질이 이런 비즈니스 협상에는 잘 어울리지 않는다는 것을 알았던 것이다. 그래서 휴즈는 자신을 대신할 사람으로 성격이 온화하고 기지도 뛰어난 자를 뽑아 비행기 제조상 대표와 협상을 치르게 했다. 휴즈는 대리인에게 이렇게 말했다.

"반드시 관철시켜야 하는 요구 사항만 따낼 수 있으면 나는 만족합니다."

그런데 생각지도 못하게 이 협상 대표가 협상을 한 차례 마친 후 34개의 요구 사항 중 30개 항목을 관철시켰다. 그 30개 항목 중에는 당연히 반드시 관철시켜야 하는 요구 사항이 포함되어 있었다. 휴즈는 놀라워하며 그 협상 대표에게 물었다. 도대체 어떤 무기로 협상을 승리로 이끈 것이냐고 말이다. 그러자 협상 대표는 이렇게 대답했다.

"아주 간단합니다. 서로 버티면서 양보하지 않는 상황만 오면 상대방에게 이렇게 물었습니다. '도대체 저와 이 문제를 해결하고 싶으신 겁니까, 아니면 이 문제는 남겨두었다가 하워드 휴즈 씨와 다시 논의하시렵니까?' 그랬더니 상대방이 모든 요구를 다 받아들이더군요."

이렇게 익살맞고 유머러스한 답변이 바로 문제를 해결하는 관건이었다. 강경하기 그지없는 하워드 휴즈와 비교하면 이 온화한 대리인은 '자비롭고 인자하기 그지없었다.' 그 이후의 일은 아주 순조롭게 진행되었다. 강온 양책의 목적은 오직 단 하나, 바로 협상 성공이다.

또 하나의 유명한 사례는 미국 남북전쟁 때의 이야기다. 전쟁이 막 시작되자 무기상이었던 뒤퐁(Du Pont) 가문은 즉시 정부 지지를 선언하고 나섰고, 그리하여 대규모 무기 계약을 따냈다. 당시 정부가 공급하는 인도산 초석이 부족한 상황에서 링컨은 영국이 남부를 지지해 동인도 시장상의 초석 공급을 중단할 것이라고 걱정하고 있었다. 그래서 링컨은 뒤퐁 사의 라모트 뒤퐁(Lamott Dupont)에게 뒤퐁 사의 명의로 전 세계의 초석 시장을 독점해달라고 요구했다. 그에 따른 특혜로 이 초석들을 뒤퐁 사가 제련해줄 것을 내걸었고 라모트는 이에 동의했다.

1861년 11월, 영국으로 건너간 젊은 라모트는 미국 정부의 50만 달러짜리 골드 바를 이용해 영국의 모든 초석을 사들였다. 이제 배에다 선적만 하면 항구를 출발해 미국으로 향할 수 있었다. 그러나 바로 이 때, 문제가 생겼다. 영국의 「더 타임스」가 이 화물의 운송을 반대하는 글을 발표한 것이다. 그러나 라모트는 이를 거들떠보지도 않고 화물 선적의 속도를 더했다. 이 순간, 화물운송증명서를 검사해야겠다며 영국 해관 장교가 들이닥쳤다. 선적 작업은 즉시 중단되었다. 라모트는 상황을 보아가며 일을 진행했고 친절하게도 이 장교를 초대해 점심식사를 같이 했다. 식사 도중 그 장교의 입에서 배 압류와 운송 금지는 수상인 파머스톤(Palmerston)의 명령에 따른 것이라는 정보가 나왔다. 즉시 워싱턴으로 돌아온 라모트는 사적으로 링컨에게 전쟁으로 영국을 위협해 달라고 건의했고 링컨은 이에 찬성했다.

몇 주가 지난 후, 라모트는 런던으로 돌아가 여러 차례에 걸쳐 영국 수상 접견을 요청했으나 거절당하고 말았다. 이렇게 해서는 문제를 해결할 수 없겠다고 느낀 그는 어느 날, 다우닝가에서 접견을 기다리다가 의자에서 갑자기 벌떡 일어났다. 그러더니 시종이 막는 데도 불구하고 수상 사무실로 달려갔다. 바로 그곳에서 그는 수상에게 초석을 내놓지 않으면 전쟁뿐이라는 최후통첩을 보냈다. 수상은 오후에 이 일을 결정하겠다고 답했지만, 라모트는 안 된다고 못 박았고 보아하니 전쟁을 할 수밖에 없겠다고 말했다. 결국 그날 밤, 수상이 직접 호텔로 찾아와서는 그에게 화물운송증명서를 한 장 건네주었다. 이렇게 해서 100만 파운드의 초석을 실은 화물선이 드디어 출항하게 되었다. 이 일로 뒤퐁 가문은 명성이 크게 치솟은 것은 물론 엄청난 이윤을 보게 되었다. 라모트가 등에 업은 '외교 카드'라는 강경한 수단이 이번 승리를 이끈 묘수였다.

협상장에서는 순식간에 모든 것이 변한다. 강경하게 나가야할 때는 강경하게 나가야 하고 부드럽게 나가야 할 때는 부드럽게 나가야 한다. 그중 관건이 되는 요령을 실전에서 구체적으로 파악해야 할 필요가 있다.

제때에 협상 테이블을 떠나야 하는 건 이미 배웠다. 조건이 뜻에 맞지 않을 때는 몸을 일으켜 테이블을 떠나는 거다. 이 비결을 우습게보지 말자. 협상이든 공동출자나 부동산 매매든 절대 먼저 선을 긋지 말라. 협상이니 반드시 말로 풀어가야 한다고 오해하지 말라. 협상 테이블을 떠나버리면 보통 협상 카드가 많아지지 적어지지는 않는다. 언제든지 테이블을 떠날 준비를 하고 떠나겠다고 말했으면 말 그대로 진짜로 떠나는 거다. 그리고 다시 협상 테이블로 돌아오면 주가는 올라 있을 것이다.

자동차 업계에는 적을 속여먹는 방법이 하나 있는데, 이를 '오티스 호출법'이라고 부른다. 그 방법은 다음과 같다.

고객이 문 앞에 이르면 먼저 턱 없이 낮아 놀랍기까지 한 할인가를 제시하면서 온갖 세월 풍파 다 견딘 낡아빠진 고물차를 보여준다. 그러고 나서 다시 신형 모델을 보여주면서 고객이 만족할 만한 가격을 제시하는 것이다. 고객은 몇 집을 더 돌아보고 난 뒤에야 비로소 이보다 더 좋은 거래는 없겠다는 것을 알게 된다. 그리고 분명히 원래 회사로 돌아갈 것이다.

영업사원은 이 거래의 주의사항을 자세하게 적어주면서 손님에게 서명을 요청한다. 그리고 나서는 아무렇지도 않은 듯 고객에게 다른 회사의 영업사원들은 어떤 차를 소개해주었는지 물어본다. 고객은 바로 여기서 붉어진 얼굴로 아주 득의양양하게 이 거래의 가장 소중한 보물인 정보를 내뱉는다. 바로 다른 회사에서 제시한 가격대 말이다. 이때 영업사원은 이렇게 말한다.

"밟아야 할 수속이 하나 더 있습니다. 모든 거래는 저희 과장님을 통해야 하거든요. 제가 과장님께 바로 전화하겠습니다."

그래놓고 영업사원은 수화기를 가리면서 이렇게 말한다.

"오티스 씨를 급히 찾습니다. 오티스 씨를 급히 찾습니다."

당연히 오티스라는 사람은 있지도 않다. 물론 분명히 영업 과장이 한 명 있기는 하지만, 그 사람의 진짜 이름은 아마도 스미스나 존스 그런 류일 것이다.

오티스는 어느 엘리베이터 제조사의 이름일 뿐이다. 늘 위만 향하는 엘리베이터 이름일 뿐이다. 얼굴을 내민 영업 과장은 영업사원을 데리고 방으로 들어간다. 그러면 손님은 혼자서 초조함을 달래며 기다리게 된다. 곧 영업사원이 방에서 나와 과장이 이 거래를 허가해주지 않는다고 말하고는 다른 회사들이 내걸었던 가격을 가지고 이 손님과 다시 이야기한다. 물론 손님도 마음이 답답하기는 하다. 그런데 어째서 이 손님은 그냥 아무것도 아니라는 듯 가버리지 않는 것일까?

그건 이 손님이 이미 여기서 마음을 너무 많이 썼기 때문이다. 그는 원래 이 회사에서 거래를 성사시키려고 하지 않았던가. 이미 차까지 다 결정했는데! 파란색 몸체에 내부는 붉게 치장된 그 차가 지금 전시장에서 어서 주인이 자신을 몰고 나가주기만을 기다리고 있다. 그와 영업사원이 방문을 닫고 실내에서 밀담을 나누고 있을 때, 고객의 아내는 바로 그 차의 운전석에 앉아 있고 아이는 좌석에서 신이 나서 방방 뛰고 있다. 게다가 그 고객은 이미 동료들에게 자신이 얼마나 대단한 협상 고수인지 허풍을 떨지 않았던가!

만약 그가 계약에 서명을 하지 '않으려면' 상당한 용기가 필요하다. 게다가 모든 걸 처음부터 다시 시작해야 한다. 아마도 아이는 울어댈 것이고 동료들도 등 뒤에서 그를 비웃을 것이다. 그러니 그 고객은 아마도 단호하게 결심을 내릴 것이다.

'좋아! 1만 5,000달러 차에 875달러 5센트 더한다고 그게 뭐 대단한 건가? 몇 달치 월급밖에 더 되냐고.'

서명만 하면 그는 그렇게도 갖고 싶었던 할부 납부금 영수증을 손에 넣게 되는 것이다. 만약 이 순간 고개를 살짝 돌리기만 하면 사무실 안에서 몰래 웃고 있는 영업 과장과 사원의 모습을 보게 될 것이다.

이렇게 '진의를 알기 어려운' 협상 방법은 실제 많은 곳에 응용할 수 있고 그 효과도 너무나 뚜렷하다. 사실 협상이란 양측이 일대일로 테이블 하나를 마주하고 앉아 쉼 없이 날카로운 말을 주고받는 것만이 아니다. 협상은 정말 수많은 수단으로 진행할 수 있다. 제발 '이것은 협상이니 반드시 말로 풀어가야 한다'는 오해는 하지 말라.

보물을 다루듯이 신중하게 자신의 혀를 놀려라

"만약 더 행복하게, 더 즐겁게 살고 싶다면 신선한 공기는 코로 충분히 들이 마시고 입은 끝까지 꼭 닫아두어라."

「탈무드」에 나오는 이 경구는 유태인들의 관점을 대표하는 말이다. 유태인들과 왕래를 하는 사람들은 모두 아는 사실이 있다. 유태인들은 언제나 다른 사람의 말에 귀 기울일 줄 아는 사람을 존경하지만 쉬지 않고 노닥거리는 사람은 너무나 싫어한다.「탈무드」에는 다음과 같은 이야기가 실려 있다.

이 집, 저 집, 남의 집안일에 참견하기 좋아하는 유태인 여인이 있었다. 어느 날, 많은 사람들이 함께 랍비를 찾아가 이 여자의 행동을 성토하기로 약속했다. 사람들의 성토를 다 들은 후 랍비는 우선 이 사람들을 돌려보냈다. 그리고 나서 랍비는 사람을 시켜 그 수다쟁이 여인을 데려오게 했다.

"어째서 늘 있지도 않은 일을 꾸며대고 이웃사람들의 사소한 잘못을 들춰내고 그러시는 겁니까? 사람들이 그런 걸 얼마나 싫어하는지 설마 모르시는 건가요?"

그러자 수다쟁이 여인이 웃으며 말했다.

"전 절대로 없는 이야기 꾸며댄 적은 없습니다! 제가 좀 과장되게 말했을지는 모르지만, 말이 났으니 말이지, 다 사실에 가까운 말뿐이죠. 다만 사실을 조금 손봐서 더 실감나고 다채롭게 한 것뿐이에요. 그렇지만 제가 정말 말이 너무 많았을지도 모르죠. 제 남편도 그렇게 말하니까요."

그녀는 이렇게 자신의 흠을 고쳐보고 싶다는 뜻을 내비쳤다.

"좋습니다! 뭐 좋은 치료 방법이 없을지 우리 같이 생각해보죠."

랍비는 한동안 생각에 잠기더니 방을 나섰다. 그리고 나서는 큰 봉투를 하나 들고 와서 여인에게 이렇게 말했다.

"이 봉투를 가지고 광장으로 가시고 난 후, 열어보세요."

랍비는 그러고 나서 다시 이러이러하게 하라고 시켰다.

여인네는 봉투를 받아들고 걸음을 재촉했다. 봉투는 가벼운데 마음은 갑갑하고 무겁기만 했다. 이 안에 뭐가 들어 있는 것인지 너무나 알고 싶었다. 이윽고 광장에 도착한 즉시, 그녀는 궁금함을 참지 못하고 봉투를 열어보았다. 안에는 뜻밖에도 깃털이 한 가득 들어 있었다.

그날은 구름 한 점 없는 날이었다. 산들바람이 가볍게 스쳐서 아주 상쾌함이 더하는 날이었다. 여인은 랍비의 명령에 따라, 걸으면서 깃털을 길바닥에 늘어놓았다. 그 여인이 집에 도착해 문을 열고 들어가려고 할 즈음, 봉투가 다 비어버렸다. 그리고 나서 여인은 다시 봉투를 들고 늘어놓았던 깃털을 하나하나 주워 넣으면서 광장으로 돌아갔다.

그러나 상쾌한 가을바람에 깃털들이 모두 흩어지는 바람에 몇 개 남지 않았다. 여인은 어쩔 수 없이 랍비가 있는 곳으로 돌아가서는 랍비에게 이렇게 말할 수밖에 없었다. 모든 것을 다 랍비가 하라는 대로 따라 했지만 깃털 몇 개밖에 가져오지 못했다고 말이다. 그러자 랍비가 말했다.

"그건 당연한 겁니다. 모든 유언비어는 그 큰 봉투 안의 깃털과 같은 것입니다. 일단 입에서 튀어나오면 다시는 되돌려 담을 희망이 없는 것이죠."

이 일로 여인은 자신의 못된 습관을 고치게 되었고, 다시는 누가 옳고 그르다는 둥 누가 잘했고 못했다는 둥 그런 이야기를 입에 올리지 않았다.

유태인은 소매치기보다 더 골칫거리가 수다쟁이라고 생각한다. 거짓말이 오래도록 퍼지면 결국 헛소문으로 변하고, 이런 헛소문은 가까운 친구 사이를 벌려놓기에 충분하다. 그러므로 자신이 본 적도 없는 걸 입으로 내뱉어서는 안 된다.

동시에 랍비는 사람들에게 이렇게 경고한다.

"귀신을 만나면 당신은 분명히 걸음아 날 살려라 도망갈 것이다. 유언비어를 들어도 마찬가지로 재빨리 도망쳐야 한다."

유태인은 모든 사람들이 등 뒤에서 누구는 어떻고 저떻고 떠들지 않을 때 모든 다툼의 불꽃이 자동적으로 꺼질 것이라고 생각한다. 그래서 유태민족은 말 많은 수다쟁이를 너무나 싫어하고 떠도는 헛소문은 더더욱 경멸해 마지않는다.

유태민족에게는 '바보가 큰 소리로 웃을 때, 현명한 사람은 그저 살

며시 미소만 짓는다'는 속담이 있다. 유태인은 말을 귀 기울여 들을 줄 아는 사람이야말로 현명한 사람이라고 믿는다. 자기 자신을 내세우고 떠들기 좋아하는 사람들이 보통 이런 바보들이다.

유태인들은 함부로 혀를 놀리지 않고 침묵하면 다른 사람과 사귀는 데 큰 도움이 된다고 생각한다. 이에 대해 「탈무드」는 유태인들에게 이렇게 경고한다.

"보물을 다루듯이 신중하게 자신의 혀를 놀려라."

유태인들은 사람의 혀는 마치 예리한 칼과 같아서 반드시 조심해서 다루어야지 그렇지 않으면 다른 사람에게 해를 끼치는 것은 물론 자기 자신도 다치게 된다고 여긴다. 이는 흡사 정말 참지 못할 경우가 아니면 절대 검을 뽑아들지 않았던 중국 고대의 검객과 같은 것이다.

유태민족은 말을 약(藥)에 잘 비유한다. 말도 약처럼 적정 양만 하면 효과적일 수 있다. 그러나 그 양이 지나치게 많아지면 오히려 해만 된다. 그래서 유태인은 아무렇게나 말을 늘어놓는 법이 없다. 모든 말은 다 꼼꼼히 따져본 후 한다.

유태민족은 과묵한 민족이다. 이에 대해 유태인들은 세상 사람들을 일깨워주는 좋은 말들을 갖고 있다. 예를 들어 다음과 같은 격언들이 있다.

"혀에는 뼈가 없으니 특히나 조심해야 한다."

"반드시 마음으로 혀를 조종해야 한다. 혀로 마음을 조종해서는 안 된다."

어떤 사람은 농담 삼아 이렇게 말한다. 「탈무드」에 '혀'에 대한 경고가 이렇게나 많은 것은 분명히 지나치게 많은 말 때문에 손해를 본 사람들이 너무 많기 때문일 것이라고. 이런 주장에 근거가 있든 없든, 적게 말하고 많이 듣는 것은 이미 대다수 유태인들이 세상을 살아가는 지혜가 되었다는 것만은 의심할 여지가 없는 사실이다.

심리 암시를 이용한 판매술

'심리 암시술'을 이용해 상품 판매라는 목적을 달성하는 것이 장사를 하는 유태인들의 또 하나의 비결이라고 할 수 있다. 유태인들은 암시의 장점을 너무나 잘 알고 있다. 그것은 바로 암시하는 사람의 경우 무슨 약속 같은 것을 할 필요가 없지만, 암시를 받는 사람은 갖가지 '자기가 원하는' 약속을 할 가능성이 있다는 것이다. 그러나 암시를 받은 사람은 이미 멍청한 짓을 해버렸으니 일 다 끝나고 나서는 세심하지 못했던 자기 자신을 탓할 수밖에 없다. 이는 암시를 한 사람과는 아무 상관도 없는 일일 뿐이다. 이를 너무나 잘 알고 있는 유태인은 언제나 이 이치를 자유자재로 이용해서 남다른 전적을 올린다.

1950년대, 울프슨은 금융의 귀재로 명성이 드높았다. 그는 부채 경영에서 시작해 자신의 사업 길을 연 사람이었다. 막 사업을 시작할 즈음, 울프슨은 다른 사람에게서 1만 달러를 빌려 폐철 가공 공장을 하나 사들였다. 그리고 이 공장을 수익률이 높은 기업으로 변모시켰다. 이를 계기로 이제 막 28살이었던 울프슨의 재산은 순식간에 100만 달러를 돌파했다.

1949년, 울프슨은 210만 달러의 가격으로 캐피털운송회사를 사들였다. 이 회사는 워싱턴 특구의 관내에 자리한 운송시스템 회사였다. 울프슨이 적자에 허덕이는 기업을 높은 수익을 올리는 기업으로 바꿀 능력을 갖고 있다는 것은 누구나 다 아는 사실이었다. 그러나 울프슨은 아직 고수익을 창출하지도 않았는데, 회사가 보너스를 지급할 것이라고 공개적으로 선언하고 나섰다.

사실 이런 수법 자체에는 결코 특별한 것이 없다. 단지 울프슨이 지급한 보너스가 이 기간에 회사가 올린 수익보다 높았다는 것밖에는 말이다. 이는 울프슨이 회사의 밑천을 가지고 베팅을 해 인위적으로 회사가 고수익을 올리고 있는 듯한 이미지를 조작해낸 것이나 마찬가지였다. 이런 수법으로 사람 마음을 움직임으로써 대중들이 이 회사에 높은 기대치를 갖게 만들었던 것이다.

과연, 증권시장에서 캐피털운송회사의 주식에 대한 반응이 좋아 가격이 수직상승했다. 이 기회를 틈타 울프슨은 자신이 갖고 있던 모든 주식을 팔았고 6배에 달하는 이득을 올렸다.

물론 울프슨의 왕국이 100퍼센트 사람의 마음을 움직여서 일어난 것은 아니었다. 그러나 사람의 마음을 흔들어놓은 것이 울프슨 왕국의 형성에 속도를 붙여주었다는 것은 부인할 수 없는 사실이다.

사람들은 누구나 일종의 심리적인 방어선이라는 것을 갖고 있다. 그게 사람 심리다. 그래서 사람이 정신이 맑을 때는 직업 스파이도 속수무책이다.

"어떻게 해야 하지?"

아마도 당신은 이렇게 물을 것이다.

"그 사람 정신이 혼미해지도록 공격해버리세요!"

심리학자의 이런 대답은 당신을 놀라게 할 것이다.

물론 이는 단지 구체적인 대화일 뿐, 당신에게 정말로 소비자의 '정신이 혼미해지도록 공격하라'고 요구하는 것은 결코 아니다. 소비자들에게 심리적인 최면을 걸어서 그들이 '의식을 못 차리도록', 심지어는 '쇼크' 상태에 빠지도록 만들라는 것이다.

최면을 거는 방법은 아주 많다. 암시는 그 중에서도 비교적 효과적인 방법이다. 암시하는 과정은 사실상 상대방이 자신의 판단력을 발휘하지 못하게 만들어 무의식적으로 정상적인 사고가 불가능한 정신 상태에 빠지게 만들거나 어떤 잠재의식 속에서 행동을 하게 만드는 과정이다. 최면은 과거를 회상하는 능력을 강화시켜 옛 일이 생각나게 만든다. 예를 들면 최면에 빠진 후, 뜻밖에도 15년 전의 TV 광고 카피를 한 글자도 빠뜨리지 않고 기억해냈던 젊은이를 들 수 있다.

한 영화관에서 영화가 나가는 도중에 갑자기 껌 광고를 하나 끼워 넣었다. 광고는 짧은 시간 동안 휙 하고 지나갔다. 사람들은 도대체 무슨 일인지 의식도 못하고 있을 때 광고는 이미 사라진 뒤였다. 그러나 사람들의 잠재의식 속에는 깊은 인상이 남았다. 영화를 다 본 후, 사람들은 모두 영화관 밖의 매점에서 껌을 사 먹었으니 이 효과가 얼마나 대단한 것인가. 이 껌 광고는 사람들의 구매 행위에 암시 작용을 일으켰던 것이다.

그 유명한 코카콜라사도 이런 방법을 쓴 적이 있었다. 그 결과 영화관 옆 가게의 코카콜라 판매량이 거의 20퍼센트나 상승했다고 한다.

사람들은 누구나 아주 쉽게 암시의 영향을 받는다. 예를 들어 '피로는 만병의 근원'이라는 비타민 광고 카피를 본 소비자는 '나 피곤한 거 아닌가?' 하는 암시를 받게 되고 이 때문에 점점 더 피곤을 느끼게 된다. 그래서 소비자는 어쩔 수 없이 광고 선전에 따라 그 비타민을 사서 복용하면 피로감도 자연히 사라진다. 어쩌면 사실 그 소비자에게 피로 따위는 있지도 않았을지 모른다. 단지 암시의 영향을 받아 이런 환상이 생겨났을 것이다.

어떤 사람들이 더 쉽게 암시의 영향을 받게 될까? 조사에 따르면 남녀 성별 중에서는 여성이 더 쉽게 암시의 영향을 받는다고 한다. 그래서 여성 소비자를 겨냥하는 상품이 이런 암시 효과를 이용하면 분명히 효과를 보게 된다. '피부가 금세 하얗게 됩니다'(화장품 광고), '아름다운 검은 머릿결을 누가 좋아하지 않겠어요'(샴푸 광고) 같은 광고들이 그 예이다.

연령으로 따져보면 젊은 사람, 특히 어린 아이들이 암시의 영향을 쉽게 받는다. 어린이 장난감 그림책을 인쇄한 어느 식료품 회사의 예가 있다. 이 그림책은 다른 그림책들과 다를 것이 없었다. 모든 페이지의 왼쪽 아래 모퉁이에 아주 자연스럽게 들어가 있는 그 식료품 회사의 상품 도안을 빼면 말이다. 이런 도안은 어린 아이들의 두뇌 속에 상품에 대한 깊은 인상을 남겨놓는다. 어린 시절의 기억은 성장한 이후의 구매 행위에도 일정한 영향을 미친다. 이 밖에도 상표가 들어간 고무풍선이나 CF송 등이 있다. 어린이들의 지능을 개발하는 상품은 어린이와 그 부모에게도 일정한 암시를 한다. 그래서 다음에 그 상품을 보게 되면 구매를 하고 싶은 충동이 일어나게 되는 것이다.

'부드러운' 영업 수단으로서 암시에도 마찬가지로 정교한 전략이 필요하다. 암시의 과정은 일반적으로 두 단계로 나뉘는데, 우선은 소비자가 어떤 생각을 떠올리게 만들고 그 생각의 바탕 위에서 행동을 취하게 만드는 것이 첫 번째 단계다. 예를 들어서 몇 년 전 크게 유행했던 '명령성 전략 암시'가 있다. 이런 전략은 내용과 목적을 직접적으로 상대방에게 알려 위기감을 갖게 만들고 결국 과감하게 행동에 나서게끔 한다. '판매 수량 제한되어 있습니다. 구입하고자 하시면 서두르세요' '창고 대 바겐세일' '12월 31일 증정 이벤트! 서두르세요!' '최저가 판매' '출혈 세일' 같은 광고 카피 등이 이에 속한다.

명령성 전략 암시는 정제되고 간결한 언어를 요구한다. 지저분하게 질질 끄는 문구여서는 안 된다. 현대 생활의 리듬이 점점 더 급박해지고 있고 소비자들은 왜 사야 하는지 생각해볼 시간이 많지 않다. 그래서 이런 암시는 조건반사적으로 소비자들의 흥미를 불러일으키고 그들이 강렬한 구매욕에 빠지게 만든다. 거래는 이렇게 그 목적을 이루는 것이다.

협상테이블에서의 시간 제한 기법

협상 테이블에서는 늘 잘난 체하며 일진일퇴의 시소게임을 지속적으로 벌이는 사람들을 만나게 된다. 게다가 이런 사람들은 거래 마감기일도 상관하지 않는다. 유태인들은 이런 사람들한테는 뜻밖의 방법으로 시간을 제한한다. 이 전술의 요점은 다음과 같다. 거래 장소로 느닷없이 들어가서는 태도를 바꿔버린다. 그래서 상대방이 미처 준비할 수 없는 상황에서 속수무책이 되도록, 어떻게 해야 하는지 알 수 없도록 만드는 것이다.

시간이 충분하다고 생각했던 상대방은 갑자기 협상 중지 소식을 접하게 된다. 그런데 이 거래가 자신에게 너무나 중요하니 그는 갈피를 잡지 못하고 허둥댈 수밖에 없다. 그쪽은 자료, 조건, 에너지, 생각, 시간상으로 준비가 충분하지 못할 터이니, 경제적인 이익과 시간 제한이라는 이중 압력 아래서 무릎을 꿇고 서류에 서명할 수밖에 없게 된다.

유태인 아이아코카는 자동차 업계의 거두다. 도산 직전에 처한 크라이슬러를 이어받았을 당시의 아이아코카는 가장 먼저 마무리해야 할 임무가 바로 임금 삭감임을 알았다. 우선 그는 고위 직원들의 급여를 10퍼센트 삭감했고 자신도 연봉을 36만 달러에서 10만 달러로 삭감했다. 그러고 나서 그는 회사의 노동조합 대표에게 이렇게 말했다.

"이제 시간당 17달러짜리 작업은 있어도 시간당 20달러짜리 작업은 하나도 없습니다."

이렇게 강압적이고 위협적인데다가 전술적이지도 못한 말은 당연히 효과가 없었다. 노동조합은 즉각 아이아코카의 요구 사항을 거부했다. 양측이 1년 동안 양보 없이 맞서면서 사태는 시종일관 진전을 보지 못하고 있었다.

그러던 중 아이아코카의 마음속에서 꾀가 하나 떠올랐다. 어느 날, 그는 갑작스레 노동조합 대표에게 이렇게 말했다.

"여러분들의 불연속적인 파업은 회사의 정상 운영을 불가능하게 합니다. 제가 이미 인력 파견 센터에 전화를 해보았는데 내일 아침 8시에도 출근을 안 하면 다른 사람들이 여러분을 대신해서 작업을 하게 될 것이라고 하더군요."

노동조합 대표는 이 말에 놀라고 말았다. 그들은 본래 협상을 통해 좀더 높은 임금을 얻고 싶었다. 그래서 이 부분에만 치중해 자료를 준비하고 마음의 준비를 해온 터였다. 그런데 생각지도 못하게 아이아코카가 이런 수를 쓰다니! 해고는 장난이 아니었다. 해고는 바로 자신들이 일을 잃고 수입을 잃게 된다는 것을 의미했다.

짧은 토론을 마친 후, 노동조합은 기본적으로 아이아코카의 요구를 받아들였다. 1년이나 시간을 끌었던 장기전에서 노동조합을 이기지 못했던 아이아코카는 생각지도 못한 이런 수로 효과를 보았다.

허를 찌르는 공격, 그러니까 갑작스런 기습 방법의 '의외성'에 신경을 쓰면 종종 생각지도 못했던 성공을 거둘 수 있다. 그러나 그렇다고 해서 이 방법이 언제 어디서나 승리를 거두게 해주는 요술방망이는 아니다. 일단 상대방이 최악의 결과를 예상해서 그에 대비해 준비를 한다면 기습 방법도 위력을 발휘하지 못하니 말이다.

이런 방법을 택할 때는 절대로 정도가 지나쳐서는 안 되며, 만약 지나칠 경우 수습하기 어렵다는 점을 주의해야 한다. 다음의 예를 살펴보자.

미국의 제너럴일렉트릭은 노동조합 대표와의 담판에 20년 동안이나 '시간 제한' 기술을 사용했다. 이 회사가 막 문을 열었을 무렵, 그들은 이 방법으로 여러 번 효과를 보았다.

그러나 1969년, 노동자들의 좌절감이 결국 폭발하고 말았다. 그들은 회사측에서 마지막에 가서는 분명히 그 낡아빠진 수법, 즉 시간을 제한해서 협박해오는 방법을 들고 나올 것이라고 예상했다. 그래서 노동자들은 대처 방안을 준비한 후, 타협을 포기했다. 이는 경제 이익을 넘어서는 대규모의 파업을 불러왔고 이 일로 제너럴일렉트릭은 큰 타격을 받게 되었다. 그에 따른 손실도 엄청났다.

일반적으로 이런 방법을 택할 때는 반드시 다음 사항들에 주의해야 한다.

첫째, 반드시 상대방이 예상치 못하게 해야 한다. 그러다가 마지막 기한을 내놓을 때는 당사자가 반드시 확고부동한 어조로 나가야 한다. 융통성 있게 굴어서는 안 된다. 이런 방법을 운용해서 우선 협상 중에는 부드러운 어투로 말이나 얼굴에 본심을 드러내지 않도록 한다. 그러다가 최후통첩을 내놓을 때는 강한 어투로 나가야 한다. 절대 애매모호하게 말해서는 안 된다. 그렇게 할 경우 희망을 품은 상대방이 계약서에 서명을 하지 않게 된다. 일단 상대방이 미래에 대한 희망을 품고 앞으로 자신이 더 큰 이득을 얻게 될 것이라는 상상을 하게 되면 그는 서명을 하지 않으려고 할 것이기 때문이다. 이 때문에 확고부동하고도 일말의 여지를 남기지 않는 어조로 상대방이 최후의 결심을 내리게 해야 한다.

둘째, 기한을 제시할 때는 반드시 명확하고 구체적이어야 한다. 중요한 순간에 '모레 오전'이나 '내일 오후' 같이 모호하게 말해서는 안 된다. '내일 정오 12시 정각'이나 '모레 오전 9시 정각'이라고 구체적으로 시간을 말해야 한다. 이렇게 말해야 시간상 급박하다고 느낀 상대방이 요행으로 시간 약속을 어길 여지가 없어진다. 여기서 두 가지 최후통첩의 효과를 비교해보도록 하자. "만약 저희 요구에 만족하지 못하신다면 저희는 다른 방법을 고려해볼 수밖에 없습니다."와 "저희는 반드시 오늘 결정을 내려야 합니다. 밤 8시 이전까지 저희가 내건 조건을 심사숙고해주십시오. 그렇지 않으면 저희도 다른 회사와의 거래를 생각해보겠습니다." 상대방에게 고려해볼 어떤 여지도 남기지 않는 후자의 확고부동함과 시간상의 급박함이 확연히 나타난다.

셋째, 제시한 최후 기한에 걸맞은 구체적인 행동을 취한다. 구체적인 행동으로 최후 기한을 현실화시켜서 상대방의 신경이 바짝 곤두서게 만들어야 한다. 구체적인 방법으로는 짐을 정리하고 호텔 투숙비를 치르고 돌아갈 차표와 배, 비행기 티켓을 미리 예약하는 것 등이 있다. 적합한 몸짓도 상대방이 더 빠른 결정을 내리도록 재촉할 수 있다.

독으로 독을 다스리는 협상술

협상 과정에서 상대방이 여러 가지로 괴롭히면서 마음대로 각종 난제를 들이대며 압력을 가할 때, 과연 어떻게 해야 할까? 유태인들에 따르면 이럴 때는 이독제독(以毒制毒), 독으로 독을 다스리는 방법이 가장 좋은 대응법이다.

유태인 니렘이 스탠스테드 섬의 건축 부지 한 곳을 사고 싶어 했다. 그와 접촉한 건축 부지 주인은 부동산을 많이 가진 자산가였다. 이 사람은 가격 흥정에 통달한 사람으로 돈이 한 푼이라도 더 나올 것 같지 않을 때가 되어서야 비로소 거래를 성사시켰다.

니렘은 잘 아는 사람으로부터 이 자산가가 협상 중에 '가격대'라고 불리는 수법을 잘 쓴다는 것을 듣게 되었다. 그 방법은 다음과 같다. 이 교활한 부지 주인은 처음에 상대에게 자신의 대리인을 보내서 가격을 협상하게 한다. 악수를 하고 헤어질 때가 되면 상대는 매매 가격과 조건은 이미 모두 이 대리인과 적절하게 절충을 보았다고 착각하게 된다. 그러나 부지 주인과 직접 대면하게 된 상대는 그제야 매매 가격과 조건 모두 절충을 보았다고 생각했던 것은 자신의 바람이었을 뿐 그가 이 판매가를 받아들인 것은 아님을 알게 된다. 이어서 부지 주인은 또 다시 상대가 받아들이기 어려운 새로운 요구를 제시하는데 가격을 더 높이고 거래 조건은 자신에게 더 유리하게 만든다. 그는 이렇게 가격을 새로운 '가격대'로 올려놓고는 이를 받아들이든지 아니면 협상 자체를 그만두든지 하라는 식이었다.

당시 스탠스테드 섬에 부동산 열기가 몰아닥치자 사람들은 정신없이 부동산 사업에 끼어들었다. 그래서 그의 이런 방법은 대부분의 상황에서 효과를 보았다. 많은 상인들이 별다른 선택의 여지도 없는 조건하에서 그가 내건 높은 가격을 받아들일 수밖에 없었고 그 바람에 그의 재산은 점점 더 불어났다.

'가격대' 전술 이외에도 그 부지 주인이 잘 써먹는 또 하나의 방법이 있었는데, 계약 성사 보름 후에 소유권 명의를 변경하는 것이었다. 당시의 관례에 따르면 소유권 명의 변경 시기는 계약서 서명 후 2개월 후였다. 그는 이런 수단으로 사려는 측이 더 많은 양보를 하게 만들었던 것이다.

그는 이런 방법을 자유자재로 써먹었고 능수능란하게 결정적인 순간을 잡았다. 그러면서도 상대방을 너무 심하게 압박해 거래가 틀어지는 일은 없게 했다. '가격대' 전술을 쓰면서 그는 종종 펜까지 꺼내 계약서 마지막 문서에 서명할 준비를 했다가도 다시 펜을 옆으로 치우고 '최후의 조건'을 내세웠다. 그러고 나서 다시 이야기를 풀어나가는 것이었다. 이런 비범한 재능은 상대방이 어느 정도까지 인내심을 유지할 수 있을지를 잘 파악하는 데 그 묘미가 있었다.

부지 주인이 이 수법을 니렘에게 또 써먹으려고 했을 때, 니렘이 이를 꿰뚫어 보고 있었다. 니렘에게도 나름대로의 대책이 있었다. 그의 대책은 이른바 '가격대 붕괴' 전법.

부지 주인이 니렘을 첫 번째 '가격대'로 밀어 올리려고 할 때, 니렘은 살짝 미소를 지으며 이야기를 시작했다. 그는 도프라는 이름의 인물을 꾸며냈다. 니렘은 여태껏 이 도프라는 사람한테서는 도대체 부지 한 곳도 사들일 수 없었다고 말했다. 양쪽이 이미 거래 성사에 대한 이야기를 마쳤을 때마다 언제나 도프가 더 많은 요구 사항들을 내놓으면서 니렘을 바짝바짝 죄어왔기 때문이었다는 것이다. 도프라는 자는 만족을 모르는 사람으로 상대방이 받아들일 수 없도록 조건을 높여서 결국 거래 자체가 틀어지게 몰고 간다고 했다.

'가격대 붕괴'는 분명 괜찮은 대책이었다. 그 부지 주인이 니렘을 '가격대'로 밀어 올리려고 하는 참이었는데, 부지 주인을 지그시 바라보던 니렘이 웃으며 말했다.

"이것 보세요. 어떻게 하시는 게 도프 선생과 똑같습니까?"

니렘은 이렇게 부지 주인을 옴짝달싹 못하게 만들어버렸다. 그 바람에 부지 주인은 자신이 습관적으로 써먹는 '가격대' 전술을 조금도 보여주지 못하고 말았다.

독으로 독을 다스리는 작전의 요체는 협상자가 사전에 상대의 공격 경향을 발견하는 데 있다. 이는 협상자의 기민함을 요한다. 상대방이 다음에는 어떤 수단을 쓰려고 하는지 적시에 판단해서 재빨리 상대에게 장애물을 만들어주고 그렇게 해서 상대가 써먹으려는 수법을 무용지물로 만들어야 한다.

물론 협상 상대가 사용하는 모든 수법을 다 잘 알고 있을 수는 없다. 어떤 때는 독으로 독을 다스리는 작전이 사후 수습에 알맞기도 하다. 만약 협상 대상이 지나치게 비합리적인 요구 사항을 내놓으면 당신도 날카롭고 엄중한 말로 상대에게 경고할 수 있다. 그런 상황에서 상대방이 약삭빠른 사람이라면 곧 자기가 알아서 조심할 것이다. 아래의 유태인 이야기를 통해 '독으로 독 다스리기'의 진수를 더욱 잘 파악할 수 있다.

아주 오래 전, 예루살렘에 몇 집이 이웃을 이루어 살고 있었다. 그 중 한 집은 부유했지만 다른 한 집은 가난했다. 부유한 생선구이집 주인은 경영에 아주 뛰어난 자로 아침부터 저녁까지 바쁘게 일에 매달리며 장어를 맛깔나고 향 좋게 구워냈다. 그러나 그는 너무나 인색한 사람이었다. 그 누구에게도 외상을 주지 않았다.

이웃집 구둣방 주인은 가난했다. 장어를 좋아해도 살 돈이 없었다. 궁하면 통한다고 점심때가 되자 구둣방 주인은 생선구이집 주인과 이야기하는 척하며 고기를 굽는 화로 옆에 가서 앉았다. 훈제 생선의 향기를 맡으면서 가슴께에서 쌀 과자를 꺼내 씹어 먹었다.

'바로 이 맛이야!'

구둣방 주인은 마음속으로 이렇게 생각했다. 마치 그가 입으로 씹고 있는 것이 부드럽고 포동포동한 장어 살점 같았다.

그후 며칠을 연이어 구둣방 주인은 매일같이 생선구이집에 가서 훈제 생선 향기를 맡았다. 구둣방 주인의 의도를 알아챈 생선구이집 주인은 어떻게든 구둣방 주인으로부터 돈을 받아내기로 결심했다.

다음날 이른 아침, 구둣방 주인이 마침 구두를 수선하고 있는데 생선구이집 주인이 구둣방에 들어왔다. 그러더니 그에게 종잇조각 한 장을 넘겨주는 것이었다. 그 위에는 구둣방 주인이 생선가게에 와서 훈제 생선 냄새를 맡은 횟수가 적혀 있었다.

"아니, 이보세요. 이게 도대체 무슨 뜻입니까?"

구둣방 주인은 이미 대략 상황을 파악했지만 일부러 잘 모르는 척하며 물었다.

"무슨 뜻이라니요?"

생선구이집 주인이 조금은 무례하게 말했다.

"아니 그럼 모든 사람들이 다 우리 가게에 와서 생선 굽는 냄새를 맡을 수 있는 것이라고 생각하셨단 말입니까? 생선 냄새 맡으셨으니 그 돈을 꼭 받아내야겠습니다!"

이 말을 들은 구둣방 주인은 한 마디도 꺼내지 않았다. 그러더니 아무 말도 없이 주머니에서 동전 두 닢을 꺼내 찻잔 속에 넣고 나서 찻잔을 흔들어대는 것이었다. 안의 동전들이 짤랑거리는 소리가 났다.

조금 있다가 그는 찻잔 흔들기를 멈추고 찻잔을 탁자 위에 올려놓았다. 그러고는 웃으며 생선구이집 주인에게 말했다.

"동전 짤랑거리는 소리 들으셨겠죠! 이제 우리 사이의 채무 관계는 청산된 겁니다!"

"무슨 소리요? 뭐가 청산되었다고?"

생선구이집 주인이 소리쳤다.

"방금 동전 짤랑거리는 소리로 당신의 구운 생선 향기 값을 치렀다 그 말입니다. 제 코가 맡은 것이 당신 귀가 들은 것보다 많다고 생각하신다면 동전 짤랑거리는 소리를 더 들려드릴 수도 있습니다."

구둣방 주인은 다시 잔을 들었다. 이렇게 했다가는 자신이 들은 소리가 구둣방 주인이 맡은 생선 냄새보다 많아질까 두려웠던 생선구이집 주인은 아직 찻잔에서 소리도 나지 않았는데 곧장 자신의 가게로 줄행랑을 놓아버렸다.

'독으로 독 다스리기.' 협상 상대의 무리한 요구에 맞닥뜨렸을 때 가장 좋은 방법은 동전 소리로 생선 향기를 맞받아쳤던 구둣방 주인의 기가 막힌 방법을 배워보는 것이다. 그래서 무리한 요구를 하는 상대방이 무도 베어보지 못하고 칼을 집어넣게 해야 한다.

양측의 입장은 조정할 수 없어도
이익은 조정할 수 있다

일반적으로 협상 양측이 입장상 끊임없이 고집을 부리며 한 치의 양보도 하지 않으면 협상의 목적을 이루기 어렵게 된다. 서로 다른 입장은 서로에게 거리감만 만들어주기 때문이다. 유태인들에 따르면 성공적으로 협력을 이끌어내고 싶은 경우 양측이 눈을 돌려야 할 곳은 바로 그들의 이익이다. 이익이야말로 협상 양측의 공통점이기 때문이다.

유태 상인의 경험에 따르면 협상을 할 때는 양측의 이익을 조정할 수 있을 뿐이지 양측의 입장을 조정할 수는 없다. 이런 방법이 꽤 효과가 있는데 그 이유는 두 가지이다. 첫째, 어떤 종류의 이익이든 만족시키는 방식은 다양하기 때문이다. 둘째, 종종 협상 양측의 공통된 이익이 서로 충돌하는 이익보다 크기 때문이다.

일반 상인들은 상대방과 자신의 입장이 대립한다고 느끼면 서로 간에 이익상 충돌이 존재한다고 오해한다. 만약 우리가 상대방이 우리의 이익을 침범하지 못하게 막으면 상대는 반드시 이를 침범하려고 한다고 오해하는 것이다. 그러나 수많은 거래 협상 속에서, 숨어 있는 이익을 깊이 주시하기만 하면 충돌보다는 협상 양측에 공통되는 이익이 훨씬 더 많다는 것을 발견할 수 있다.

집주인과 세입자의 공동 이익을 한번 분석해보자.

첫째, 양측 모두 '안정'을 필요로 한다. 집주인은 안정적인 세입자를 원하고 세입자는 장기간 안정적으로 거주할 수 있는 곳을 원한다.

둘째, 양측 모두 집의 유지보수가 잘 되기를 바란다. 세입자는 그런 집안에서 살려고 하고, 집주인은 그 집의 가치를 높이고 제대로 건축되었다는 평판을 널리 퍼뜨리고 싶어 한다.

셋째, 양측 모두 서로 좋은 관계를 맺고 싶어 한다. 집주인은 세입자가 제때 집세를 내주기를 바라고, 세입자는 집주인이 필요한 유지보수 공사를 해주기를 바란다.

협상 양측 사이에는 어쩔 수 없이 서로 다르지만 그럼에도 충돌하지 않는 이익이 있게 마련이다. 예를 들어 피부가 예민한 세입자는 새로 칠할 페인트를 싫어할 것이고, 집주인은 돈 들여 새로 집 전체를 칠하고 싶지는 않을 것이다. 또 예를 들면 첫 달 집세 납부를 보장받고 싶은 집주인은 세입자가 집세를 앞당겨 내게 하고 싶을 것이고, 집이 만족스러운 세입자는 아마 집세 납부 시기에 크게 개의치 않을 것이다.

위에서 언급한 공통 이익과 서로 다른 이익을 고려해보고 나면 낮은 집세와 높은 수익을 두고 양측이 벌이는 이익의 대립은 너무나 쉽게 해결된다. 어쩌면 쌍방의 공동 이익으로 양측이 모두 만족스러운 계약을 맺게 될지도 모른다. 예컨대 장기 계약으로 쌍방이 공동으로 주택 유지보수를 위한 비용을 분담하게 되는 경우처럼 말이다.

양측이 좋은 관계를 유지하고자 노력을 하다보면 둘 사이에 존재하는 서로 다른 이익도 만족시킬 수 있게 된다. 예를 들어 계약 이튿날 첫째 달 집세를 미리 내고 나서, 세입자가 자신의 돈을 들여 페인트를 사면 집주인이 칠하는 비용을 내는 식으로 말이다. 그렇지만 서로 어긋나는 쌍방의 이익을 조정하는 일을 너무 쉽게 생각해서는 안 된다. 이런 일은 마치 한 사람이 한 손으로는 북쪽으로 달아나는 당나귀를 잡아당기고, 또 다른 손으로는 남쪽으로 달아나는 당나귀를 잡아당기는 것처럼, 어떤 때는 아무리 애를 쓰고 힘을 들여도 원만한 결과를 얻기 힘들기도 하기 때문이다. 비결을 찾아내는 게 성패를 가르는 관건이다.

두 형제 모두 귤을 원했지만 귤은 하나뿐이라고 하자. 형제는 기계적으로 귤을 정확히 반으로 나눠 가졌다. 그런데 사실 둘 중 한 사람은 과육이 먹고 싶었고, 다른 한 사람은 귤껍질을 구워 케이크를 굽고 싶었다는 걸 형제는 깨닫지 못했다.

이 이야기는 수많은 협상 사례에서 나타나듯, 서로가 '다른' 것을 원하기 때문에 원만한 합의에 이를 수 있음을 보여준다. 이 점을 알게 된 당신은 놀라움을 금치 못할 것이다. 사람들은 보통 양측의 차이가 문제만 유발시킨다고 믿으니까 말이다. 그러나 어떤 때는 '차이'가 문제를 해결할 수 있는 방법을 이끌어낼 수도 있다.

많은 경우, '합의'는 종종 '불일치'를 그 기반으로 하여 달성된다. 예컨대 주식 구매자가 주가가 오를 것이라고 판매자가 믿도록 설득한 후 거래를 한다면 이처럼 우스운 일이 어디 있겠는가. 양쪽 모두 똑같이 주가가 오를 것이라고 생각한다면 판매자는 아마도 팔고 싶어 하지 않을 것이다.

생각이 다른 것은 아주 정상적인 것이다. 주식 거래가 이루어질 수 있는 것은 구매자는 가격이 오를 것이라고 믿고 판매자는 가격이 내릴 것이라고 믿기 때문이다. 생각의 차이는 거래가 이루어지는 기반이 된다. 수많은 창의적인 합의들은 모두 '차이를 통해 합의에 이르는' 이 원칙을 보여주고 있다.

이익과 생각의 차이 때문에 특정 항목이 당신에게 큰 이득을 가져다주고 상대방에게는 엄청난 손실을 가져다줄 수도 있다. 쌍방의 이익을 잘 조정하는 첫 번째 비결은 바로 당신 자신이 받아들일 수 있는 선택안을 정하고, 상대방이 특히 원하는 것은 무엇인지 의견을 구하는 것이다. 이때 당신은 상대방이 유독 어떤 것을 원하는지만 알면 된다. 상대방이 받아들일 수 있는 것이 무엇인지까지 알 필요는 없다. 그러고 나서 다시 상대방이 원하는 그 선택안을 세세히 분류한다. 두 가지 이상의 서로 다른 방식으로 분류해서 상대방에게 다시 선택하게 하는 것이다. 상대방과 어떻게 '의기투합'할 것인지는 상대방의 손실을 제한하면서도 나에게는 큰 이득이 되는 방안을 찾아야 한다는 한 마디로 요약된다. 그 반대도 마찬가지다.

의견이 다른 것은 문제가 되지 않는다. 이익, 순서, 신념, 예측 그리고 위험에 대한 태도에서 차이가 있어야 비로소 쌍방이 '의기투합'할 수 있다. 그래서 협상에 임하는 사람들의 좌우명은 '차이 만세!'가 될 수도 있는 것이다. 쌍방의 이익을 조정하는 두 번째 비결은 양측이 협상의 내용에 주의를 집중하는 것이다. 상대방이 당신을 만족시킬 결정을 내리도록 상대방의 선택을 바꿀 수 있는 각종 안을 강구하자. 당신이 상대방에게 줘야 할 것은 문제가 아니라 답안이고, 어려운 결정이 아니라 쉬운 결정이다. 이 단계에서는 반드시 결정된 내용에 주의를 집중해야 한다. 결정은 종종 불확실한 요소의 영향을 받는다. 보통은 얻는 것이 점점 많아지기를 바라게 마련이지만, 문제는 도대체 얼마를 얻어야 충분한지를 모른다는 점이다. 아마도 당신은 이렇게 말할 것이다.

"어디 한번 말씀해보시죠. 그러면 제가 그게 충분한지 아닌지 알 수 있겠죠."

당신 본인이 볼 때는 이 말이 일리가 있어 보이겠지만, 상대방 쪽에서 보면 당신도 알게 될 것이다. 반드시 상대를 설득시킬 수 있는 이유를 제시해야 한다는 것을 말이다. 상대방이 어떻게 하든, 또는 어떤 말을 하든 당신에게는 여전히 부족하게만 느껴질 것이다. 그것도 모자라서 조금이라도 더 손에 넣을 수 있었으면 할 것이다. 상대방에게 앞으로 한 걸음 더 나오라고 요구한다고 해서 당신이 마음속으로 기대하는 결과대로 이루어지는 것은 아니다.

만약 당신의 말이 울타리를 넘어 달리게 하고 싶으면 울타리를 더 이상 높여서는 안 된다. 많은 협상 당사자들이 자신이 상대에게 내건 요구가 '그저 형식적으로 말만 한 것'인지 아니면 '실제로 효과를 보려고 한 것'인지, 이 둘 사이의 엄청난 차이를 정확하게 알지 못한다. 만약 당신이 '실제 효과'를 보고 싶다면 협상에 장애물을 만들어서는 안 된다.

많은 경우, 당신이 원하는 것은 한 가지 약속이다. 이럴 때는 몇 가지 가능한 협의 조항을 상대에게 제공하는 방법을 강구할 수 있다. 협상 중에 생각을 말끔히 정리하기 위해서 메모를 해보는 것은 아주 정확한 선택이다. 가장 실현 가능성이 높은 방안 중 가장 간단한 것부터 손을 댄 후, 몇 가지 가능한 선택안을 만들어보자.

당신은 혹시 이런 문제들을 고려해본 적이 있는가? 상대방이 어떤 조건들에 동의해야 쌍방 모두의 관심을 불러일으킬 수 있을까? 최종 결정을 내릴 때 발언권이 있는 사람의 수를 줄일 수 있을까? 상대방이 쉽게 실행에 옮길 수 있는 협의서를 내놓을 수 있을까?

일반적으로 사람들은 아직 시작도 하지 않은 일을 그만두지, 이미 시작한 일에서 손을 떼기는 어렵다. 또 이미 어느 정도 진행한 일에서 손을 뗄 수는 있어도, 막 시작한 새로운 일은 열심히 노력하게 마련이다. 만약 직원이 일을 하면서 음악을 듣고 싶어 한다면 회사는 직원 자신이 음악을 트는 것은 쉽게 받아들여도 회사가 직접 음악을 트는 것은 쉽게 받아들이지 못할 것이다. 대다수 사람들이 '합법성'이라는 개념의 영향을 크게 받는다. 그래서 합법적인 해결 방법을 만들 방안을 강구하는 것이 상대방이 해결 방법을 받아들이게 만드는 효과적인 방식 중 하나다. 상대방은 공평하고 법률과 명예라는 측면에서 출발한 올바른 일을 비교적 쉽게 받아들인다. 유태인은 협상 양측의 이익 조정을 기꺼이 받아들이며, 이를 보장하는 것은 공정한 협상밖에 없다고 생각한다.

협상의 비밀은 모든 것을 준비하고
답하는 데 있다고 믿는 유태인

유태인은 말을 한다는 것은 총성 없는 전쟁을 벌이는 것과 마찬가지라고 생각한다. 말을 잘하면 사람 마음을 얻을 수 있지만 말을 잘 못하면 협상은 실패로 끝난다. 그래서 유태인은 말을 할 때 특히나 조심하고 또 조심한다. 절대로 함부로 입을 놀리는 법이 없다. 그러나 사교장이나 협상 테이블 위에서 유태인들은 임기응변에 능하고 대답에도 거침이 없다. 그러면서도 뛰어난 유머감각을 드러내면서 자신이 원하는 대로 협상 분위기를 주무른다. 그렇다고 유태인들이 다 천재는 아니다. 관건은 협상 전에 충분한 준비 작업을 거친다는 것이다. 미국의 전 국무장관 키신저는 이렇게 말했다.

"협상의 비밀은 모든 것을 알고 대답하는 데 있다."

유태인은 협상을 결코 쌍방이 테이블 앞에 얼굴을 마주하고 앉아 의견을 주고받거나 흥정을 하는 것이라고만 생각하지 않는다. 그들에게 협상은 세심하게 준비하고 기획한 연극에 더 가깝다. 적극적인 준비와 비범한 기술이 필요한 이 연극에서 협상 양측은 서로의 용기를 겨루어보게 된다. 그리고 조정과 타협을 통해 협상 양측은 비로소 의견일치에 도달하는 것이다.

"길을 한번 잃어버리느니 10번이라도 물어보는 것이 낫다."

유태인들은 이 말을 입에 달고 산다. 행동에 옮기기 전에 목표와 방향을 똑바로 이해해야지, 경솔하게 행동하면 안 된다는 뜻이다.

협상에서 성공하는 관건은 우선 자신의 이상적인 목표를 세우고 이를 실행에 옮길 계획을 잘 짜는 것이다. 사람은 문화적인 동물이기도 하지만 감정의 동물이기도 하다. 그래서 사람의 감정은 종종 경제적인 이득, 명예와 이익, 느낌 등 수많은 요소의 영향을 받는다. 그리고 또 사람의 태도와 심리 상태도 그 사람의 감정에 의해 좌우된다. 협상 중에는 시시각각으로 이번 협상에 임하는 나의 목표가 무엇인지를 마음에 깊이 새기면서 자신의 기분과 심리 상태를 잘 조절해야 한다. 그리하여 시종일관 확고부동한 태도를 유지해야 한다. 무엇보다도 먼저 명확한 목표가 있어야만 협상 상대 앞에서 냉정을 유지하면서 침착하게 승리를 거머쥘 수 있다.

협상에서 승리하기 위한 기본은 바로 치밀한 준비다. 치밀한 준비란 문제 자체의 관련 내용을 제대로 파악하는 것은 물론 이와 연관된 각종 미묘한 차이점들을 이해하는 것도 포함한다. 그런 까닭에 어떤 방식을 통해서야 비로소 대립하고 있는 쌍방의 공통점을 찾아낼 수 있을지 정확하게 판단하기 위해 협상 대상의 심리 상태와 그가 예상하고 있는 목표를 사전에 알아봐야 한다. 그렇지 않으면 막상 일이 눈앞에 닥쳤을 때, 상대에게 당신이 이런 상황에 익숙하지 않거나 우유부단하다는 인상을 주게 된다. 그리고 이는 상대에게 기회를 주게 된다.

비즈니스 협상은 일반적으로 평등과 호혜의 원칙을 따른다. 그렇지 않을 경우, 쌍방은 협상 테이블 앞에 앉지도 않을 것이다. 자신의 이익을 고려하고 또 상대의 이익을 고려할 때에만 양측은 비로소 협력에 성공할 수 있다. 그렇지 않으면 어느 누가 쓸데없이 당신을 위해 힘을 쓰겠는가?

세상에 공짜는 없다. 그리고 할 일 없이 다른 사람을 위해 손해 보는 사람도 없다. 그래서 협상 중에는 반드시 상대에게 호의도 베풀어야 한다는 것을 잊어서는 안 된다. 협상 성공의 기본은 자기 자신과 상대방의 공통된 이익을 찾아내는 데 있다.

협상 중 열세에 몰려 있을 때는 자신의 공포를 극복해야 하고 허둥지둥해서는 안 된다. 상대가 얼마나 강력하든 협상 테이블 앞에 앉았다는 것은 어떤 면에서 볼 때 그 또한 이 협상이 결렬되지 않기를 바란다는 것을 보여준다. 일단 협상을 하지 못하게 되면 그쪽도 어느 정도의 손실을 당하게 될 터이니 말이다.

그래서 약세에 처했을 때 자기 자신을 이겨내는, 그리고 강자를 두려워하지 않는 신념을 가지는 것이 중요하다. 승리하겠다는 자신감만 있으면 승리할 수 있다는 희망이 생길 것이다. 이런 밑바탕 위에서 강자의 '아킬레스건'을 찾고 침착하게 흥정에 들어가야 한다. 상대방의 협박에 못 이겨 작은 것 때문에 큰 것을 놓치는 우를 범해서는 안 된다.

협상에서 최대한 자신의 이익을 쟁취하는 것은 물론 협상에 임하는 모든 사람들의 가장 큰 이상이다. 그러나 절대로 모든 이익을 독점하려고 해서는 안 된다는 것을 기억하자. 협상에서 조금의 양보도 하지 않고 상대방에게 손톱만큼의 이득도 주지 않기란 불가능하다. 미리 고려해둔 합리적인 범위 내에서 작은 것으로 큰 것을 얻어내는 것이 최선의 선택이다. 즉, 상대방의 마음이 움직일 만한 이점을 줘야 한다. 협상에는 100퍼센트의 실패는 있어도 100퍼센트의 승리란 없기 때문이다.

더 높은 협상 목표를 가져야
더 많은 열매를 맺는다

경험 있는 유태 상인은 협상 준비 단계에서 적합한 협상 목표를 세운다. 목표를 세워야 자신이 기대하는 결과를 쉽게 이루기 때문이다. 협상 목표를 확고히 다지려면 협상 전에 거래 목표와 관련된 기술, 가격 자료에 대한 준비를 마쳐야 한다. 동시에 상대방의 태도와 가능한 발전 추세도 잘 파악하고 있어야 한다. 이 때문에 유태인은 준비 단계에서 확정한 목표를 협상 전체의 승패를 가르는 관건으로 여긴다. 협상 테이블에 앉기 전에 반드시 해야 함에도 당신이 하지 않았던 그 일들이 협상에서 당신의 모습을 결정해버리는 것이다.

두 협상 전문가가 다음과 같은 흥미로운 실험을 해보았다고 한다. 그들은 협상을 진행하고 있는 두 사람 사이에 울타리를 하나 쳐서 서로가 상대방을 볼 수 없게, 상대방이 하는 말도 들을 수 없게 만들었다. 그래서 이 두 협상 당사자는 종이쪽지를 주고받으며 팔려는 측의 판매가와 사려는 측이 내세운 가격을 전할 수밖에 없었다. 의사소통 과정에서 쌍방이 얻은 정보는 완전히 동일한 것이었다. 그러나 한쪽은 10달러로 거래를 성사시킬 수 있을 것이라는 이야기를 들었고, 다른 한쪽은 5달러로 거래를 성사시킬 수 있을 것이라는 이야기를 들은 상태였다. 그 결과 과연 10달러로 거래가 성사되기를 바랐던 측이 그

뜻을 이루게 되었다. 5달러로 거래를 성사시키고자 했던 측도 예상했던 것과 별로 큰 차이 없이 거래를 이룰 수 있었다.

어느 유태인도 이를 시험해보았다. 그러나 상황이 좀 달랐다. 앞의 두 협상 전문가가 선택한 대상은 학생이었고, 이 유태인이 선택한 대상은 전문가였다. 앞의 두 협상 전문가는 협상 당사자 둘의 의사소통을 제한했지만 이 유태인은 오히려 협상 당사자 둘이 직접 접촉하게 만들었다. 또 앞의 두 협상 전문가는 협상에 대한 기대치를 제공해 협상 당사자들이 참고하게 했지만 유태인은 협상 당사자들이 알아서 진행하게 했다. 그 결과, 이 유태인의 실험은 기대치가 높은 사람은 비교적 높은 가격으로 거래를 성사시키는 반면, 기대치가 낮은 사람의 경우 자연히 거래 성사 가격도 낮아진다는 것을 증명했다.

일상생활에서도 목표를 세우고 그 목표를 수정하는 행동들을 통해 목표를 세운 당사자들이 실제 협상 중에서 어떤 반응을 보이게 될지를 엿볼 수 있다. 사람들은 늘 자기 자신을 위해 계획을 수정하면서도 사실상 이에 대해 무지한 편이다.

최근 칼의 냉장고에 문제가 생겼다. 그런데 듣자니 이런 문제는 고치기 어렵다고 했다. 그래서 그는 냉장고를 새로 구입하기로 결정하고 통장에 남아 있는 돈 600달러를 찾았다. 냉장고 한 대를 새로 사기 위해 그가 꺼낼 수 있었던 돈은 600달러뿐이었다. 600달러를 제외하고 주머니 속에 들어 있는 것은 성냥 한 갑과 펜 한 자루, 그리고 동전 8센트가 전부였다. 이것저것 골라본 후, 한 상점에 간 그는 가격이 589

달러 96센트인 냉장고 한 대를 바라보았다. 스타일이며 색상이며 그는 이 냉장고가 마음에 들었다. 그곳은 정찰제를 시행하는 상점이어서 가격 흥정이 되지 않았다. 칼은 수중에 있는 600달러로 마음에 드는 이 냉장고를 샀다. 그는 자신의 목표에 도달한 것이다. 사전에 이미 자신을 위해 목표를 세웠으니까 말이다.

유태인들은 참여할 단체를 선택하거나 거주할 주택가를 고를 때 또는 앞으로 다닐 교회를 택할 때도 현재 상황에 정확하게 맞춰서 목표를 세운다. 기업가도 마찬가지다. 그들은 친구, 비서, 어시스턴트에게 자신의 목표를 설명해줄 때도 끊임없는 피드백에 근거해 점차 목표를 상향 조정하거나 하향 조정해 나간다. 유태인은 개인의 기대치가 그가 이루기 원하는 목표를 반영한다고 본다. 바꿔 말하면 개인의 기대치는 자기 자신에 대한 일종의 기대인 것이다. 기대는 단순한 희망에 그치지 않는다. 그 속에는 자아의 상을 드러내는 명확한 의도가 들어 있다. 만일 제대로 해내지 못을 경우 자신의 자아상은 곧바로 손상받는다.

목표를 설정한 후, 그는 마치 판돈을 거는 도박꾼처럼 자신의 소득, 대가 그리고 승패 사이에서 가능한 한 일정한 평형을 유지한다. 사실 승패, 대가 그리고 소득이라는 이 세 가지 중에서 백전백승의 기반을 찾아낸다는 것은 결코 쉬운 일이 아니다. 그래서 사람들은 과거 경험을 바탕으로 해서 이를 자신의 출발점으로 삼을 수밖에 없다. 승패는 기대치에 영향을 미친다. 사람들은 자신의 능력과 능력 발휘를 근거로 기대치의 높낮이를 결정한다. 이 룰렛에는 개인의 가장 소중한 자본, 바로 자존심이 포함되어 있기 때문이다.

　유태인에게 협상이란 끊임없이 피드백을 찾아 상대와 오고가는 과정이다. 사는 쪽과 파는 쪽 모두 각기 자신의 목표를 갖고 피드백을 추구한다. 그리고 피드백 속의 모든 요구, 양보, 위협, 연기, 최후 기한, 권한, 심지어는 좋은 사람, 나쁜 사람에 대한 평가가 모두 일정한 정도로 쌍방의 기대치에 영향을 미친다. 어떤 말 한 마디, 어떤 보잘것없는 외부 요인이라도 모두 '가격'의 기복을 좌우하는 결정적인 요소로 돌변할 수 있다.

　그래서 현명한 유태인은 협상 과정 중 자신에게 높은 목표를 세운다. 그러나 기대가 높으면 높을수록 실망할 기회도 많아지기 때문에 그에 따른 위험은 피할 수 없다. '매매 거래'는 당연히 뛰어난 판단력에 따라 치밀한 평가를 세워서 진행해야 한다. 평가를 할 때는 반드시 목표를 조금 더 높게 세우도록 하자. 비록 높은 목표가 당신에게 어느 정도의 위험을 가져다준다고 해도.

초펠이란 유태인의 협상 사례

유태인은 비즈니스 협상에서 협상 전체를 총괄하는 데 뛰어나다. 여기서는 초펠이라는 유태인의 협상 사례를 통해 유태인들이 협상 전체를 어떻게 장악하는지 이야기해보자.

첫째, 상대방에 대한 각종 정보를 가능한 많이 수집한다.

네덜란드에서 가전제품을 팔던 초펠은 일본의 한 시계 도매상인 산요(Sanyo)에서 시계를 한 무더기 수입할 생각이었다. 협상 2주 전, 초펠은 일본 법률에 능통한 일본인 변호사를 선임해 자신의 협상 고문으로 앉혔고 그 변호사에게 산요에 관련된 정보를 미리 수집해 달라고 요청했다.

조사 작업을 통해 일본인 변호사는 꽤나 가치 있는 정보들을 모을 수 있었다. 그 정보들 중에는 산요의 악화된 재무 상황, 이번에 거래할 여행용 시계와 침대맡 시계는 대만과 다른 일본 제조업체에 하청을 줘서 만들었다는 점, 가족형 기업에 속하는 산요는 현재 2세 경영자가 경영하고 있다는 것, 현 사장은 진중하고 성실한 스타일로 신용도 괜찮고 명예도 얻은 사람이라는 점, 가격의 기복이 비교적 크다는 것 등이 포함되어 있었다.

많지는 않지만 아주 중요한 알짜배기 정보들이었다. 그 중에서도 이 상품이 대만에서 생산된 것이라는 정보가 아주 중요했는데, 이런 정보를 얻었다는 것은 협상에서 으뜸 패를 손에 쥔 것이나 다름없었다.

일본에 도착한 후, 초펠은 일본인 변호사와 의논하여 상품의 단가, 지불 조건을 정했고 기타 세부 사항은 초펠이 협상 현장에서 상황을 봐가며 판단하기로 결정했다. 이어서 일본인 변호사는 초펠이 네덜란드에서 데려온 다른 변호사와 함께 일본과 네덜란드 법률의 차이를 연구했다.

둘째, 상대의 정곡을 찌르는 함정을 판다.

협상 시작을 앞두고 산요는 계약서 초안을 잡았다. 초펠과 두 명의 변호사는 상의 끝에 이 계약서를 놓고 협상 전략을 짜기로 결정했다.

산요가 내놓은 계약서 초안 속의 한 조항은 앞으로 양측 사이에 분쟁이 일어날 시의 중재 문제에 관한 것이었다. 산요는 오사카에서 중재를 진행해 분쟁을 해결하자고 제의했다. 당시의 법률 환경 아래서는 중재를 어느 나라에서 진행하든 그 결과는 어느 국가에서고 효력을 갖게 되어 있었다. 그러나 판결은 달랐다. 각국의 법률이 다르기 때문에 그 판결 결과도 그 나라에서만 적용될 수 있었다는 점을 여기서 짚고 넘어갈 필요가 있다. 다시 말해서, 일본 법원의 판결은 네덜란드에서는 휴지조각에 불과했고, 네덜란드 법원의 판결도 일본에서는 마찬가지로 휴지조각일 뿐이었다.

중재의 질 문제에 대해 초펠은 다음과 같은 주장을 폈다.

"우리 모두 중재가 얼마나 번거로운 일인지 알고 있고 양측 다 중재에 휘말려들기를 원하지 않습니다. 그러나 만에 하나 일어날 수 있는 일을 방지하기 위해 일본 법원에 판결을 청하는 것도 무방할 것입니다."

여기서 독자 여러분들도 분명히 초펠의 함정과 전략을 눈치 챘을 것이다. 쌍방 사이에서 일단 분쟁이 일어나면 일본 법원의 판결은 네덜란드에서는 휴지조각에 불과하게 된다. 설사 소송에서 이긴다 해도 네덜란드에서는 근본적으로 이를 집행할 수가 없게 되는 것이다.

이렇게 되면 장래에 정말 분쟁이 일어난다 해도 초펠은 아예 법정에 출두할 필요도 없게 되고 소송비도 아낄 수 있게 된다. 만약 이 제안이 통과되면 초펠은 자연스레 우위를 점하게 되는 것이었다.

셋째, 협상의 진행을 잘 통제한다.

협상이 시작되고 초펠이 먼저 발언을 했다.

"과거 많은 나라를 가보기는 했지만 이렇게 아름다운 일본에 오니 기쁨이 더합니다. 귀사 상품의 질이 믿을 만하고 발전 잠재력도 있으니 유럽 시장을 개척할 수 있다면 양측 모두에게 좋은 일이 될 것입니다. 귀사와 협력할 수 있게 되기를 진심으로 희망합니다."

이 말을 들은 일본인들은 기분이 좋았다. 그렇지만 사실 이는 초펠이 협상 단계를 교묘하게 통제하는 데 없어서는 안 될 수단이었다.

이어진 협상은 자연히 아주 순조롭게 진행되었다. 시계의 종류, 대리점 지역, 협력 기한 등의 사항에서 큰 의견 차이가 거의 없었다. 이야말로 초펠이 희망했던 것이었다. 이렇게 사소한 문제들부터 먼저 꺼내 협상을 한 데는 초펠 나름의 이유가 있기도 했다. 우선 쉬운 문제부터 손을 대는 것이 바로 협상의 기본 기술 중 하나다.

넷째, 작은 것은 과감하게 버리고 큰 것을 지킨다.

협상은 이후 사소한 문제를 두고 곡절을 겪게 되었다. 산요측은 조금도 양보하지 않았고 초펠도 마찬가지였다. 이는 사실상 이후의 가격 흥정을 염두에 둔 것이었다. 이 부분에서 양보를 하지 않았으니 상대가 다른 부분에서도 양보를 하지 않을 수는 없었다.

만약 협상을 시작하자마자 가격 흥정 문제를 담판지었다면 초펠은 상대방을 견제할 패를 하나 잃었을 것이다.

과연 예상에 빗나가지 않게 산요측은 강경한 태도를 보였다. 산요는 근본적으로 양보할 뜻이 없었고 결국 양측은 오래도록 양보 없이 맞서게 되었다. 산요의 방식은 전형적인 일본 스타일이었다. 덮어놓고 양보는 하지 않으면서 그렇다고 해결 방법을 내놓지도 않고 상대가 새로운 방안을 내놓아도 고개만 흔들며 거절하는 일본 스타일.

초펠은 어쩔 수 없이 어깨만 가까스로 으쓱거리며 이번에 만만치 않은 강적을 만났다는 말로 일본측의 비위를 맞췄다. 그러더니 갑자기 이렇게 말머리를 돌렸다.

"저는 엄청난 에너지를 쏟아 부은 중재 방식을 그다지 좋아하지 않습니다. 일본 법원이 매우 공정하다고 알고 있으니 만약 앞으로 분쟁이 있을 경우 일본 법원에 판결을 청했으면 합니다."

일본측은 시원스레 이를 받아들였다. 그러나 이것이 바로 초펠의 함정이었다. 그런데도 일본측이 이렇게 호쾌하게 이를 받아들인 것은 우선 산요가 관련 법률에 어두워 일본에서 소송을 하는 것이 자신들에게 유리할 것이라고 착각했기 때문이었다. 둘째는 늘 고개만 가로 젓는 것이 미안해서였을 것이다.

상대가 이미 함정에 빠졌으니 초펠의 큰 계획은 기본적으로 완성된 셈이었다. 그래서 초펠은 앞의 사소한 일들에 대해서 절충안을 내놓았고 산요는 이에 흔쾌히 동의했다.

표면적으로 이 협상에서 초펠은 계속 양보를 하며 수동적으로 나갔지만 그래도 협상에 대한 성의를 보여주었다. 그러나 사실상 일련의 속임수 속에는 예리한 비장의 무기가 숨겨져 있었고 상대방은 마침내 이 함정에 빠지고 말았다.

다섯째, 상대방의 숨통을 틀어쥐고, 상황을 제대로 파악해, 이치에 따라 움직인다.

마지막 문제는 바로 가격 문제였다. 처음에 일본이 내건 가격은 단가 2,000엔이었고 초펠이 내건 가격은 1,600엔이었다. 후일 일본측은 1,900엔으로 가격을 낮췄고 초펠은 1,650원으로 가격을 높였다. 그렇지만 협상은 또 한 차례 교착 상태에 빠져들었다.

이 때문에 초펠은 갖가지 방안을 내놓아보았다. 원래 4월까지 물건을 주문하고 돈을 지불하기로 했던 것을 먼저 계약금을 일정액 지불하는 것으로 바꾸거나 매년 최저 구매량을 1억 5,000만 엔으로까지 늘리는 것, 혹은 총판매수익의 2퍼센트를 광고비로 쓰자는 방안 등등이 그것이었다. 그렇지만 산요는 변함없이 강경한 태도를 고수하며 1,900

엔 이하의 가격은 절대 고려할 수 없다고 고집을 부렸다. 협상은 잠시 중단될 수밖에 없었다.

협상이 다시 시작되고 초펠이 먼저 발언을 했다.

"24개 조항을 포함하고 있는 이 계약서는 양측이 반년의 시간을 쏟아 부어 기초한 것입니다. 또한 요 며칠 동안 흥정을 통해 쌍방이 대부분 합의에 이르는 결과를 얻어내었습니다. 고작 단가 몇 백 엔의 차이 때문에 지금까지 노력한 것이 도루아미타불이 된다면 이는 너무나 안타까운 일입니다. 가격이 높으면 판매량이 떨어지고 가격이 낮으면 판매량은 자연 올라간다는 것은 모두들 아실 것입니다. 그러나 우리의 이익은 일치합니다. 그런데 어째서 양측이 모두 받아들일 수 있는 적정 가격을 찾아낼 수 없는 것일까요?"

이 말을 마친 초펠은 아주 부드럽게 이미 준비해두었던 최후의 수단을 꺼내들었다.

"우리 쪽에서 보면 새로운 시장에 진출하는 위험이 상당히 큽니다. 게다가 유럽 사람들에게 귀사의 상품은 낯설기 그지없습니다. 우리가 경쟁 상대를 무너뜨리리라는 자신도 많지 않습니다. 여러분 모두 며칠간의 협상을 통해 귀사와의 협력에 대한 저희의 성의를 보셨습니다. 그렇지만 귀사에서 내건 단가가 너무나 높습니다. 저희가 내건 가격에 따르면 분명히 대만이나 홍콩에서 똑같은 품질의 상품을 살 수 있을 것입니다. 물론 저도 다른 곳에 가서 물건을 사들이고 싶지는 않지만 적어도 다른 지역보다 이렇게나 많은 돈을 주고 귀사에서 물건을 구입할 수는 없습니다."

'감정'과 '이해관계'를 수단으로 한 이 완곡한 말에는 설득력이 있었고 만약 상대방이 응답하지 않으면 다른 제조업체와 협력하겠다는 위협의 뜻이 내포되어 있었다. 일본측이 신중하게 고려할 수밖에 없었다.

여섯째, 협상을 고의로 결렬시키고 최후통첩을 보낸다.

"저희 쪽에서 다시 한 번 큰 양보를 하겠습니다. 1,720엔입니다. 저희 쪽은 가격상 이미 이 계약을 마무리지었습니다. 이제 공은 귀사로 넘어갔습니다. 저희들은 먼저 숙소로 돌아가서 귀국 준비를 하겠습니다. 진지하게 고려해주십시오. 2시간 후에 좋은 소식이 있길 기다리겠습니다."

말을 마친 후, 초펠과 두 명의 변호사가 일어났다. 그러자 일본측 사장은 서둘러 상황을 원만히 수습하며 어찌 그리 급하게 구느냐고 만류했다. 그렇지만 초펠은 미소를 띤 얼굴과 확고부동한 태도로 완곡하게 이를 거절했다.

초펠은 지금까지 쌓은 공든 탑을 아낌없이 내던지는 도박을 건 것이었다. 사실 이 또한 협상의 기본적인 기교다. 초펠은 대치 형국을 타개하기 위해 귀국이라는 이름으로 '최후통첩'을 보낸 것이었다. 당연히 산요측이 동의할 것인지 여부는 산요에 달려 있었으니 무슨 위협도 아니었다. 그러나 초펠의 말은 절대 양보하지 않겠다는 그의 뜻을 드러냈고 이는 상대방에게 압력을 주었다. 만약 OK하지 않으면 협상은 결렬되니 강제로 양보를 해야 했다. 결과적으로 일본측은 과연 함정에 걸려들었다. 2시간 후, 산요의 상무가 말했다.

"기본적으로 선생이 내거신 가격을 받아들이겠습니다. 그렇지만 조금만 더 높여주실 수는 없겠습니까?"

초펠은 한동안 침묵을 지키다가 계산기를 꺼내 두드려보았다. 그러더니 계약서를 가져와 앞서 적었던 1,720엔을 1,740엔으로 고치고는 웃으면서 말했다.

"이 20엔은 제가 귀사에 드리는 특혜로 치지요."

계약서에 서명한 이후 3년 동안, 양측의 거래는 아주 순조로운 듯했다. 그런데 미국의 S사가 산요의 제품이 자신들의 제품과 너무나 유사하다는 주장을 펴면서 갑자기 생각지도 못했던 분쟁이 터지고 말았다. 이에 초펠은 재빨리 변호사를 파견해 조사에 나섰다.

원래 산요는 S사의 시계를 제조했던 경험이 있었다. 초펠이 사간 상품이 바로 S사의 시계를 원본으로 해서 수정을 거쳐 만들어낸 제품이었으니 당연히 너무나 닮았을 수밖에 없었다. 그래서 S사는 초펠에 즉각 판매 중지를 요구하는 한편 10만 달러의 배상금을 요구해왔다. 그러나 산요는 이 일에 대해 아주 소극적으로 나왔다. 4개월을 질질 끌며 명확한 대답을 하지 않았다. 초펠은 시계 판매를 중단할 수밖에 없었고 S사에는 산요측과 직접 협의해 이 일을 처리하라는 답변을 보냈다.

이 사건의 문제는 당연히 산요였다. 그렇지만 산요의 태도 때문에 초펠은 산요에 지급해야 할 2억 엔을 지불하지 않고 질질 끌며 지불을 거부했다.

그러자 기세가 등등해진 산요가 초펠을 찾아왔다. 그들은 시계 디자인 도용과 지불 연기는 상관없는 일이라고 생각했다. 쌍방은 한동안 이 일로 옥신각신했지만 실질적인 진전은 없었다. 그러던 어느 날, 산요측에서 초펠에게 전화를 해서는 오사카 법원에 소송을 걸겠다고 알려왔다. 초펠의 일본 변호사는 회심의 미소를 지었다.

이때도 산요측은 계약서 속의 진의를 깨닫지 못하고 있었다. 얼마 지나지 않아 산요측은 변호사 한 명을 데리고 초펠의 일본인 변호사의 사무실을 찾아가 네덜란드에 가서 소송을 걸겠다고 큰소리쳤다. 그러나 초펠의 변호사는 침착하게 말했다.

"계약서상에 오사카 법원을 유일한 판결처로 규정해 놓았기 때문에 네덜란드에 가신다 해도 아마 네덜란드 법원이 받아들이지 않을 것입니다."

산요의 사장은 허둥거리며 자신의 변호사를 바라보았다. 그의 변호사는 솔직하게 확실히 그렇게 되어 있다고 말했다. 그로부터 3개월이 지났지만 법원 쪽에는 어떤 동정도 보이지 않았다. 그제야 산요의 사장은 초펠의 함정을 깨달았다. 그러나 산요의 사장은 낙담하지 않았다. 그가 법에 호소하기만 하면 분명히 자신에게 유리할 것이라고 생각하고 있을 즈음, 초펠의 변호사가 최후의 카드를 꺼냈다.

"사장님, 아마 사장님께서도 분명히 알고 계실 것입니다. 네덜란드에 얼마나 많은 '가죽가방 회사'가 있는지 말입니다. 이런 회사들은 모두 사장의 가죽가방 속에 들어 있습니다. 실제 자산이 없는 것이죠. 초펠의 회사도 그런 회사입니다. 회사의 돈이 어디 있는지 아는 사람은 초펠 씨뿐입니다. 혹시 스위스 은행에 있을지도……."

이 말은 산요 사장을 무너뜨렸다. 이제 초펠의 말을 듣는 수밖에 다른 방법이 없었다. 결국 양측은 초펠이 밀린 대금 중에서 4,000만 엔을 지불하고 나머지 1억 6,000만 엔은 배상금으로 쓰기로 상의해 결정했다. 초펠의 절대적인 승리였다. 3년 전에 파놓았던 함정이 결국 효과를 보았던 것이다.

이 협상 사례 속에서 협상 전 과정을 유태인 초펠은 흠 잡을 데 없이 완전무결하게 장악하고 있다. 성공적인 비즈니스 협상은 협상 당사자에게 많은 것을 요구한다. 그래서 협상에 관련된 협상 기교도 많다. 전체적으로 말해 현명한 협상 당사자는 큰 문제에서 착안해서 작은 문제부터 풀어간다. '큰 것'을 손에 넣기 위해 '작은 것'은 아낌없이 버리고 이를 통해 협상 전체를 장악하는 것이다.

5

유태인의 유일한 재산은 지혜

"다른 사람들이 1+1=2라고 할 때, 2보다 더 큰 숫자를 생각하라."

유태 속담

워렌 버핏이 굴린 돈 눈덩이

워렌 버핏은 현재 세계에서 그리고 인류 역사상 가장 위대한 증권투자가다. 1956년 100달러로 시작한 그는 지금까지 160억 달러가 넘는 개인 재산을 모은 '세계적인 투자의 귀재'다.

「뉴욕타임스」는 전 세계 최고의 펀드매니저 10명 중 워렌 버핏을 최고로 꼽았다. 「포춘」이 평가한 '세계 8대 투자 귀재' 중에서도 워렌 버핏은 1위로 뽑혔다. '제일' '유일무이'란 타이틀을 수도 없이 많이 갖고 있는 워렌 버핏은 10억 달러 이상의 자산을 갖고 있는 갑부들 중에서는 유일하게 증권 시장에서 돈을 모은 사람이다. 그가 혼자서 세우고 회사의 회장과 최고경영자를 모두 맡고 있는 버크셔 헤더웨이(Berkshire Hathaway) 사는 1996년 현재 미국에서 가장 명성을 떨치는 10대 기업 중 하나이며, 금융기업으로는 유일하게 톱10 리스트에 오른 회사다.

증권거래인의 아들이었던 워렌 버핏은 어려서부터 돈 버는 데는 일가견이 있었다. 그의 친구의 말에 따르면 버핏은 다섯 살 때 오마하의 자기 집 앞 인도에 노점을 펴놓고 지나가는 행인들에게 껌을 팔았다고 한다. 그러다가 나중에는 조용한 자기 집 앞 인도에서 행인이 더 많은 친구 집 앞으로 이동해 레몬주스를 팔기도 했다. 그 친구의 말을 빌리면 버핏은 단순히 용돈을 벌고 싶었던 것이 아니라 재산을 모으고 싶었던 것이었다. 버핏은 초등학교에 다닐 무렵 35살이 되기 전에 갑부가 되겠다고 선언했을 정도였다.

그는 오마하의 골프장에서 중고로 내다 팔 수 있는 골프공을 모은 적도 있었다. 또 한 번은 친구와 함께 오마하의 경마장에 가서 다른 사람들이 아무 생각 없이 떨어뜨린 당첨권을 줍기도 했고 할아버지의 잡화점에서 사이다를 대량 주문해서는 여름밤에 한 집, 한 집 돌아가며 팔아본 적도 있었다. 청소년 시기 버핏은 신문 배달 일을 했는데 매일 아침 500부의 신문을 돌려 월수입 175달러(수많은 성인 정직원들도 이렇게 많이 벌지는 못했다)를 벌어들였다. 그는 매달 이렇게 번 급여를 그 봉투를 뜯지도 않고 그대로 저축했다. 가장 좋아하는 책, 「1,000달러를 버는 1,000가지 방법(A Thousand ways to make $1,000)」에 머리를 파묻어 가며 열심히 읽고 또 읽던 소년이 바로 버핏이었다.

다른 아이들이 모형 비행기에 빠져들 때, 어린 버핏은 주식에 빠져들었다. 주가를 도표로 만들어 시세의 등락 추세를 관찰하던 그는 11살 때 처음으로 주식을 사게 된다. 한 주당 38달러하는 '시티 서비스' 주식을 3주 매입한 것이었다. 그러고는 주당 40달러까지 올랐을 때 이를 팔아치웠는데 수수료를 제한 순수익이 5달러였다고 한다. 이 5달러는 그가 주식 시장에서 처음으로 벌어들인 돈이었다. 14살 무렵, 버핏은 저축해두었던 1,200달러로 16만 평방미터에 달하는 농지를 사들여서 한 농부에게 임대해 주었다. 21살이 된 그는 각종 투자를 통해 9,800달러의 돈을 모으게 된다. 이후 그가 벌어들인 모든 돈이 대부분이 종자돈에서 비롯된 것이었다.

어려서부터 주식을 시작한 버핏은 비록 큰 수익을 올리지는 못했지만 책에서는 배울 수 없는 것들을 배우게 되었다. 그는 주식에서 얻은 교훈을 한 마디로 이렇게 정리한다.

"시기를 포착해내는 것이 물론 중요하기는 하지만 더 중요한 것은 시기를 움켜쥐는 것이다."

어린 소년 시절부터 경마 구경을 좋아했던 그는 경마에 돈을 거는 것도 즐겼다. 물론 그 당시 그는 걸만한 돈도 얼마 없었지만 말이다. 경마를 보는 데도 일가견이 있었던 버핏은 12살 때 경마 정보지를 만들었는데 이 정보지가 불티나게 팔리기도 했었다. 그러나 그 정보지의 독자들은 이 정보지를 만든 것이 초등학생이라는 사실은 결코 알지 못했다. 이렇게 해서 13세의 버핏은 그때 벌써 '자격을 갖춘' 납세인이 되었다.

15세가 된 버핏은 찬스를 낚아채는 비즈니스적 재능을 더 확실히 드러내기 시작했다. 당시 그는 같은 반 친구와 함께 25달러를 모아 '핀볼 게임기'를 사들이고는 이 게임기를 이발소에 설치했다. 이발을 하러 온 사람들은 기다리는 동안에 심심풀이로 동전 몇 닢을 걸고 게임을 하곤 했다. 버핏과 그의 파트너였던 같은 반 친구는 이렇게 해서 매주 이 중고 핀볼 게임기로 50달러의 수입을 올릴 수 있었다.

대학을 졸업한 후, 한동안 교사로 재직하던 버핏은 약간의 돈을 모아 친구와 함께 투자회사를 차려 소규모 매매를 시작했다.

버핏은 사람들을 가르치면서 또 자신이 직접 실행에 옮겨보면서 그만의 '가치투자학'을 만들어냈다. 가치투자학의 첫째는 시장에서 저평가된 주식을 찾는다는 것이고, 둘째는 이렇게 저평가된 주식을 사들이는 것, 그리고 셋째는 이 주식의 가격이 어느 정도 수준으로 올라가고 난 후에야 팔아치운다는 것이다.

찬스를 잡을 줄 알았던 버핏 덕분에 그의 회사는 빠르게 발전해 나갔다. 1969년 회사의 순자산은 이미 그해 회사가 투자한 액수의 수십 배에 달했고, 버핏 자신도 2,500만 달러를 벌어들였다. 그리고 그해부터 버핏은 독자 경영에 들어갔다.

당시 매사추세츠의 버크셔 헤더웨이라는 방직 회사가 파산을 앞두고 경매에 넘어간 것을 알게 된 버핏은 이 회사를 바로 사들였다. 그러고는 이 회사의 방직 설비들을 팔아 치우고 회사 이름만 남겨둔 채 투자 업무를 시작했다. 그는 은행, 가구, 보석, 사탕 심지어는 출판업에까지 손을 대기 시작했다.

1973년, 버핏은 1,000만 달러에 「워싱턴포스트」의 주식을 사들였고, 이어서 4,500만 달러를 들여 연방정부 공무원에게 보험을 판매할 목적으로 설립된 제이코(GEICO) 보험을 사들였다. 그리고 1985년에는 5억 달러로 ABBC(Abington Community Bancorp Inc.)의 시티 서비스 사의 주식을 모두 사들였다. 1987년, 그는 살로만(Saloman) 증권사에 7억 달러를 투자했고 곧 이어서 코카콜라의 주식을 10억 달러어치 사들였다.

버핏이 시기를 연이어 포착하면서 그의 재산도 불어났다. 주당 2달러에 지나지 않았던 헤더웨이의 주가는 현재 8,600달러에 달한다.

그의 성공 여정 속에는 매 단계마다 시기를 잘 잡는 버핏의 수완이 그대로 드러나 있다. 버핏이 관리를 잘했다기보다는 시기를 기가 막히게 잘 잡았다고 말하는 것이 옳을 것이다.

재물의 진정한 주인은 언제나 큰일에서 착안해 작고 구체적인 일부터 시작하는 사람들이다. 그들은 돈 벌 기회라면 어떤 작은 기회도 놓치지 않는다. 벌어들인 돈을 자본 시장에 투입해서 그 돈을 지속적으로 불린다. 그 돈이 '엄청난 눈덩이'로 불어날 때까지 말이다.

용접제 한 방울로 년간 5억 달러의 비용을 절감한 록펠러

시장경제 속에서 어느 회사의 제품이 경쟁력을 가지려면 최고의 품질은 물론 가격도 낮아야 한다. 흔히 말하는 '값싸고 좋은 물건'이 이런 물건이다. 이런 물건을 만들려면 반드시 제품 원가와 회사의 생산비를 낮춰야 한다. 원가를 낮춰야 같은 종류의 상품들보다 낮은 가격으로 상품을 팔 수 있고 이렇게 팔면서도 이윤이 떨어지지 않게 보장할 수 있다. 그리고 이렇게 해야 회사와 고객이 모두 이득을 보게 된다. 원가를 통제하는 데서 그 '인색'한 본성을 어김없이 드러내는 사람들이 또 이 유태인이다.

대갑부였던 록펠러는 엄청난 '구두쇠'였다. 그는 항상 자신의 석유회사의 각 부문을 돌아다니며 이곳저곳을 관찰했고, 나중에 실행에 옮기기 위해 늘 주머니에서 노트를 꺼내 사소한 절약 방법까지도 기록했다.

"자네의 3월 재고품 명세서상의 통 마개는 1만 750개로 되어 있네. 그런데 4월 보고서상에는 2만 개를 사들여 2만 4,000개를 사용하고 6,000개가 남아 있는 것으로 되어 있군. 그렇다면 나머지 750개는 어디로 간 건가?"

이는 록펠러가 부하 직원에게 했던 질문이었다.

젊은 시절, 처음 석유회사에 들어갔을 당시의 록펠러는 학력도 짧고 기술도 없었다. 그런 탓에 그는 석유통 마개의 자동 용접이 제대로 되었는지를 검사하는 파트로 보내졌는데, 이 일은 회사에서 가장 간단하고 따분한 일이었다. 사람들이 농담 삼아 세 살 먹은 어린아이도 할 수 있는 일이라고 말하곤 했을 정도였으니 말이다.

록펠러는 매일같이 자동으로 떨어지는 용접액이 통 마개를 한 바퀴 도는지를 살펴보았고 용접이 끝난 통 마개가 컨베이어 벨트에 의해 잘 옮겨지는지를 지켜보았다.

보름이 지나자 참기가 힘들었던 록펠러는 주임을 찾아가 다른 일로 바꾸어 달라고 요청했지만 이내 거절당하고 말았다. 그렇다고 뾰족한 수도 없었던 록펠러는 다시 용접기 옆으로 갈 수밖에 없었다. 그러나 자리로 돌아간 그는 어차피 더 좋은 자리로 옮길 수 없다면 이 일을 잘 해낸 다음에 다시 생각해보자고 마음먹었다.

그래서 록펠러는 통 마개로 떨어지는 용접액의 양을 열심히 관찰하고 자세히 연구해보았다. 이런 연구 끝에 그는 마개 하나를 용접하려면 용접액 39방울이 필요하다는 것을 알게 되었다. 그런데 세밀하게 계산을 해보니 실제로는 38방울만 있으면 마개를 완전히 용접할 수 있을 것이라는 결론을 내리게 되었다.

테스트와 실험을 반복한 끝에 그는 결국 '38방울 형' 용접기를 개발해냈다. 이렇게 해서 이 용접기로 마개 하나당 사용되는 용접제 양을 원래보다 한 방울 정도 절약할 수 있게 되었다. 그러나 이 단 한 방울의 용접제 절약으로 회사는 1년 새 5억 달러에 달하는 비용을 절감할 수 있었다.

이 때문에 그는 나이가 들어서도 누군가 이런 절약 방법들을 생각해내면 언제나 자랑스럽게 웃으며 이렇게 말했다.

"우리는 이렇게 큰돈을 절약해냈지요. 큰돈을 말입니다!"

모빌 사가 소규모의 정유공장에서 세계에서 제일가는 큰 석유회사로 발전할 수 있었던 것은 록펠러의 치밀한 계산 덕이었다고 하지 않을 수 없다.

물론 회사의 규모가 커지면서 사장인 록펠러는 더 이상 이렇게 모든 일을 자세하게 계산할 수 없었고 또 그럴 필요도 없었다. 그러나 그는 작은 행동들을 통해서 아랫사람들의 본보기가 되어 주었고 그들이 일상 업무에 매달릴 때에도 절약하는 습관을 기르게 했다. 모빌 사의 원가가 동종 업계의 다른 회사 중에서도 가장 낮았던 것은 이 때문이었다. 모빌 사는 이렇게 원가를 낮춰서 경쟁자를 무너뜨릴 조건을 마련했다.

록펠러가 이렇게 소소한 일의 계산에만 치밀했던 것이 아니었다. 치밀한 계산은 조직을 관리하는 데도 필요했다. 록펠러식 관리에는 아주 뚜렷한 특징이 하나 있었다. 새로운 목표를 향해 나가는 데 정신을 쏟지 않고 권력의 조직과 배치에 온 힘을 쏟았다는 것이 그것이었다. 그는 아주 열정적으로 흥미를 갖고 '합병과 집중'에 매달렸다. 목적을 갖고 조직을 안배하고 모든 사람을 적절한 자리에 배치하는 것, 적절한 연합의 구축, 무너질 만한 적수를 공격해 가장 유리한 시기에 놀라운 기술 혁신 항목들을 모두 사들이는 것이 그의 특징이었다. 석유 기술 방면에 큰 공헌을 한 록펠러지만, 그것은 그가 권력 운용 방면에서 이바지한 것에 비하면 아무것도 아니었다. 그러나 그가 사용한 것은 가장 간편하고 가장 돈이 적게 들어가는 방법이었고 이는 원가를 낮추는 데 도움이 되었다.

1978년, 아메리카 시코스트(US Seacoast) 사가 철도회사와 석유 판매 쪽에서 록펠러의 저지를 뚫기 위해 석유 채굴지에서 해변까지 110마일에 달하는 석유수송관을 건설했다. 록펠러는 이 석유수송관의 노선을 차단하기 위해 대리인을 시켜 가능한 한 많은 철도 부설권을 사들이고 노동자들을 위협했다. 심지어 이 석유수송관을 파괴하려는 음모까지 꾸몄지만 아메리카 시코스트는 이 석유송유관 건설 공사를 성공적으로 마칠 수 있었다. 모빌 사의 이런 수법이 성공을 거두지 못하자, 모빌측의 변호사 존 아치볼드(John Archibald)는 뇌물을 써서 아메리카 시코스트에 침투했고 주주들의 분규와 기타 문제들을 이용해 포위 공격을 진행했다. 이런 공격은 아메리카 시코스트가 모빌에 넘어갈 때까지 계속되었다. 이 일이 있은 후 얼마 지나지 않아 모빌은 아메리카 시코스트의 공사 기술을 베껴 거대한 석유수송관 시스템을 만들어냈다.

여기서 록펠러의 수법이 합법적인 것인지, 상도에 부합하는 것인지는 논외로 하자. 그러나 모빌은 아메리카 시코스트를 손에 넣은 후 거대한 석유수송관 시스템 기술을 얻음으로써 운송 원가를 엄청나게 절약할 수 있었다. 이는 모빌이 직접 거액의 자금을 쏟아 부어 위험을 안고 이 기술을 독립적으로 개발하는 것보다 훨씬 수지타산이 맞는 일이었고 훨씬 덜 위험한 일이었다.

록펠러는 이런 철학을 바탕으로 방대한 모빌 트러스트를 만들어냈다. 모빌 트러스트는 40개 회사에 발을 들여놓았고 그 기구는 미국 각지에 분포되어 있었다. 이는 모빌의 판매 원가를 상당히 절약해주었다. 이 트러스트가 지나치게 방대한데다 이를 저지할 수 있는 사람이 아무도 없었기 때문에 이 회사는 석유 업계를 독점하게 되었다. 이 때문에 모빌은 더 많은 이윤을 얻기 위해 인위적으로 구입 가격을 낮추고 판매 가격을 높일 수 있었다. 물론 바로 이 점 때문에 모빌 트러스트가 반트러스트법에 의해 해체되기는 했지만 말이다.

그렇지만 한 기업이 일정한 규모에 다다르게 되면 규모의 경제라는 우위를 갖추게 되는 것 외에 대외적인 경쟁 능력을 강화할 수 있게 된다. 이렇게 규모가 커지면 규모가 작았을 때보다 원재료를 구입하고 설비를 갖추는 데 필요한 비용이 훨씬 더 적게 든다. 따라서 원가를 낮추겠다는 이 생각은 맞는 것이었다. 단지 록펠러의 경우 도가 좀 지나쳤을 뿐이었다.

기업은 하나의 유기체다. 기업이 정상적인 생산과 판매의 운영을 유지하려면 '돈'이 필요하지 않은 곳이 없다. 다른 각도에서 보면 제품의 원가를 낮추면서도 '치밀하게 계산하는 방법'은 관리자에게는 기업을 다스리는 좋은 처방임이 분명하다. 그리고 사실 이는 흔한 방법이기도 하다. 물론 우리가 여기서 말하는 '치밀한 계산'은 작고 구체적인 일에서 착안하는 것만 뜻하지 않는다. 거시적인 통제와 조작도 포함하고 있다. 단지 여기서는 '작고 구체적인 일에서 착안한다'는 정신이 내포하고 있는 의미를 강조하고 있을 뿐이다.

유태인이 은행에 돈을 맡기지 않는 이유

한 젊은이가 백화점 앞에 서서 풍부하고 다채로운 상품들을 쳐다보느라 줄곧 넋이 나가 있었다. 이런 그의 옆에 잘 차려 입은 유태인 신사 한 명이 시가를 피며 서 있었다. 젊은이가 아주 정중하게 신사에게 말했다.

"피고 계신 시가의 향이 아주 좋네요. 가격이 만만치 않겠지요?"

"한 개비에 2달러짜리입니다."

"괜찮군요. 그런데 하루에 이 시가를 몇 개비 피우십니까?"

"10개비 피웁니다."

"세상에, 그렇게나 많이요! 시가 피우신 지 얼마나 되셨는지요?"

"40년 전부터 이렇게 피웠지요."

"계산해 보셨는지 모르겠지만 만약 선생님께서 담배를 피우지 않으셨다면 그 돈을 절약해서 이 백화점을 사고도 남았을 겁니다."

"그렇게 말씀하시는 선생은 담배 피우지 않으십니까?"

"예, 저는 피우지 않습니다."

"그럼, 이런 백화점을 사셨나요?"

"아니요."

"제가 알려드리죠. 이 백화점은 제 것이랍니다."

젊은이는 분명히 똑똑한 사람이었다. 무엇보다도 우선, 그는 계산이 빨랐다. 순식간에 한 개비에 2달러하는 시가를 매일 10개비씩 40년 동안 피운 돈이면 그 돈으로 백화점을 살 수 있다고 계산해 낼 정도였으니 말이다. 그리고 젊은이는 아주 부지런하고 알뜰할 줄 알았을 뿐 아니라 적은 돈도 차곡차곡 불려가는 도리를 아는 사람이었다. 이를 또 몸으로 실천해온 사람이기도 했다. 그는 한 개비에 2달러하는 시가는 피워본 적도 없는 그런 사람이었다.

그러나 누구도 이 젊은이가 생생하게 살아 있는 지혜를 갖고 있는 사람이라고 말할 수 없을 것이다. 담배를 피우지 않았지만 그렇게 절약한 돈으로 백화점을 사지는 못했기 때문이다. 그의 지혜는 죽은 지혜였다. 그 신사야 말로 살아 있는 지혜를 갖고 있는 사람이었다. 돈이 돈을 버는 것이지 자신을 엄격하게 다그친다고 돈이 벌어지는 것이 아니다.

여기서 다시 또 다른 이야기를 하나 살펴보자.

빌은 빈민굴에서 태어난 유태 상인이었다. 식구 8명이 오직 아버지가 벌어 오시는 얼마 되지도 않는 수입에 기대 근근이 생활을 유지했기 때문에 생활은 어렵기 짝이 없었다. 생계를 이어가기 위해 식구들은 덜 먹고 아껴 써가며 살았다.

빌이 15세가 되었을 무렵, 어느 날 아버지가 그를 옆으로 불러 앉히더니 이렇게 말씀하시는 것이었다.

"빌, 너도 이제는 클 만큼 컸으니 앞으로는 네가 알아서 먹고 살도록 하여라."

이 말에 어린 빌은 고개를 끄덕였다. 아버지는 이어서 이렇게 말씀하셨다.

"난 평생 돈을 모았는데도 집에 뭐 하나 남기질 못했다. 이 아비는 네가 나가서 장사를 했으면 좋겠구나. 그래야 우리도 이렇게 가난한 운명에서 좀 벗어날 수 있지 않겠니? 게다가 장사를 해보는 것은 늘 우리 유태인들의 훌륭한 전통이란다."

빌은 이렇게 아버지의 말을 듣고 장사를 하게 되었다. 3년 후, 과연 빌 때문에 온 가족의 생활이 나아졌다. 5년이 지난 후에는 빌의 덕택에 온 가족이 그 빈민굴을 떠나게 되었고 7년이 지나서는 가족이 금싸라기 땅이라는 뉴욕에 큰 집을 하나 장만하게 되었다.

유태인은 돈을 모으는 것을 반대하지는 않지만 돈을 은행에 넣어둬야 한다고 생각지는 않는다. 은행에 대해서 유태인들은 나름대로의 독특한 생각을 갖고 있다.

유태인은 주로 은행 계통을 통해 전 세계 경제 금융을 지배하고 있다. 산업혁명 시기, 유태인이 돈을 모을 수 있었던 것도 그 막강한 자본에 기대 영국, 프랑스, 이탈리아 더 나가서는 전 유럽에 은행을 세우고 거기서 엄청난 부를 쌓았기 때문이었다. 유태인은 은행을 경영하면서도 자신들은 결코 재산을 은행에 넣어두지 않는다. 그 이유가 무엇일까?

모두들 알고 있듯 은행에 돈을 넣어두면 이자가 생긴다. 저축만 하면 이자 수익을 얻을 수 있다. 그러나 현금에는 이자가 붙지 않는다.

지금 현재 수중에 얼마의 현금이 있든 몇 년이 지난도 그 원래 가치는 똑같을 뿐, 절대 증가하지 않는다. 이렇게 보면 은행에 돈을 넣어두는 것이 수중에 갖고 있는 것보다 훨씬 더 매력적이다. 그런데 유태인들은 왜 이렇게 '멍청하게' 은행에 돈을 넣어 '이자를 불리지 않고' 오히려 그 많은 현금을 수중에 두는 것일까?

사실, 유태인은 멍청한 것이 아니라 너무 똑똑한 것이다. 선천적으로 숫자 관념이 뛰어난 유태인은 이미 오래전에 이 놀라운 계산을 끝내놓았다. 그들이 이런 계산을 내린 데는 다 그럴 만한 충분한 이유가 있다. 은행에 돈을 넣어두면 분명히 상당한 이자를 얻을 수 있기는 하다. 그렇지만 은행에 넣어둔 돈에 이자가 붙는 그 기간에 물가는 끝없이 상승하고 이에 따라 화폐가치는 하락한다. 더군다나 예금자 본인이 사망이라도 하면 국가에 상속세를 납부해야 한다. 이는 거의 모든 세계 각국에서 통용되는 사실이다. 그래서 아무리 엄청난 재산을 은행에 넣어놔도 3대만 지나면 한 푼도 남지 않게 된다. 이것이 바로 세법상의 원칙이다.

은행에 들어 있는 돈과 현금을 비교해보면 현금이 훨씬 더 믿을 만한 것은 당연지사다. 이자가 생기는 것은 아니지만 그렇다고 손해를 보는 것도 아니니까 말이다. 조심스럽고 신중한 유태인은 물론 이 둘 중에서 하나를 골라야 하는 상황에서 후자를 골랐다. 유태인들에게 '감소시키지 않는 것'이야말로 '손해 보지 않는' 최소한의 기본 방식이기 때문이다. 은행 예금으로 이자를 얻는 방법으로는 그다지 이윤을 올릴 수가 없다.

저축으로 큰돈을 벌 수 없다면 도대체 뭘 해야 큰돈을 벌 수 있을까? 유태인은 돈을 모으는 것으로는 갑부가 될 수 없다고 생각한다. 게다가 은행에 돈을 넣어두면 내가 저축해둔 돈을 다른 사람이 저렴한 돈으로 가져가서는 돈을 벌 것이 아닌가. 그렇다면 왜 저축할 그 돈으로 내가 돈을 벌지 않는단 말인가? 이렇게 해야 큰돈을 벌어 갑부가 될 수 있는 것이다.

유태인의 유일한 재산은 지혜

"우리 유태인이 갖고 있는 유일한 재산이 바로 지혜입니다. 다른 사람들은 1+1=2라고 할 때, 2보다 더 큰 숫자를 생각해야 합니다."

이것이 바로 한 유태상인의 아들 교육 방식이었다.

1946년, 이 부자는 미국으로 건너가 구리그릇을 팔았다. 그러던 어느 날, 아버지가 아들에게 구리 1파운드의 현재 가격이 얼마나 되는지를 물어보았다. 그러나 아들은 35센트라고 대답했다. 이 대답에 아버지는 이렇게 말했다.

"네 말이 맞다. 1파운드당 구리 가격이 35센트라는 것은 누구나 다 알고 있지. 그렇지만 유태인의 아들이라면 3달러 5센트라고 해야 하는 게야. 시험삼아 1파운드의 구리로 문 손잡이나 자물쇠를 만들어보거라."

아버지가 돌아가신 후, 아들은 계속 장사를 이어갔다. 몇 십 년 동안 그는 구리로 북, 시계, 올림픽의 동메달까지 만들어냈다. 가장 비쌀 때는 1파운드의 구리를 팔아 3,500달러를 챙긴 적도 있었다. 이제 그는 어느 정도의 명성을 가진 회사의 사장이 되었다.

그렇지만 그는 만족하지 않았다. 이즈음 그는 뉴욕 주의 쓰레기 더미를 주의 깊게 지켜보고 있었다. 그리고 바로 이 쓰레기 더미로 그는 이름을 날리게 된다.

그것은 1974년의 일이었다. 당시 자유의 여신상을 새롭게 단장하고 난 후 버려진 폐기물들을 처리하기 위해 미국 정부는 공개 입찰 공고를 냈다. 그렇지만 몇 개월이 지나가도록 관심을 가지는 사람이 아무도 없었다. 그 무렵 외국 여행을 하고 있던 그는 이 소식을 들은 즉시 급히 뉴욕으로 날아갔다. 서둘러 자유의 여신상 밑에 산처럼 쌓인 동 폐기물들과 목재 잔해를 둘러본 그는 어떤 조건도 내걸지 않고 이를 사겠다는 계약서에 과감하게 서명했다.

그의 이런 행동에 많은 사람들이 코웃음을 쳤다. 똑똑하기 그지없는 그가 어리석은 짓을 한다며 몰래 쾌재를 불렀다. 뉴욕 주의 쓰레기 처리 관련 규정이 엄격해서 잘못 처리했다가는 환경 조직으로부터 고소를 당할 수 있었기 때문이다. 이렇게 사람들이 이 유태인이 비웃음거리가 되는 것을 지켜보려고 하고 있을 즈음, 그는 노동자들을 조직해 이 폐기물들을 분류하기 시작했다. 그는 사람을 시켜 이 구리 폐기물을 융해하고 나서 이를 가지고 소형 자유의 여신상을 주조했다. 목재 잔해는 목수를 시켜 자유의 여신상의 밑받침으로 만들었다. 납 폐기물과 알루미늄 폐기물로는 뉴욕광장의 열쇠 모형을 만들었다. 심지어 자유의 여신상 몸에서 쓸어내린 먼지까지도 그냥 버리지 않고 예쁘게 포장을 해 꽃집에 비싼 값에 팔아넘겼다.

이렇게 해서 3개월도 안 되는 시간에 그는 이 폐기물 쓰레기를 기적적으로 350만 달러의 현금으로 바꾸어 놓았다. 1파운드당 가격은 1만 배나 불어났다!

총명하기 그지없는 유태인들은 다른 사람들의 예상을 훌쩍 뛰어넘는 수법을 많이 쓴다. 여기서 또 다른 판매 사례를 살펴보자.

미국 코네티컷 주에 위치한 올즈모빌(Oldsmobile)이라는 자동차 공장은 한동안 영업 부진을 겪고 있었다. 이 공장에는 세단 승용차들이 무더기로 방치되어 있었다. 이를 제때 팔아치울 수도 없어 돈을 거둬들일 방법도 없는데 창고 임대료 이자는 올라가고 있었다.

유태인 회장 카터는 이 공장의 상황을 놓고 심사숙고를 반복했고 현존하는 문제를 겨냥해 경쟁 업체와 경쟁 제품의 판매기술 등에 대한 비교 분석도 진행했다. 그리고 마지막으로 다른 이들의 우수한 의견을 받아들여 대담하게도 '한 대를 구입하면 다른 한 대를 덤으로 증정하는' 판매 수법을 생각해냈다. '토로나도' 브랜드의 세단 승용차를 사는 사람은 누구나 동시에 '사우스' 브랜드의 세단 승용차를 가질 수 있다고 공개적으로 광고했다.

한 대를 사면 한 대를 덤으로 증정하는 판매 방식은 그 역사가 이미 오래된 방식으로 광범위하게 사용되고 있었다. 그러나 일반적으로는 값이 적게 나가는 상품을 무료로 증정하는 것이 보통이었다. 예를 들어 TV를 사면 완구를 증정한다든지 녹음기를 사면 녹음테이프를 한 상자 증정한다든지 말이다. 고객에게 작은 정성을 돌려주는 이런 판매 방식은 분명히 큰 판매 촉진 효과를 일으킬 수 있었다. 그러나 시간이 오래 지나면서 이런 방식을 사용하는 사람들이 많아지자 소비자들도 점점 흥미를 잃게 되었다. 고객에게 선물을 증정하고 가격을 할인해 주는 것도 오래된 판매 방식이었다. 그러나 이 방식도 마찬가지로 증정하는 선물의 가치나 할인액이 일반적으로 비교적 낮았기 때문에 소비자들을 움직일만한 효과를 일으킬 수는 없었다.

차 한 대를 사면 또 다른 한 대를 증정한다는 올즈모빌의 남다른 방식은 사람들을 놀라게 했다. 이런 방식에 익숙해진 수많은 사람들도 이를 다시 보고 있었다. 소식을 접한 많은 사람들이 먼 길을 마다하고 달려와 도대체 이 일이 어떻게 될 것인지를 지켜보았다. 그 바람에 올즈모빌의 영업부는 순식간에 방문객으로 문정성시를 이루게 되었다. 사람들은 과연 얼마 전까지도 누구도 관심을 갖지 않아 방치되어 있었던 세단 승용차를 앞 다투어 가며 사들였다. 올즈모빌은 광고에서 했던 약속을 실행에 옮겨 '사우스'의 새 세단 승용차를 무료로 증정했다. 올즈모빌의 이러한 판매 방식은 겉으로 보기에 한 대당 5,000달러를 손해 보며 원금을 까먹는 것처럼 보였다. 그러나 실제로는 원금을 까먹기는커녕 이 방식은 오히려 엄청난 성공을 거두었다.

첫째, 만약 이렇게 차를 묵혀두고 1년 동안 팔지 못할 경우, 그 이자와 창고 보관비용 그리고 유지보수비용이 이 금액에 맞먹었다.

둘째, 묵혀 있던 차들이 순식간에 다 팔려나가는 바람에 자금이 신속하게 돌게 되어 재생산 능력을 확대하는 데 도움이 되었다.

셋째, '토로나도' 브랜드의 세단 승용차를 구입하는 소비자가 급증하면서 명성을 크게 떨쳤고 이에 따라 시장 점유율도 확대 되었다.

넷째, 새로운 브랜드인 '사우스'를 끌어들여 이 저가 세단 승용차를

'증정품'으로 세상에 선보였다. 이렇게 증정품으로 시작된 '사우스' 세단 승용차는 결국 독자적으로 판매되기에 이르렀다. 올즈모빌은 이를 계기로 기사회생했고 나날이 발전해갔다.

지혜란 이렇게나 중요한 것이다. 그런데 지혜는 어디서 오는 것일까? 유태인이 내놓은 답안은 바로 학습이다.

미국 수도 최고의 신문인 「워싱턴포스트」는 독특한 견해와 용감하고 실사구시적인 스타일로 전 세계에 명성을 떨치고 있다. 백악관의 고위 관리들은 하나도 빠짐없이 매일 「워싱턴포스트」를 읽는 것으로 아침을 시작한다. 이 신문사의 주인이 바로 유태인 혈통의 여장부, 캐서린 마이어 그레이엄(Katharine Meyer Graham)이었다.

캐서린은 남편이 세상을 떠난 후 갑작스럽게 「워싱턴포스트」를 물려받아 관리하게 되었다. 이런 일이 있기 전 그녀가 신문에 대해 알고 있었던 것이라고는 일반 독자 수준에 지나지 않았다. 캐서린이 처음으로 부닥친 문제는 온 사방이 다 남자들이라는 것이었다. 그래서 그녀는 어쩔 수 없이 남자들 대하는 법을 배워야 했다. 모두 경력이 오래된 전문 저널리스트들이었던 이들은 마음속으로는 언론 쪽에 문외한인 새 사장을 그다지 존중하지 않았다. 어떤 때 캐서린은 그들이 무슨 이야기를 하는 것인지 알아듣지 조차 못했다. 그들은 마치 딴 나라 말을 하는 듯했고 이로 인해 캐서린은 어느 한 곳 의지할 데가 없다는 느낌을 받곤 했다.

캐서린은 오랜 친구인 월터 리프만(Walter Lippmann)을 찾아가 자신의 이런 고충을 털어놓았다. 그러자 리프만은 이런 그녀에게 처음부터 공부를 시작해보라고 권했다. 매일매일 먼저 자사의 신문을 자세히 읽어본 후 이해가지 않는 부분이 있으면 관계 인사를 불러서 사무실에 침착하게 앉아 물어보고 이 전문가에게서 문제를 캐내 토론을 해보라는 것이었다. 이렇게 해서 점차 베테랑이 된 캐서린은 얼마의 시간이 흐르자 차차 많은 문제들을 발견하게 되었다. 그리고 심사숙고 끝에 개혁을 하기로 결정한다.

신문사가 번창하는 데 관건이 되는 것이 바로 인재다. 벤저민 브래드리(Benjamin Bradlee)는 원래 「뉴스위크」의 편집장이었다. 캐서린의 남편이었던 필립 그레이엄(Philip Graham)이 이 잡지사를 인수한 후, 이곳의 한 여기자와 사랑에 빠졌고 이 일로 질투에 빠진 캐서린과 그 여기자가 연적이 되었던 일이 있었다. 그러나 캐서린은 사업을 위해 브래드리를 과감히 「워싱턴포스트」의 부 편집장으로 옮기는 결정을 내렸고 빠른 속도로 그를 사장에 올려놓았다. 그리고 브래드리는 퓰리처상 수상자들과 최고의 재능을 가진 스타들을 자신의 주위로 끌어들여 눈부신 기자 군단을 만들어냈다. 「워싱턴포스트」는 이렇게 면모를 일신했다.

1960년대 말, 「워싱턴포스트」의 재정예산은 1962년의 290만 달러에서 730만 달러로 올라갔고 업무 인원은 35퍼센트 증가했다. 신문의 쪽수도 56쪽에서 100쪽으로 늘어났으며 발행량은 15퍼센트 증가했다. 연이윤도 대략 원래의 두 배로 뛰어올랐다.

1971년, 「워싱턴포스트」는 주식을 공개적으로 발행하기 시작했다. 초기에는 사람들이 여성이 이끄는 회사를 신뢰하지 않았기 때문에 주식 판매 상황도 그다지 순조롭지 못했다. 그후 캐서린은 어쩔 수 없이 월스트리트의 분석가들에게 주식을 판매하는 토론회에 직접 참여했다. 캐서린은 이렇게 사람들에게 깊은 인상을 남겨 자신이 강인하고 흡인력 있는 여성임을 드러내 보였다. 그리고 그녀는 성공했다. 월스트리트를 정복했으니 말이다.

어릴 때부터 용돈기록 훈련을 받는
록펠러 가문의 전통

록펠러 가문은 미국의 갑부다. 그러나 그들 중 어느 누구도 돈을 물 쓰듯 쓰는 사람은 없다. 존 록펠러는 젊은 시절부터 자신의 수입, 지출 장부를 기록하기 시작했다. 모든 돈의 용도와 사용 시간을 이 장부에 기록해야 했고 모든 지출에는 반드시 정당한 이유가 있어야 했다.

록펠러는 죽기 전 그의 이런 전통을 아들 존 록펠러 주니어에게 물려주었다. 아들 존은 아버지가 남긴 영광스런 전통을 이어받아 바통을 넘기듯이 아들 데이비드에게 넘겨주었다.

데이비드의 기억 속에는 잊기 힘든 옛일이 하나 뚜렷하게 남아 있었다. 7살이 되었을 무렵 아버지인 존 록펠러 주니어가 데이비드를 방으로 불러들였다. 그러고는 데이비드에게 의미심장에게 말했다.

"데이비드, 지금부터 너는 매주 30센트의 용돈을 타게 될 거다. 이 30센트를 어떻게 처리할 생각인지 나는 네 의견을 들어보고 싶구나."

데이비드는 기쁜 마음에 이렇게 대답했다.

"아빠, 10센트를 주고 제가 가장 좋아하는 초콜릿을 사는 것에 아빠도 찬성하시리라고 생각해요. 그것 말고는 저도 형처럼 저금통을 하나 갖고 싶어요. 매주 10센트를 아껴서 저금통에 짚어 넣을 거예요. 또 남은 10센트는 융통성 있게 쓰겠어요. 만약 토요일까지 이 돈이 남아 있으면 예배 전에 교회에 헌납하는 것을 고려해볼 수 있겠네요."

"아이고 귀여운 내 아들, 아빠는 네 생각이 아주 만족스럽구나. 그렇지만 네게 작은 요구 사항이 하나 있단다. 매주 용돈을 타서 쓸 때, 작은 노트를 같이 갖고 있다가 네가 쓴 모든 돈의 용도를 기록해 놔야 한다."

"아빠, 그게 필요한가요?"

데이비드 록펠러는 알 수 없다는 듯 물었다.

"아빠가 분명히 그 돈은 제 용돈이라고 하셨으니 그 돈을 마음대로 처리할 권리는 제게 있는 것이잖아요!"

"당연히 필요하지. 이건 네 할아버지께서 세우신 전통이란다. 록펠러 가문의 모든 아이들은 다 이렇게 해야 하는 거야. 매일 돈을 쓰고 나서 밤에 잠자리에 들기 전에 돈을 쓴 원인과 그 액수를 적어 두어라. 그 돈을 지불해야 했던 필요성에 대해서도 합리적인 설명을 붙여서 말이다. 여기서 한 가지 내가 너에게 반드시 일깨워줘야 할 것이 있는데 모든 기록은 반드시 진실 되어야 한다는 것이야. 성실이야말로 가장 중요한 것이라는 것을 너도 알고 있을 거다."

"아빠, 명심하겠습니다."

"아, 그리고 매주 네게 용돈을 주기 전에 너의 용돈기입장을 검사할 거다. 만약 네가 기록해둔 것이 만족스러우면 30센트 이외에 5센트를 더해 네게 작은 상을 내리마. 그렇지만 만약 명확히 기록해놓지 않았으면 그에 상응하게 30센트에서 5센트를 제해서 25센트를 줄 거다."

데이비드가 어린 시절 받은 '용돈 기입 훈련'은 이후 그가 재정을 관리하는 데 적지 않은 도움을 주었다.

현명한 상인들은 대다수가 장부를 기입하는 습관을 갖고 있다. 장부 기입을 통해 그들은 어떤 돈은 반드시 써야 하고 어떤 돈은 써서는 안 되는 것인지를 똑똑히 알 수 있게 된다. 이런 방법으로 근검절약하는 좋은 습관을 기를 수 있게 될 뿐 아니라 이와 동시에 계산 능력도 단련할 수 있게 되는 것이다.

78:22 법칙

조금이라도 경제학을 공부한 사람은 모두 유명한 '로렌츠 곡선'을 알 것이다. 이 곡선은 수입 분배의 구조, 즉 부가 평균적으로 모든 사람들 수중에 들어가 있는 것이 아니라 반대로 부를 소유한 대다수의 사람들이 전체 인구에서 차지하는 비율이 낮다는 것을 뚜렷이 보여준다.

78퍼센트의 부를 22퍼센트의 사람들이 차지하고 있으며 나머지 78퍼센트의 사람들은 22퍼센트의 부를 차지하고 있다는 것이 그 예다. 바꿔 말하면, 돈은 부자들 손에 들어가 있는 것이다.

어쩌면 이건 너무나 간단한 이치일지도 모른다. 그렇지만 정말로 이 이치를 이해하고 비즈니스 운영과 경영 관리에 활용하는 사람은 많지 않다. 우리는 종종 '미국 사람들의 부는 유태인 호주머니 속에 들어가 있다'고 말하는데 미국 인구에서도 낮은 비율을 차지하는 유태인들이 미국 부의 대부분을 차지하고 있는 것이 바로 이를 증명해준다. 유태인은 미국뿐 아니라 아시아의 일본, 유럽의 몇몇 나라에서도 금융계를 독점하거나 비즈니스 업계를 주름잡고 있다. 그래서 백만, 천만, 억만 장자들이 얼마든지 존재한다. 만약 누군가 유태인에게 돈 버는 이치가 무엇이냐고 물으면 아마 그들은 조금도 주저하지 않고 이 한마디로 답할 것이다.

"돈은 본래 부자들 손에 있는 겁니다."

만약 이런 대답을 듣고 혹시나 대답 같지도 않은 이 대답에 불만을 느끼더라도 절대 오해하지 말자. 유태인은 당신에게 '돈은 부자들 손 안에 있다'는 이치를 가르쳐 준 것이니까 말이다. 그래서 우리들이 벌어야 하는 것은 바로 그 부자들의 돈이다. 이렇게 하면 아주 빠르게 돈을 벌 수 있고 그것도 큰돈을 벌 수 있다.

"돈은 부자들 손 안에 있다. 그래서 돈을 벌려면 부자들의 돈을 벌어야 하는 것이다."

이는 유태 상인의 지혜가 깃든 사업철학이다. 그런데 이런 철학은 삶과 세상에 대한 그들의 생각, 즉 '78:22' 법칙에서 나온다.

어떤 특정 조직이든, 중요한 인자가 보통 소수를 차지하고 일반적으로 중요하지 않은 인자가 다수를 차지하게 마련이다. 그래서 바로 이 중요한 소수만 통제하면 곧 전체 상황을 통제할 수 있게 된다. 이를 수량에 반영한 것이 바로 78:22 원리다. 즉, 78퍼센트의 가치는 22퍼센트의 인자에서 나오며 나머지 22퍼센트의 가치가 78퍼센트의 인자에서 온다는 원리다.

예를 들어서 공기 성분 중 질소와 산소의 비율이 78:22다. 인체의 수분과 기타 물질 성분의 비율도 78:22다. 78퍼센트의 판매액이 22퍼센트의 고객으로부터 나오며, 78퍼센트의 통화가 22퍼센트의 송신자에 의해 걸려온다. TV 시청 시간의 78퍼센트가 22퍼센트의 프로그램에 집중되어 있으며, 채소의 78퍼센트가 22퍼센트의 색채로 이루어져 있다. 교사들의 지도 시간 중 78퍼센트가 22퍼센트의 학생들에게 쓰이며, 신문 보는 시간 중 78퍼센트 시간이 신문 전체의 22퍼센트에 해당되는 지면에 할애된다. 78퍼센트의 부가 22퍼센트의 사람들의 손에 장악되어 있으며, 지구 자원의 78퍼센트가 22퍼센트의 사람들에 의해 소비된다. 여기서도 알 수 있듯 78:22는 대자연 속의 객관적인 대법칙이다.

물론 약간의 편차가 나기도 한다. 예를 들면 78:22의 비율이 어떤 경우에는 79:21 또는 77.8:22.2 변할 수도 있다. 혹은 이를 '2:8 법칙'으로 부르는 사람도 있다. 그러나 이를 제외하고는 전체적으로 이 법칙은 객관적이다. 이 법칙은 우주 속에서 항구 불변하는 어떤 성분을 규정하고 있는 것이다.

다시 예를 하나 들어보자. 만약 어떤 사람이 이렇게 물었다고 가정해보자.

"전 세계에서 저축을 하는 사람이 많을까요? 아니면 대출을 하는 사람이 많을까요?"

보통사람은 이렇게 대답한다.

"당연히 대출하는 사람이 많죠."

그러나 경험이 풍부한 유태인은 이와는 꼭 반대로 대답한다. 그들은 한 마디로 딱 잘라 말할 것이다.

"저축하는 사람이 절대다수를 차지합니다."

실제도 이렇다. 전체적으로 보면 은행은 돈을 빌려주는 기구다. 은행은 많은 사람들에게서 빌려온 돈을 다시 소수의 사람들에게 빌려준다. 그리고 그 사이에서 이윤을 손에 넣는다. 유태인들의 표현에 따르면 예금자와 대출자의 비율은 78:22다. 은행은 이 비율을 이용해서 돈을 벌고 손해는 절대 보지 않는다. 그렇지 않다면 은행은 파산할까봐 전전긍긍할 것이다.

이렇게 말하고 보니 '78:22' 법칙은 모든 걸 넘어서는 '절대 진리'임이 분명하다. 이 진리는 은밀하게 우리의 세계를 규정하고 있고 우리의 삶을 지배하고 있다. 이렇게 절대적인 권위를 갖고 있는 영원불변의 진리 법칙을 유태인들이 장사의 기반으로 삼는 것은 너무나 당연한 일이다. 이 불변의 법칙에 기대 세상 사람들이 모두 부러워하는 부를 긁어모은 것이다.

78:22 법칙이 유태인들의 손을 거쳐 수천, 수백 번 활용되어 거의 백발백중의 효과를 거둔 이후, 총명한 두뇌를 가진 소수의 상인들도 이 법칙의 매력을 느끼기 시작했다. 한 일본 상인이 바로 이런 매력에 끌려 이 법칙을 그가 하는 다이아몬드 사업에 활용했고 그 결과 생각지도 못했던 엄청난 성공을 거머쥐게 되었다.

다이아몬드는 일종의 고급 사치품으로 주로 고소득 계층이 전용하는 소비품이다. 보통 수준의 소득을 올리는 사람은 살 수도 없다. 그러나 일반적인 국가들의 통계 수치로 보면 어마어마한 부를 손에 쥐고 있는, 고소득 계층을 점하는 인구 비율은 일반인의 비율에 비하면 낮기 짝이 없다. 그래서 사람들은 모두 이런 관념을 갖고 있다.

"소비자가 적으면 이윤은 당연히 높지 않을 것이다."

그러나 절대 다수의 사람들은 고소득 계층을 점하는 소수의 사람들이 오히려 많은 돈을 갖고 있다는 것을 생각지 못한다. 바꿔 말하면, 일반 대중과 고소득자의 비율이 78:22다. 그러나 그들이 갖고 있는 부의 비율은 오히려 반대로 22:78이다. 유태인이 우리에게 가르쳐 주는 것은 바로 이 '78퍼센트'의 돈을 벌어야 절대 손해를 보지 않는다는 점이다! 이 일본 상인은 바로 이 점을 꿰뚫어보았고 다이아몬드 사업의 시선을 인구 비율 22퍼센트에 속하는 부자들에게 돌렸다. 그리고 일거에 엄청난 이윤을 올렸다.

1960년대 말의 어느 겨울, 이 일본 상인은 시기를 잡아 다이아몬드 시장을 찾아 나섰다. 도쿄의 어느 백화점에 간 그는 이 백화점에서 점포를 얻어 다이아몬드를 팔게 해달라고 요구했다. 그러나 백화점측은 그를 거들떠보지도 않았다.

"아니, 이거 아주 막 나가자는 거군요. 지금 때마침 연말입니다. 아무리 갑부라고 해도 이런 때 백화점에 오지는 않는다 이 말입니다. 우리는 이렇게 불필요한 위험을 감수하고 싶지는 않군요."

백화점측은 단호하게 그의 요청을 거절했다.

그러나 그는 낙담하지 않고 '78:22'라는 결코 틀림이 없는 이 법칙을 고수해 S사를 설득했다. 그리고 결국 S백화점의 한 모퉁이에 자리한 M상점을 얻어냈다. M상점은 번화한 구역과는 거리가 멀어 손님도 적었고 장사에 유리한 조건은 아니었다. 그러나 이 일본 상인은 크게 염려하지 않았다. 어차피 다이아몬드는 고급 사치품, 돈 있는 소수 사람들의 소비품이었으므로 장사의 착안점은 우선 부자들을 잡는 것이었다. 부의 78퍼센트를 장악하고 있는 사람들의 돈을 벌어오려면 이 사람들이 결코 그물에서 빠져나가게 해서는 안 되는 것이었다. 당시 S백화점은 조금도 개의치 않고 이렇게 말했다.

"다이아몬드 장사는 하루에 가장 많이 팔아봐야 2,000만 엔 팔면 꽤 괜찮은 거죠."

그러자 이 일본 상인은 즉시 이렇게 반박했다.

"아닙니다. 제가 2억 엔어치를 팔 수 있다는 걸 보여드리죠!"

상인들이 보면 이런 말은 정신 나간 미치광이의 말이나 다름없었다. 그러나 이 일본 상인은 머릿속에 이미 다 그림을 그려놓고 이 말을 한 것이었다. 물론 이는 의심할 것도 없이 '78:22' 법칙에 대한 자신감에서 나온 것이었다.

사실상, '78:22' 법칙의 매력은 곧 나타났다. 무엇보다 먼저, 지리적으로 불리했던 M상점은 막대한 이윤을 거두어 들여 일반 사람들이 예상하는 수익 500만 엔을 크게 무너뜨렸다. 때마침 명절이라 싼 값의 할인판매가 많은 고객들을 끌어들였는데 이 일본 상인은 이 기회를 이용했다. 그리고 뉴욕의 보석점과 연락을 취해 운송해온 각종 중대형 보석을 거의 순식간에 다 팔아치웠다. 이어서 이 일본 상인은 또 도쿄 교외 지역과 주위에 각각 보석 판매처를 세워 다이아몬드 판매에 들어갔는데 장사가 너무나 잘 됐다. 어떤 상점도 이 일본 상인처럼 매일

6,000만 엔 판매라는 기록을 세운 적은 없었다. 반대로 이 일본 상인이 처음 찾아갔던 회사는 처음부터 이 '78퍼센트'의 부자들의 돈을 벌 기회를 잡지 못했다. 전국적으로 판매 상황이 크게 좋아졌을 때에서야 겨우 상품 진열 장소를 제공한 바람에 효과와 이익으로 봤을 때 본래 상대적으로 부진했던 곳들보다도 못했다.

이렇게 1971년 2월이 되면서 다이아몬드 판매액은 3억 엔을 돌파했다. 도쿄 주변 판매처에서의 판매액도 2억 엔을 넘어섰다. 이 일본 상인은 순조롭게 자신이 했던 정신 나간 약속을 지켜냈다.

다이아몬드 사업으로 성공을 거둔 이 일본인의 비결은 어디에 있었을까? 그것은 바로 '78:22' 법칙에 있었다. S백화점은 이에 회의적이었고 미국의 캐딜락 또는 링컨의 호화로운 세단 자동차처럼 국내에서 다이아몬드를 살 수 있는 사람이 적기 때문에 판로가 분명 좋지 않을 것이라고 생각했다. 그러나 이 다이아몬드 상인은 생각이 달랐다. 그는 다이아몬드를 약간 고급의 국산 소형차급으로 보았다. 부자나 돈이 조금이라도 있는 사람들은 모두 살 수 있는 사치품으로 보았던 것이다. 이 부분의 사람들은 전 인구에서 소수에 불과했지만 나라 전체 돈의 대부분을 갖고 있었다. 그러므로 이 사람들의 돈을 버는 것이 효과도 수익도 높았다.

이 법칙을 적용할 수 있는 영역은 적지 않을 것으로 보인다. 투자 정책을 결정할 때, 이 법칙의 정신을 활용해 보길 건의한다. 분명히 엄청난 수익을 거둘 수 있을 것이다.

금융계의 거두 앙드레 메이어의
돈 버는 4가지 비결

"10개 넣고 9개 꺼내라."
"자신의 소비 욕구를 통제하라."
"돈이 돈을 벌게 하라."
"큰돈을 벌 수 있는 자기 자신의 능력을 배양하라."

이런 비결들이 보기에는 간단해 보일지 모른다. 그렇지만 만약 이를 열심히 지켜나가면 당신의 돈 지갑은 매일같이 돈으로 두둑해질 것이다.

어느 유태인 비즈니스 스쿨 연수반에서 학교측이 초청한 금융계의 거두 앙드레 메이어(Andre Meyer)가 곧 졸업을 앞둔 학생들을 대상으로 수업을 하고 있었다. 메이어는 단도직입적으로 말했다.

"제가 지금부터 어떻게 돈을 버는지 알려드리겠습니다. 이 간단한 방법이 바로 돈 방석에 오르게 되는 열쇠입니다. 그렇지 않으면 여러분들은 돈 방석 근처에도 가보지 못할 것입니다. 자, 지금부터 돈 버는 첫 번째 비결을 토론해보죠."

돈 버는 첫 번째 비결 : 10개 넣고 9개 꺼내라

옛날에 계란 장수 한 사람이 있었습니다. 그는 풍족하게 살지는 못했지만 제게 어떻게 해야 부유해질 수 있는지를 가르쳐 줬지요. 그 계란 장수는 이렇게 말했습니다.

"만약 선생께서 매일 아침 10개의 계란을 계란 바구니에 넣고 매일 밤 계란 바구니에서 9개를 꺼낸다면 그 결과는 어떨까요? 시간이 지나면 계란 바구니가 꽉 차겠지요? 매일 넣어두는 계란 수가 꺼내는 계란 수보다 하나 더 많으니까요."

이것이 바로 제가 여러분에게 소개해드리고 싶은 첫 번째 비결입니다. 제가 여러분께 이야기해드린 계란 장수의 돈 버는 비결을 따라 해 보십시오. 여러분이 돈 지갑에 10달러를 넣어두었는데 그 중 9달러만 꺼내서 쓴다면 이는 여러분의 돈 지갑이 벌써 두둑해지기 시작했다는 것을 보여주는 것입니다. 수중의 돈 지갑이 묵직해질 때, 여러분은 분명히 만족감을 느끼게 될 것입니다.

제가 말한 방법이 너무 간단하다고 비웃지 마십시오. 돈 버는 비결이란 보통 다 이렇게 간단한 것들이랍니다. 처음 시작할 때는, 제 돈 지갑도 텅 비어 있었습니다. 그러니 돈 벌고 싶은 제 욕구를 만족시켜 줄 수 없었지요. 그렇지만 10원을 넣고 9원을 꺼내 쓰는 방법을 시작하면서 제 돈 지갑은 두둑해지기 시작했답니다. 이렇게 한다면 여러분들의 돈 지갑도 자연히 두둑해질 것입니다.

돈 버는 두 번째 비결 : 자신의 소비 욕구를 통제하라

그렇지만 어떤 사람은 이렇게 물을 것입니다.

"제가 버는 수입 전체가 필요한 지출에도 부족한데 어떻게 10분의 1의 돈을 남겨 저금한단 말입니까?"

그렇습니다. 모든 사람들의 수입이 다 똑같은 것은 아니지요. 어떤 사람들은 수입이 좀더 많고 또 어떤 사람들은 수입이 좀더 적습니다. 어떤 사람들은 집에 들어가는 돈이 많지만 또 어떤 사람들은 집에 들어가는 돈이 비교적 적습니다. 그러나 그래도 공통점이 하나 있으니, 그것이 바로 모든 사람들의 돈 지갑은 비어 있다는 것입니다.

이제 우리와 우리의 아이들이 반드시 지켜야 할 돈 버는 비결을 알려드리지요. 그건 바로 지출이 수입을 넘어서게 해서는 안 된다는 것입니다. 만약 지출이 수입을 넘어서게 된다면 이는 곧 비정상적인 현상입니다. 지출과 각종 욕망을 한데 뒤섞어두지 마세요. 여러분들 가정마다 원하는 것이 모두 다를 것입니다. 그러나 이런 욕망은 여러분들의 수입으로는 만족시킬 수 없는 것입니다. 그렇기 때문에 벌어들인 수입을 만족시킬 수도 없는 욕망에 쏟아 부어서는 안 됩니다. 그 많은 욕망들은 영원히 만족시킬 수 없는 것들이기 때문입니다.

사람들은 만족시킬 수 없는 욕망 때문에 늘 고뇌합니다. 여러분들은 제가 돈이 이렇게 많으니 모든 욕망을 다 충족시킬 수 있을 것이라고 생각하시겠죠? 그렇지만 이는 틀린 생각입니다. 제가 쓸 수 있는 시간도 에너지도 모두 제한되어 있으니 제가 다다를 수 있는 여정에도 한계가 있습니다. 제가 먹을 수 있는 음식에도 한계가 있고요. 그리고 제가 즐길 수 있는 범위도 제한되어 있지요.

저는 욕망이란 야생 풀 같다고 말하곤 합니다. 논밭에 땅을 남겨두기만 하면 야생풀은 그새 뿌리를 내리고 자라나 번식하지요. 욕망도 그렇습니다. 마음속에 욕망을 남겨두기만 하면 그 욕망이 뿌리를 내리고 번식합니다. 욕망이란 끝이 없는 것입니다. 그러나 여러분이 만족시킬 수 있는 욕망은 아주 미미하지요.

여러분은 현재의 생활습관을 면밀히 검토해봐야 합니다. 반드시 필요한 지출이라고 여겨지는 것도 있겠지만 현명하게 생각해보면 지출을 더 줄일 수 있다고 느끼게 될 것입니다. 어쩌면 아예 그 돈을 쓰지 않을 수 있다고도 생각될 것입니다. 이 말을 격언으로 삼으세요.

"1원의 돈을 쓰려면 그 효과를 100퍼센트 발휘해야 한다."

그러므로 앞으로 찾아와서 지출해야 할 돈을 기록으로 남겨 정리할 때, 반드시 90퍼센트 지출, 10퍼센트 저축이라는 원칙에 따라 소득을 신중하게 사용하고 필수품과 필요할 것 같은 물품을 구입해야 합니다. 불필요한 물건들은 모두 다 지워버리세요. 그것들은 모두 끝없는 욕망의 일부분이라고 생각하세요. 마음이 돌아서서는 안 됩니다.

반드시 지출해야 하는 것들을 모두 한번 예산을 잡아봅시다. 꼭 기억해야 할 것은 저축할 10퍼센트는 건드리지 말아야 한다는 것입니다. 이 10퍼센트의 돈이 돈을 모을 종자돈이 되기 때문입니다. 저축을 해서 돈을 모으겠다는 의지를 길러야 합니다. 지출 예산을 일정하게 유지하면서 예산을 유리하게 조정해야 합니다. 예산을 조정하면 이미 벌어들인 돈을 지키는 데 도움이 됩니다.

예산을 짜면 당신이 재산을 모으는 데 도움이 됩니다. 예산을 짬으로써 필요한 모든 것들을 얻을 수 있게 됩니다. 그것이 예산의 용도입니다. 만약 아직 더 원하는 것이 있다면 예산을 짜는 것이 그런 것을 얻어내는 데 도움이 될 것입니다. 오직 예산만이 당신이 옳지 않은 욕망을 떨쳐버리고 가장 갈구하는 욕망을 실현해줄 수 있습니다. 어두운 동굴 속의 등불이 당신의 두 눈을 비춰줄 것입니다. 당신이 있는 어두운 동굴의 진짜 상황이 어떤지 똑똑히 보여줄 것입니다. 예산은 바로 이 등불과 같은 것입니다. 이 등불은 당신의 돈지갑 속의 구멍을 비춰줍니다. 당신에게 뚫어진 구멍을 메워야 한다고, 지출을 통제해야 한다고, 돈을 정당하게 제대로 써야 한다고 알려줄 것입니다.

이 점에서 보면 돈 버는 두 번째 비결은 바로 모든 비용에는 예산을 짜야 한다는 것입니다. 예산을 짬으로써 여러분은 필수품을 살 수 있고 반드시 즐겨야 할 것들을 즐길 수 있게 되고 정당한 희망을 실현하면서도 10퍼센트의 저축자금은 건드리지 않게 됩니다.

돈 버는 세 번째 비결 : 돈이 돈을 벌게 하라

보세요. 여러분의 돈이 하루하루 늘고 있습니다. 그것은 바로 여러분이 10분의 1이라는 저축의 법칙을 잘 지킨 까닭입니다. 지출을 통제해서 벌어들인 돈을 낭비하지 않은 까닭입니다. 다음으로 검토해보아야 할 것은 바로 돈을 어떻게 굴릴 것인가 하는 것입니다. 돈이 당신 대신 더 많은 돈을 벌도록 말이죠. 재산을 지킬 줄밖에 모르는 사람은 돈을 지갑 속에 넣어둡니다. 그렇게 하면 돈을 지키고 싶은 마음은 만족시킬 수 있겠죠. 그러나 그뿐입니다. 그 돈이 그 사람 대신 돈을 더 불려줄 수는 없습니다. 수입의 일부를 떼어 저축하는 것은 돈 모으는 시작 수단에 불과합니다. 저축한 돈이 우리를 대신해서 이자를 낼 때만이 재산을 모았다고 할 수 있는 것입니다.

그러나 도대체 어떻게 해야 돈이 우리를 대신해서 돈을 벌게 할 수 있을까요? 제가 처음으로 해본 투자는 실패했습니다. 전 모든 돈을 잃었지요. 제가 처음으로 돈을 벌어들인 투자는 예거라는 방패 제조공에게 돈을 빌려주었을 때였습니다. 그는 매년 큰돈을 써 방패를 제작하는 데 쓰일 황동 원자재를 바닷가에서 사들였습니다. 그런데 자금이 부족한 예거는 매년 부자에게 돈을 꾸곤 했습니다. 예거는 신용 있는 성실한 상인이었지요. 물건만 팔려나가면 즉시 빌린 돈을 갚았습니다. 게다가 이자도 두둑하게 쳐서 말이지요.

제가 매번 돈을 빌려줄 때마다 그는 제게 빌려간 돈은 물론이요 이자도 두둑하게 챙겨주었습니다. 시일이 지나자 제 원금이 불어난 것은 물론이요 제 수입도 그에 따라 증가하더군요. 가장 기뻤던 것은 벌어들인 돈을 조금도 낭비하지 않았다는 것이었습니다.

학생 여러분, 한 사람의 부는 몸에 지니고 다니는 돈지갑에 넣어두는 것이 아닙니다. 사업을 경영해서 얻어낸 수입이 바로 그 사람의 부이고 그 수입이야말로 돈의 원천, 엄청난 부의 원천인 것입니다. 모든 사람들이 수입을 올리려고 합니다. 자리에 앉아계신 학생 여러분도 당연히 수입을 올리고 싶어 하지요. 자기가 일을 하든 여기저기 여행하며 놀러 다니든 끊임없이 수입이 생기길 바랍니다.

언젠가 엄청난 수입을 올린 적이 있습니다. 그 수치가 너무 커서 사람들이 저를 갑부라고 불렀지요. 돈을 예거에게 빌려주었던 것은 제가 유리한 투자란 어떤 것인가를 배우는 시작이었습니다. 경험 속에서 지혜를 얻고 본전도 늘어나자 저는 더 많은 돈을 빌려주었고 투자 범위를 넓혔습니다. 처음에는 소수의 사람들과 접촉했지만 곧 더 많은 사람들과 왕래하게 되었습니다. 돈이 눈덩이처럼 불어서 제 지갑 속으로 들어오더군요. 제가 현명하게 운용하기만 하면 이런 용도로 쓰일 돈이 들어왔습니다. 정말 모든 일이 다 순조로웠답니다.

모두들 아시듯이 저는 얼마 되지 않는 수입으로 엄청난 돈을 벌어들였습니다. 이렇게 벌어들인 모든 돈들이 다시 저 대신 더 많은 돈을 벌어주었습니다. 이 돈들은 저를 위해 일을 해서 돈을 번 것입니다. 그 돈들은 아들, 손자, 자자손손 대대로 저를 위해 돈을 벌어주었습니다. 이 돈들이 벌어들인 돈의 총합이 저의 막대한 재산이 되었습니다.

학생 여러분들에게 해주고 싶은 이야기가 하나 있습니다. 돈 버는 이치를 재빨리 알게 해줄 그런 이야기입니다.

옛날에 한 농부가 있었습니다. 농부는 큰아들이 태어났을 때, 10달러의 돈을 어떤 이에게 빌려주었습니다. 농부는 그에게 돈을 빌리려면 반드시 이자를 물어야 하고 농부의 큰아들이 20세가 되었을 때는 원금과 이자를 함께 상환해야 한다고 분명히 말했습니다. 상대방은 이 농부의 조건을 받아들여 이자는 원금의 4분의 1 되는 액수를 지급하고 4년마다 한 번씩 정산하기로 했습니다. 이와 동시에 농부는 이 돈은 큰아들의 것이므로 모든 이자는 반드시 원금으로 계산해 넣어야 한다고 요구했습니다.

농부의 큰 아들이 만20세가 되었을 때, 농부는 돈을 찾으러 상대방을 찾아갔습니다. 그런데 상대방이 농부에게 이렇게 말하는 것이었습니다. 이자 복리율에 따라 계산을 해보니 당초 10달러였던 돈이 지금은 30달러 5센트로 변했다고 말입니다. 당연히 농부는 너무나 기뻤습니다. 그런데 큰아들에게는 이 돈이 당장 필요 없었기 때문에 농부는 이 돈을 다시 상대방에게 빌려주었습니다. 그의 큰 아들이 50세가 되었을 때, 농부는 세상을 떠났습니다. 그래서 상대방은 그의 큰아들과 빚을 결산했습니다. 그 결과 농부의 큰아들은 167달러의 돈을 손에 넣었다고 합니다.

아십니까. 10달러의 돈을 50년 투자하면 거의 17배를 불릴 수가 있는 것입니다.

그러므로 돈 버는 세 번째 비결은 바로 돈이 당신을 대신해서 돈을 벌게 하는 것입니다. 돈은 마치 들판 속의 양떼처럼 당신을 위해 끊임없이 새끼 양을 낳아주고 당신의 돈 지갑에 끝없이 돈이 들어오게 해줍니다. 당신의 수입이 줄줄이 이어지게 해주는 것입니다.

돈 버는 네 번째 비결: 돈 버는 능력을 길러라

얼마 전, 어느 젊은이가 제게 돈을 빌리러 제 집에 찾아왔습니다. 제가 왜 돈을 빌려줘야 하느냐고 물으니 그 젊은이는 수입이 너무 적어 쓰기에 부족하다고 하더군요. 그 대답을 듣고 그 젊은이에게 이런 설명을 해주었습니다.

"돈 벌어 빚을 갚을 능력이 없는 자네는 돈 빌려주는 사람에게는 환영받지 못하는 손님일세. 자네 자신의 단점을 명확히 알아야 해. 젊은이, 자네가 지금 해야 할 일은 더 많은 돈을 버는 것이야. 어째서 큰돈을 벌 수 있는 요령을 배우지 않는 겐가?"

"저도 했습니다. 이미 2개월 전에 회사 사장님께 급여를 올려달라고 6차례나 말씀드렸습니다. 그렇지만 사장님은 제 급여를 계속 올려주지 않으셨어요. 선생님도 아시죠. 사장님에게 급여를 올려달라고 2개월 동안 6차례나 요구하는 사람은 좀처럼 없다는 것을 말입니다."

우리 모두 그의 머리가 너무 단순하다고 웃지만 그 젊은이에게는 장점이 하나 있습니다. 그건 바로 급여를 올려야 한다는 생각이죠. 그 청년은 큰돈을 벌겠다는 강렬한 희망을 갖고 있지요. 이런 희망은 옳은 것입니다. 다른 사람들도 배울 가치가 있는 것이기도 합니다.

사람은 반드시 희망을 품어야 성공할 수 있습니다. 학생 여러분들의 희망은 확고부동한 것이어야 합니다. 게다가 반드시 구체적으로 실행할 수 있는 것이어야 합니다. 단호한 희망이 아니면 아무 결과도 없는 욕망으로 변해버립니다. 의지가 굳건하지 못한 사람은 큰 성과를 거두지 못하기 마련입니다. 만약 5달러를 벌겠다는 욕망을 갖고 있으면 반드시 노력해서 이 욕망을 실현해야 합니다. 이 욕망을 실현한 이후, 10달러를 벌고 싶다는 욕망을 실현할 힘이 생기게 됩니다. 이렇게 밀고 나가다 보면 100달러도 벌게 되고 1,000달러도 벌게 됩니다. 계속 이렇게 지속해 나가다보면 갑부가 될 수 있는 것입니다. 이게 어떤 이치일까요? 작은 돈을 번 것은 큰돈을 벌 경험이 되어주기 때문입니다. 게다가 돈은 하루하루 점점 쌓여가는 것이니 먼저 작은 돈이라도 미리 저축해두면 시간이 지나 액수가 좀더 큰돈으로 변하지요. 큰돈 버는 요령이 많이 쌓이게 되었을 때 당신의 돈도 불어나는 것입니다.

희망은 간단하되 명확해야 합니다. 희망하는 것이 너무 많으면 서로 상쇄되고 이로 인해 여러분은 헷갈리게 됩니다. 심지어는 힘이 분산되는 바람에 희망을 이룰 수 없게 되기도 하죠.

일을 하는 와중에도 끊임없이 자신의 재능과 지혜를 충실히 보강할 수 있다면 돈 버는 요령도 그에 따라 늘어납니다.

옛날 저는 문서 담당원이었습니다. 진흙판 위에 법률을 새겨서 매일 받는 돈이래야 몇 푼 되지 않았습니다. 그러면서도 다른 동료들을 관찰하곤 했습니다. 그들이 일을 많이 하면 할수록 버는 돈도 많아지더군요. 얼마 가지 않아 저는 그들이 돈을 벌어들이는 이유를 발견했습니다. 자신의 일에 더 큰 흥미를 느끼게 되면 특별히 더 일에 전념하게 되고 열심히 일하려는 결심도 더욱 굳어지지요. 그후 하루 동안 저보다 더 많은 양의 일을 하는 사람은 없게 되었습니다. 일하는 속도가 빨랐고 기술도 뛰어났기 때문에 받아야 할 만큼의 보수를 받게 되었습니다. 사장님 앞에 가서 급여를 올려달라고 조를 필요도 없이 제 급여는 자연히 늘어났습니다.

우리가 돈을 버는 요령이 늘어날수록 벌어들이는 돈도 늘어나게 됩니다. 한결같이 일에 관련된 기술을 익히는 사람은 그 업무로 받는 급여도 늘어나게 됩니다. 만약 공예가라면 반드시 기술이 뛰어난 동료의 작업 방식을 배우고 그 동료가 사용하는 작업 공구가 어떤 것인지도 연구해야 합니다. 만약 법률을 연구하는 변호사나 의학을 연구하는 의사라면 반드시 동료에게 가르침을 청하고 일에서 얻은 경험을 동료와 나누어야 합니다. 만약 상인이라면 반드시 늘 더 좋은 상품을 찾아다녀야 하고 조금 더 싼 가격으로 품질이 좀더 뛰어난 상품을 살 수 있어야 합니다.

사람 일이라는 게 늘 변하게 마련입니다. 여러분은 반드시 항상 자신의 학식과 재능을 충실히 보강해야 합니다. 식견이 있는 사람은 늘 돈 버는 경험을 더 많이 쌓고 돈 버는 뛰어난 요령을 더 많이 자기 것으로 빨아들입니다. 돈은 전적으로 풍부한 경험과 뛰어난 비결을 통해서 벌어지기 때문입니다. 저는 여러분께 권하고 싶습니다. 반드시 두 눈을 부릅뜨고 앞을 바라보면서 쉼 없이 전진하라고 말입니다. 그렇지 않으면 시대의 낙오자가 될 것입니다.

　우선 돈 버는 경험을 갖고 있어야 여러분의 삶이 아름다워 질 것입니다. 자기 자신을 존중하고 싶다면 반드시 아래의 각 사항을 열심히 지켜나가야 합니다.

　자신의 능력 범위 내에서 할 수 있는 한 빨리 빚을 갚으십시오. 대금을 지불할 능력도 없는 물건은 어떤 것이든 사서는 안 됩니다.

　온 마음과 힘을 다해 가정을 돌보십시오. 그래서 가족들이 언제나 당신을 그리워하도록, 칭찬하도록 만드십시오. 그리고 반드시 유서를 남겨야 합니다. 만일 하느님께서 당신을 천국으로 부르실 날이 오면, 가족들이 당신이 남긴 유산을 정당하게 누릴 수 있어야 하니까요. 또 상처를 입거나 공격을 받은 사람을 가엾게 여기고 이와 동시에 능력 범위 내에서 그들을 꼭 도와주어야 합니다.

　이렇게 보면 돈 버는 마지막 비결은 바로 끊임없이 자기 자신의 능력을 배양하는 것입니다. 배우는 와중에 그 속에서 얻어낸 더 많은 지혜로 돈 버는 능력은 하루가 다르게 강해지고 다른 사람의 존중까지 받게 됩니다. 이렇게 해서 당신은 강한 자신감을 얻게 될 것이고 어떤 역경 속에서도 스스로를 믿고 자신의 목표를 이룰 수 있게 될 것입니다.

　제 자신이 오래도록 돈을 번 경험을 갖고 있기에 이제까지 말한 돈 버는 비결들은 제 경험에서 나온 것들입니다. 재산을 모으고 싶다면 이것들을 반드시 몸으로 실천하여야 합니다. 학생 여러분, 세상에는 돈이 아직도 너무나 많습니다. 여러분들이 꿈에도 생각 못할 정도로 말입니다. 이 많은 돈들이 지금 여러분이 와서 벌어가기를 기다리고 있습니다. 최선의 노력을 다해 앞으로 가고 있는 학생 여러분, 여러분들이 배운 이 비결을 다른 모든 유태인들에게 알려주세요. 그래서 그들이 엄청난 부를 모두 누릴 수 있게 해주세요.

마지막으로, 다시 한 번 선현들이 남기신 말씀을 살펴봅시다.

"돈은 사람에게 밝은 빛을 내려준다. 돈은 중생들에게 따뜻한 온기를 내려준다. 돈은 나쁜 말을 일삼는 사람의 혀를 굳게 만들고 도살용 칼을 든 자의 넋을 빼어놓는다. 돈은 하느님께 선물을 사드려 꼭 잠겨 있는 신의 문을 열어준다."

갑부 메이어가 이야기한 돈 버는 비결은 여기서 끝나지 않았다. 지면의 제한 때문에 더 이상 이야기를 이어나가지는 못하지만, 그의 많은 생각들이 마치 약속이나 한 듯 우리의 전통적인 이재(理財) 관념과 일치한다. 그러고 보면 이런 이치는 상통하는 것인가 보다. 중요한 것은 우리가 정확한 방향을 따라 이를 끝까지 지속해갈 수 있는가이다.

대담한 모험으로 세계 금융계의
지배자가 된 모건 가문

유태인들에게 위험이 높다는 것은 그만큼 수익도 높다는 의미다. 기회가 왔을 때, 위험을 무릅쓸 엄두도 못내는 사람은 영원히 평범한 신세를 벗어나지 못한다. 출중한 상인은 전략가이자 모험가여야 한다. 사업을 하면서 시기를 잡기만 하면 용감히 결정을 내리고 베팅을 걸어야 한다.

많은 성공한 유태상인들은 늘 용감무쌍한 변화와 투자 행위로 사람들을 아연실색하게 만들곤 한다. 어떤 때는 생명을 내걸고 도박을 하기도 한다. 이런 행동들은 상당히 위험하기 때문에 성공하면 하루아침에 벼락부자가 될 수도 있지만 실패하면 앞으로 어떻게 될지 생각할 수도 없다. 그러나 사실상, 많은 위험들은 사람을 위협하는 외피에 불과하다. 전반적인 상황을 착실히 연구하고 준비작업만 효과적으로 잘 하면 위험은 얼마든지 비켜갈 수 있다.

모두들 알고 있듯, 오늘날 월스트리트가 세계 금융의 중심으로 발전할 수 있었던 것은 모건 가문의 성공과 떼려야 뗄 수 없는 관계가 있다. 두 말할 것도 없이 존 피어폰트 모건(John Pierpont Morgan)은 월스트리트의 초석이 되었던 인물이다. 그의 경영 철학과 모험 정신은 모건 가문 전체에 엄청난 부를 안겨주었다. 특히 그의 대담하기 그지없는 투기 행위는 무수한 투자자들을 자극했고 이렇게 자극받은 이들이 모두 월스트리트로 구름처럼 몰려들었다.

1857년, 모건은 독일 괴팅겐 대학교를 졸업하고 던컨 사에 들어갔다. 젊은이 특유의 기질과 남다른 자질은 모건을 돋보이게 했다. 그러나 그의 대담무쌍한 행동과 모험 정신 때문에 사장인 던컨은 늘 가슴을 쓸어내려야 했다.

한번은 쿠바에 간 모건이 회사를 위해 물고기와 새우 등 해산물을 사가지고 돌아오던 도중 뉴올리언스 부둣가에 정박하게 되었다. 그때 어느 낯선 사람이 그의 방문을 두드렸다.

"선생님, 커피 사시겠습니까? 고급 커피인데 제가 반값에 드리죠."

"고급 커피요? 반값에 판다구요?"

모건은 뭔가 의심스럽다는 듯 이 낯선 사람을 바라보았다. 그러자 이 낯선 이가 자신을 소개했다.

"저는 이 브라질 화물선의 선장인데, 한 미국 상인을 위해 커피를 한 척 운반해왔답니다. 아, 그런데 물건이 도착하고 보니 글쎄 그 상인이 파산을 했지 뭡니까. 이 커피를 싣고 온 배는 여기서 닻을 내릴 수밖에 없습니다. 선생님, 이 커피 사시면 저를 도와주시는 겁니다. 반값에 팔겠습니다. 그 대신 현금 거래만 합니다."

모건이 흘끗 보니 커피 품질이 괜찮아 보였고 그 정도면 가격도 싼 것이었다. 모건은 던컨 사 명의로 이 커피를 사겠다고 하고는 회사 사장인 던컨에게 전보를 쳤다.

소식을 접한 던컨은 깜짝 놀란 것은 물론이요 화까지 치밀어 올랐다. 이미 몇 번이나 커피 거래를 하다가 손해를 본 적이 있기 때문이었다. 그런데 모건이 통보도 없이 자기 마음대로 결정을 해버리다니. 만약 속임수라도 있으면 어쩌나. 화가 머리끝까지 오른 던컨은 모건에게 전보를 보냈다.

"야, 이 멍청한 자식아! 지금 회사를 가지고 장난하는 거냐?! 그 거래 당장 취소해버려, 그로 인한 손해는 네가 알아서 배상하고!"

이 전보를 받고 화가 벌컥 난 모건은 런던에 계신 아버지께 부탁을 하는 수밖에 없었다. 모건의 아버지는 전보로 자신의 런던 회사 계좌를 이용해 모건이 써버린 던컨사의 공금을 상환해도 좋다고 허락했다. 아버지의 허락에 기분이 좋았던 모건은 아예 배짱이 두둑해져서는 대담하게 나갔다. 브라질 선장의 추천을 받고 다른 배의 커피까지 사들인 것이었다.

사회에 갓 나온 청년 모건이 이렇게 큰 거래를 해버렸으니 위험을 무릅쓴 일이 아니라고 할 수 없었다. 그러나 하느님은 뜻밖에도 그의 편이었다. 모건이 이 커피를 사들인 지 얼마 지나지 않아 브라질에 추위가 몰아닥쳐 커피 생산이 크게 줄어들고 말았던 것이다. '희소가치가 있는 물건은 가격이 비싸다'는 말처럼 커피 가격은 순식간에 2~3배나 폭등했다. 그러니 모건이 엄청난 돈을 번 것은 당연했다. 이 일로 그의 아버지도 크게 기뻐했을 뿐 아니라 던컨조차도 모건을 다시 보게 되었다.

커피 거래를 통해 모건은 대담하게 결정을 내려야 돈을 벌 수 있다는 것을 깨닫게 되었다. 이후, 모건은 어떤 거래를 하든 위험도가 얼마나 높은지는 생각해본 적이 없었다. 그는 위험하면 할수록 벌 수 있는 돈도 많아진다고 굳게 믿었다. 그래서 결정을 내리는 담력도 점점 더 커져만 갔다.

1871년, 프로이센와 프랑스 사이에 벌어진 전쟁이 프랑스의 참패로 막을 내리면서 프랑스는 혼란에 빠져들었다. 독일에 50억 프랑의 배상금을 물어야 하고 붕괴된 경제를 회복하려면 엄청난 자금을 통용해야 했다. 프랑스 정부가 버텨내려면 반드시 2억 5,000만 프랑에 달하는 거액의 국채를 발행해야 했다.

그 무렵, 파리의 한 호화로운 별장 안에서 모건 그리고 국채 발행을 위해 찾아온 프랑스의 밀사가 담판을 진행하고 있었다.

"이 5,000만 달러(2억 5,000만 프랑)의 채권 판매에 관한 일을 로스차일드 남작과 해리 남작에게 물어보신 적이 있습니까?"

로스차일드와 해리는 각각 영국과 프랑스 은행계의 거두였다. 프랑스의 밀사는 쓴웃음을 지으며 고개를 가로저었다.

"양쪽 모두 승낙하려고 하지 않습니다."

모건은 이미 이를 예측하고 있었다. 이렇게 엄청난 규모의 국채 발행을, 그것도 프랑스가 전쟁에서 패하고 파리 혁명이 발발한 상황 아래서 어느 누가 대담하게 이런 위험을 무릅쓸 수 있겠는가? 그러나 모건은 날카로운 직감으로 이런 생각을 하게 되었다.

'작금의 이런 시대 상황 속에서 정치, 경제적인 동요는 계속 일어나게 되어 있어. 그러니 각국 정부는 무너지지 않기 위해서라도 반드시 대량의 국채를 발행해야 하겠지. 그러니 이후 이쪽 일은 분명히 투자 은행과 증권 거래 분야의 핵심이 될 게야. 이 분야를 장악하는 사람이 앞으로 금융계를 군림하게 되겠지.'

"그럼, 지금부터 시작해봅시다!"

모건은 대담한 결정을 내렸다. 그는 혼자서 이 국채를 도맡기로 했다. 도대체 어떻게 해야 이 국채를 소화할 수 있을까? 모건은 또 한 번의 대담한 결정을 내렸다. 그는 월스트리트의 전통을 깨뜨리고 제멋대로인 대형 은행들을 연합시켰다. 이렇게 해서 거대한 규모와 막강한 자금을 겸비한, 국채 전문 구매 기구-신디케이트를 만들어냈다. 이 조직을 이끄는 것은 물론 모건이었다. 그가 친밀한 친구에게 이런 생각을 늘어놓았을 때, 그 친구는 크게 놀라 소리쳤다.

"세상에나! 그 5,000만 달러에 달하는 프랑스 국채를 사겠다는 것만으로도 대담하기 그지없는 일인데 월스트리트의 규칙과 전통에 도전하겠다니, 자네 간이 너무 큰 것 아닌가!"

친구의 말에는 틀린 것이 하나도 없었다. 모건은 근본적으로 월스트리트를 뒤흔들고 월스트리트의 규칙과 전통에 위배되는 일을 시도하려고 하는 것이었다. 당시 월스트리트에서는 기회를 잡은 사람이 모든 것을 독식하며, 자신이 집어삼키지 못한 것은 누구도 가져가려고 해서는 안 된다는 규칙과 전통이 유행하고 있었다. 각 금융 기관들은 서로 간에 정보가 막혀 있었고 의심을 일삼았다. 상황 때문에 연합을 하기는 했지만 자신이 최대의 이익을 거두기 위해서라면 이런 연합도 변덕스런 여름 날씨처럼 금방금방 변했다. 투자자들은 돈만 보면 눈이 번쩍 뜨이는 사람들이었다. 자신의 사적인 이익을 위해서라면 어떤 수단과 방법을 가리지 않았고 신용과 명예가 추락하는 것도 상관하지 않았다. 서로 속고 속이는 판에 금융계 인사들은 모두 불안해 떨며 안절부절못했다. 만약 모건이 이런 투자자들을 하나로 연합한다 해도 잘못했다가는 투자광들이 일으킬 광란 속에 침몰할 수도 있었다.

비록 이 당시의 모건은 이미 상당한 부자였지만 위험이란 언제나 무자비한 것이었다. 그러나 모건은 비범한 담력과 지모, 그리고 선견을 통해 한 바탕의 비바람은 피할 수 없을 것이라고 생각했다. 그렇지만 그래도 희망은 존재한다고 믿었고 그래서 반드시 대담하게 나가야 한다고 판단했다. 그후의 역사는 모건의 대담했던 결정이 정확한 것이었음을 증명해준다. 이렇게 해서 모건은 또 한 번 성공을 거두었고 월스트리트의 정신적인 중추가 되었다.

대담한 결정이란 무지막지하게 밀어붙이는 것과는 절대 다른 것이다. 성공한 상인에게 위험을 무릅쓰기 위한 전제는 승산을 명확하게 따져보고 이런 결정을 내리기 전에 자신이 얼마나 많이 벌 수 있을지, 대신 실패해도 얼마나 많은 돈을 잃을 때까지 버텨낼 수 있을 것인가를 자문하는 것이다. 조금의 자신도 없으면서 맹목적으로 위험을 무릅쓰면 베팅에 거는 돈은 점점 더 많아질 것이고 담도 점점 커질 것이다. 그렇지만 그만큼 손실도 커지게 마련이다.

다른 사람은 엄두도 못내는 장사를 한
아먼드 해머

많은 유태인들은 종종 다른 사람들을 아연실색하게 하는 용감무쌍한 변혁을 일으키거나 투자 행동을 보여준다. 심지어는 자신의 생명도 아까워하지 않고 베팅을 건다. 그러나 대담한 결정은 결코 막무가내로 밀어붙이는 것이 아니다. 조금의 자신감도 없으면서 맹목적으로 위험을 무릅쓰는 것은 유태인들 눈에 어리석음의 상징에 지나지 않는다. 유태인들의 비즈니스 업계에서는 위험을 두려워하는 것은 용납되지 않는다. 유태인들은 모험을 즐기고 모험가들을 영웅으로 받든다. 그러나 사실상, 모험은 예외일 뿐이다. 반드시 이기는 게임만 하는 유태인들의 행동 규칙에 모험은 포함되지 않는다. 오히려 유태인들이 결정을 내릴 때 고려하는 첫 번째 요소는 바로 안전이다.

아먼드 해머는 돌덩이도 금으로 만들 수 있는 미다스의 손을 가진 성공한 상인이었다. 그리고 10월 혁명 후 소련과 합작한 최초의 서방 기업가이기도 했다.

해머는 1898년 5월 21일, 미국의 뉴욕에서 출생했다. 그의 증조부 블라디미르는 러시아 유태인으로 차르인 니콜라이 1세 시기에 조선(造船) 사업을 통해 갑부가 된 사람이었다. 그러나 해머의 조부인 야코브가 결혼해서 아들을 낳았을 무렵, 해일로 전 재산이 떠내려가고 말았다. 1875년, 야코브는 아내와 아들 율리우스를 데리고 미국으로 이민을 떠났다. 그로부터 20년이 지난 어느 날, 교외로 소풍을 나간 율리우스는 젊은 과부였던 로스와 서로 첫눈에 반하게 된다. 그들이 결혼해서 낳은 첫아들이 바로 아먼드 해머였다. 1917년, 해머는 컬럼비아 의대에 들어갔다.

그러던 어느 날, 아버지가 해머를 찾아와 나쁜 소식을 전해주었다. 자신의 저축액을 쏟아 부어 투자한 제약회사가 곧 파산을 앞두고 있다는 것이었다. 게다가 아버지 몸 상태도 좋지 않았고 더욱이 아버지 본인이 계속 의사 일을 하고 싶기 때문에 회사 관리까지 신경 쓸 여력이 없는 상황이었다. 그래서 아들인 해머에게 회사 사장을 맡되 학교를 그만두지는 말라는 말을 건넸던 것이다.

해머는 이 도전을 용감하게 받아들였다. 학업에 방해가 되지 않게 하기 위해 해머는 집은 가난하지만 학업 성적이 뛰어난 동급생과 함께 살며 그에게 공짜로 숙식을 제공했다. 해머가 내건 조건은 매일 수업을 듣고 와서 밤에는 낮에 정리해둔 노트를 해머에게 갖다 주고 해머가 시험과 논문에 대비할 수 있게 해주는 것이었다.

한편 해머는 회사의 경영방침과 판매 방식을 새로이 하고 강력한 영업사원들을 조직했고 회사 이름도 시원스럽게 '연합화학제약회사'로 바꾸어버렸다. 결국 해머는 바람 앞의 등불처럼 아슬아슬한 상황에 처해 있었던 회사를 파산 직전에서 구해냈다. 제품은 전국으로 팔려나갔고 회사는 제약공업의 대기업 리스트에 이름을 올리기 시작했다.

이 무렵, 해머는 소련을 방문해 사람들을 깜짝 놀라게 했다. 10월 혁명 후, 러시아의 후손이자 미국 공산당의 창시자 중 하나였던 해머의 아버지는 소련에 큰 관심을 갖고 있었다. 그는 봉쇄된 소련의 공산당 정권에 생활필수품을 제공하고 있었다. 그러나 그만 의료사고가 일어나 1920년 6월, 해머의 아버지는 감옥에 수감되고 말았다. 젊고 패기만만한 청년이었던 해머는 아버지가 이루지 못한 희망을 이루기로 결심하고 아버지가 태어난 나라, 소련으로 향했다. 해머는 당시 그곳에 만연하고 있던 기아, 장티푸스와의 전쟁에서 소련이 승리할 수 있도록 도왔다.

해머는 1921년 초여름에 소련에 도착했다. 우랄 지역의 대량의 백금, 보석, 모피들이 팔려나가지도 못하는 상황에서 식량 부족까지 겪고 있는 것을 본 해머의 머릿속에는 대담한 계획이 하나 떠올랐다. 그는 당시 미국이 큰 풍작을 맞아 식량 가격이 내려간 것을 생각하고는 100만 달러의 자금으로 미국에서 서둘러 밀을 사들이자고 제의했다. 바다를 통해 상트페테르부르크로 운반을 해와서 양식을 내려놓은 후, 다시 100만 달러어치의 모피와 기타 화물을 미국으로 운반해가자는 것이었다. 소련 고위 당국은 해머의 건의를 재빨리 받아들였고, 레닌은 직접 해머에게 전보를 보내 이 거래를 허락한다고 밝히면서 빠른 시간 내에 모스크바를 방문해달라고 요청했다.

모스크바에 도착한 이튿날, 해머는 레닌의 접견을 받았다. 갓 태어난 신생국 소비에트는 오랜 전쟁으로 피폐해진 나라를 안정시키고 국민의 부담을 줄여 국력을 회복해야 했기 때문에 레닌은 해머의 제안을 각별히 중요하게 여겼다. 그리고 이때부터 레닌과 해머는 진실하고 깊은 우정을 나누게 되었다. 레닌은 해머를 독려해 공장 건립에 투자하게 했고 해머가 시베리아 지역의 석면광을 채굴하도록 허락했다. 이렇게 해서 해머는 소련의 광산 채굴권을 따낸 최초의 외국인이 되었다.

미소 간의 물물교환은 이때부터 시작되었다. 해머는 연합기업을 조직해 30여 개 미국 회사와 교류했다. 해머가 마치 소련의 대미 무역 대리인이 된 듯했다. 해머는 소련에서 10년이나 되는 시간을 보냈고, 소련은 이 미국 청년을 백만장자에서 억만장자로 만든 발원지가 되었다.

그러나 해머 인생의 클라이맥스는 1931년 소련에서 미국으로 돌아온 직후부터 시작되었다. 해머가 미국으로 돌아갔을 때는 마침 1930년대 미국의 경제 대공황기였지만, 그는 오히려 돈 벌 기회가 왔다고 생각했다. 이즈음 해머는 확실한 정보를 하나 입수했는데, 루스벨트가 백악관의 대통령 자리를 향해 나가고 있다는 것이었다.

만약 그가 당선되면 1919년 반포되었던 금주령이 폐기될 터였다. 이는 곧 전 미국의 맥주와 위스키 수요 급증을 의미하는 것이었고, 술통 시장에도 전에 없었던 수요 급증이 일어날 것임을 뜻하는 것이었다. 그러나 당시 시장에서는 술통이 팔리지 않고 있었다. 해머는 주저 없이 바로 결정을 내려 소련으로부터 고급 목재를 여러 척 예약 구매하고 뉴욕 항구에 임시로 나무통 가공공장을 세웠다. 그리고 뉴저지에 현대적인 술통 공장을 건립했다.

 금주령이 폐지되는 날이 해머가 만든 술통이 생산라인에서 연이어 굴러 나오기 시작할 시기였다. 해머의 술통은 순식간에 각 술 제조 공장에 높은 가격으로 모두 팔려나갔다. 해머는 이런 기회를 틈타 주류 업계에 진출했고 위스키 사업을 시작했다. 연이어 여러 양조장을 사들인 그는 가격을 대폭 낮추고 대대적인 광고를 내보내 모든 경쟁자들을 빠른 속도로 물리쳤다. 그의 단테 위스키는 일약 전미 최고의 일류 명주로 자리 잡았고, 연 판매량이 최고 100만 상자에 달했다.

 해머는 쇠고기 스테이크를 즐겨 먹었다. 그런데 바로 이 습관 때문에 또 다른 영역, 즉 목우 사업에 발을 들여놓게 되었고 대성공을 거두었다. 그런데 해머가 목우 사업을 시작한 것은 아주 우연한 기회를 통해서였다.

 한번은 그가 우수한 품질의 쇠고기를 살 수가 없다고 불평을 하자 그의 직원 중 하나가 소 한 마리를 직접 사서 잡아드시면 어떻겠냐고 건의했다. 그래서 소를 한 마리 사왔는데 알고 보니 임신을 해서 새끼를 배고 있는 암소였다. 아무리 쇠고기가 먹고 싶어도 그렇지 임신한 소를 잡아 죽일 정도까지는 아니었기 때문에 해머는 사람을 시켜 그 소를 농장에 풀어놓고 키웠다. 마침 해머의 옆집에는 순종 앵거스(Angus) 소를 전문적으로 키우는 목우 전문가가 살고 있었다. 그는 해머를 대신해서 해머가 사온 암소의 순산을 도와주었을 뿐 아니라 그로부터 얼마 지나지 않아 이 암소와 자신이 키우는 수소를 교배시켜

앵거스 종의 품질이 뛰어난 새끼소를 낳게 했다. 이 일을 겪으면서 해머의 머릿속에는 새로운 사업을 위한 아이디어가 떠올랐다. 술을 양조하면서 생기는 부산물로 소를 사육하면 그야말로 쓰레기가 황금이 되는 것이 아닌가?

그래서 해머는 재빨리 소를 키우는 큰 목장을 세우고 10만 달러를 들여 최고의 수소를 한 마리 사들였다. 그로부터 3년 동안, 이 수소 혼자서 수천 마리의 송아지를 번식시켰고 그 중 여섯 마리는 세계 1등 소의 자리를 차지해 해머에게 200만 달러를 벌어다 주었다. 해머는 이때부터 목우 분야의 문외한에서 소 품종 업계가 공인하는 리더로 거듭났다.

1956년, 해머는 58세가 되어 있었다. 그는 사업을 통해 그 자신도 얼마인지 셀 수 없을 만큼의 부를 쌓아올렸다. 이제는 사업에서 은퇴해 안락한 노년을 즐길 생각이었다. 그러나 우연한 기회에 너무나 매력적인 석유 사업에 빠져들게 되면서 해머는 또 다시 전 세계에 이름을 날리는 석유 갑부로 떠올랐다.

당시 캘리포니아의 옥시덴털 석유회사(Occidental Petroleum Company)는 파산 직전에 몰려 있었다. 사실상 자산은 3만 4,000달러와 직원 3명, 그리고 곧 폐기처분될 석유정 몇 개뿐이었고 회사의 주식도 주당 18센트에 팔리는 지경이었다. 그런데 어떤 사람이 해머에게 이 석유회사에 투자를 해보라고 건의했다. 석유 사업에 대한 미국 정부의 편향적인 정책 때문에 아직 석유가 산출되지 않은 석유정에 쓰이는 자금에 대해서는 납세 신고를 할 필요가 없기 때문이었다.

　은퇴를 하고 싶었던 해머는 무심결에 이 회사를 사들였고 이 회사에 5만 달러의 돈을 빌려줘 석유정을 두 개 더 파게 했다. 만약 석유를 산출할 수 있으면 이윤은 쌍방이 반반씩 나눠 갖지만 석유가 나지 않을 경우에는 해머가 투입한 이 자금을 결손으로 해서 반드시 내야 할 세금에서 공제하기로 했다. 그런데 생각지도 못하게 두 개의 석유정에서 모두 석유가 산출되었다. 그 바람에 옥시덴털 석유회사의 주가는 순식간에 주당 1달러로 폭등했다. 이 일로 꽤 재미를 본 해머는 석유 사업에 발을 들여놓게 되었다. 그리고 곧 해머는 이 회사의 최대 주주가 되었다. 그는 1957년 7월, 옥시덴털 석유회사의 이사장이자 사장으로 선출되었다.

　해머는 자신의 오랜 경험을 바탕으로 엄청난 위험을 무릅쓰고 석유 왕국을 세우기 시작했다. 그는 인원 조직을 확충하고 최고의 석유 시추 엔지니어와 뛰어난 지리학자를 초빙했다. 1961년 드디어 캘리포니아에서 두 개의 거대한 천연휘발유 유전을 시추해냈다. 그러자 옥시덴털 석유회사의 주가도 계속 상승해 15달러까지 치솟았고 회사의 실력도 세계적으로 큰 석유회사들과 어깨를 나란히 할 수 있을 정도가 되었다.

　1974년, 해머의 옥시덴털 석유회사의 연수입은 60억 달러에 달했고, 1982년 이 회사는 전미 12대 공업 기업이 되었다.

　1972년, 74세의 고령이 된 해머는 소련과 20년에 걸친 200억 달러

규모의 화학비료 교역을 체결해 미소 간의 무역을 절정으로 끌어올렸다. 해머는 정보를 포착하고 시기를 잡아챈 사람이었다. 그는 제때 손을 썼고 그렇게 해서 신속하게 엄청난 부를 쌓아올렸다.

누구든지 큰일을 하려면 힘들고 어렵게 마련이다. 그러나 어렵고 힘들게 분투하는 와중에는 기회도 많이 만나게 된다. 그리고 기회를 잡아야만 목표에 접근할 수 있다.

6

올림픽을 상품으로 팔아먹은 유태인 위버로스

"아내와 아이들 빼고는 무엇이든 다 팔아먹을 수 있다."

유태 속담

유태인들의 성공은 운이 좋기 때문이다?

유태민족의 발전사를 보면 알 수 있듯이 그들은 자기 자신이 처한 환경과 갖고 있는 조건 그리고 자신이 접하고 있는 우위에 근거해 자기 인생을 이성적으로 설계하고 운용하는 데 능하다. 사업을 할 때도 마찬가지다. 그들은 시대의 조류에 따라 어떤 사업을 벌일지 선택하고, 이를 설계하고 장악하면서 늘 시대의 조류를 이끌어 엄청난 성공을 이루어낸다.

많은 사람들이 유태인들이 이룬 성공의 겉모습만 보고는 질투 섞인 말을 내뱉는다. 유태인들은 항상 운이 좋았던 것이라고. 이 말 속에 숨은 뜻을 보면 마치 유태인들이 성공을 거둘 수 있었던 것은 그들이 늘 운이 좋았기 때문인 것 같다. 이는 맛있는 포도를 입에 대보지도 못했으면서 포도는 맛있기는커녕 시어 터졌다고 심술부렸다는 여우와 다를 것 없는 심리다. 사실 사람들은 운 앞에서도 평등하다. 훈련이 잘 되어 있는 유태인들의 사업적 두뇌와 예리한 후각이야말로 그들이 언제나 '운이 좋을 수 있는' 중요한 요소다.

1850년대, 미국 캘리포니아 주 일대에서 금광 발굴 열기가 일어났다. 젊은 유태인 리바이 스트라우스(Levi Strauss)도 소식을 듣고는 얼른 캘리포니아로 달려갔다. 그러나 때는 이미 늦었다. 모래에서 금을 캐내는 일은 이미 막바지를 향해 가고 있었다. 그는 캘리포니아로 갈 때

능직(綾織) 면을 한 다발 가져갔다. 원래는 텐트를 만드는 상인에게 팔아서 돈이나 좀 벌어 집으로 돌아가는 길에 여비나 할까 생각하고 가져간 것이었다. 그러나 사람들에게 필요한 것은 텐트가 아니라 튼튼하고 질긴 바지였다는 것을 그곳에 도착해서야 알게 될 줄 누가 알았겠는가? 하루 종일 진흙, 물과 씨름하다 보면 금 캐는 사람들이 입은 바지는 순식간에 망가지곤 했다.

그런데 이때 기지가 발동한 리바이 스트라우스는 능직 면을 이용해서 세계 최초의 청바지를 디자인해냈다. 그후, 리바이 스트라우스는 바지 주머니 옆에 은색 단추를 달아 바지 주머니의 강도를 높였다. 그로부터 얼마 후, 리바이 스트라우스는 이 새로운 유형의 바지를 대량으로 생산하기 시작했고 바지는 날개 돋친 듯 팔려나갔다. 많은 의류 상인들이 앞 다투어 이 바지를 모방했지만 줄곧 선두를 지킨 것은 리바이 스트라우스 사였다. 매년 약 100만 벌의 청바지를 판매할 수 있었고, 그 매출액은 5,000만 달러에 달했다.

리바이 스트라우스는 운이 좋았던 사람이었다. 그러나 운은 준비된 사람들에게만 찾아오기 마련이다. 혹은 준비된 사람만이 우연히 찾아온 '운'을 잡아챌 수 있다고도 말한다. 금융계의 거두 앙드레 메이어도 준비된 사람이었다.

메이어는 파리의 가난한 가정에서 태어났다. 1914년, 16세였던 메이어는 생계를 위해 학업을 그만두고 파리증권거래소의 송신원이 되었다. 그해 여름, 그는 한 자그마한 은행에서 일하게 되었다. 당시 전쟁으로 금융 분야의 많은 인재들이 사라진 틈을 타 16세였던 메이어는 이 업계의 모든 것들을 자유롭게 배울 수 있었다. 얼마 지나지 않아 총명하고 능력이 뛰어난 메이어는 금융업계의 인정을 받게 된다.

라자르 형제 은행은 프랑스 금융계에서 신용과 명성을 떨치고 있었다. 그러던 1925년, 앙드레 메이어는 라자르 형제 은행의 은행장이었던 웨일의 눈에 들었다. 그는 안드레아 메이어를 키워볼 만한 인재라고 생각했다. 그래서 웨일은 당시 27세였던 메이어에게 라자르에 들어오지 않겠느냐고 물었다. 메이어도 이 제안에 큰 흥미를 느꼈지만 그는 '도대체 나는 언제가 되어야 공동출자인이 될 수 있을까?' 하는 문제로 고민하고 있었다. 웨일이 이에 대해 가타부타 대답이 없자 메이어는 이 제안을 완곡하게 거절해버렸다.

1926년, 웨일이 다시 이 일을 제기하면서 제안을 하나 내걸었다. 그 내용은 메이어에게 1년의 시범 기간을 줄 수 있으며, 만약 이 기간 동안 메이어가 뛰어난 능력을 발휘할 경우에는 1년 후 공동출자인이 될 수 있지만 그렇지 못할 경우 메이어는 라자르를 떠나야 한다는 것이었다. 메이어는 조금도 주저하지 않고 이 제안을 받아들였고 라자르로 직장을 옮겼다.

1927년, 웨일은 드디어 메이어가 내건 조건을 받아들이기로 결심했다. 더 이상은 이렇게 우수한 인재를 그의 회사 밖에 두고 볼 수가 없었다. 언제고 그가 경쟁 대상 밑으로 들어가게 될지 모르는 일이었으니까 말이다. 이렇게 해서 메이어는 소원대로 라자르의 공동출자인이 되었다.

 많은 사람들 눈에 메이어는 너무나 운이 좋은 사람으로 보였다. 아직 30세도 되지 않았는데 벌써 대은행의 공동출자인이 되었으니 말이다. 그러나 그의 행운은 이제 겨우 시작된 것이나 다름없었다. 메이어는 여기서 만족하지 않았다. 그는 회사를 위한 전략과 정책을 세우고 거래를 안배하고 비용을 조달하며 이와 동시에 은행에 유리한 투자 기회를 찾아내는 진정한 의미의 은행가가 되고 싶었다. 메이어는 이런 의미의 은행업무야말로 라자르의 주요 활동 영역이라고 생각하고 있었다.

 1928년, 라자르는 시트로앵 자동차 회사의 주요 주주가 되었다. 당시 시트로앵은 처음으로 프랑스 자동차 업계에 자동차 외상 판매 방식을 도입했다. 이런 방식은 '자동차 신용대출 금융사', 프랑스어로 약칭 '소박(SOVAC)'이라 불린 시트로앵의 자회사에 의해 실시되었다. 시트로앵의 사장은 소박을 자동차 판매 도구 이상으로는 보지 않았지만, 메이어는 곧 소박이 다양한 용도로 쓰일 수 있다는 생각을 하게 되었다.

 예를 들어 가정용 기구 신용 대출, 심지어는 부동산에도 이용할 수 있을 것 같았다. 그래서 그는 라자르가 다른 두 은행과 연합해서 '소박'을 사들인 후 이 회사를 기반이 넓은 소비품 외상 판매 회사로 변화시키자고 건의했다. 시트로앵의 사장은 메이어의 제안을 높이 평가했다. 이제 소박은 앞으로 계속 시트로앵을 제외한 다른 차는 팔지 않고 다른 영역의 업무에만 매달리게 되었다. '소박'의 이런 변화로 시트로앵은 은행에 맞먹는 이런 회사를 다시 세우기 위해 자금을 제공해야 할 필요가 없어졌다. 자금 사정이 빡빡했던 시트로앵에게 이는 한껏 환영할 만한 일이었다.

이 일을 성사시키기 위해 메이어는 사방으로 뛰어다니며 성공을 다짐했다. 그의 이런 노력으로 결국 가장 강력한 두 개의 공동 출자 은행을 찾아냈는데, 한 곳은 '비즈니스 인베스트먼트 트러스트'로 당시 미국 최대의 소비품 외상 판매 회사 중 하나였다. 또 다른 한 곳은 세계에서 가장 명성을 떨치던 민간 은행, JP 모건이었다.

공동 출자자를 찾은 후, 메이어는 이어 소박을 판매기구로 사용할 바이어를 찾아 나섰고 힘 하나 들이지 않고 유명한 미국 가전제품 제조회사인 켈빈 넷과 계약을 맺었다. 이렇게 돌아가기 시작한 소박은 투자자에게 지속적인 이윤을 가져다주었고 경제 대공황기에도 이는 변함이 없었다.

소박의 성공으로 금융계는 메이어가 얼마나 노련한 은행가인지를 알게 되었다. 그는 엄청난 규모의 구상을 해낼 수 있을 뿐 아니라 이 구상을 실현할 수 있는 결단력과 능력을 갖고 있다는 것을 보여준 사람이었다.

올림픽을 상품으로 팔아먹은 유태인 위버로스

유태인들에게는 '아내와 아이들 빼고는 다 상품으로 팔아먹을 수 있다'는 속담이 있다. 이런 관념으로 유태인 피터 위버로스는 올림픽을 팔아치웠다. 그것도 아주 멋들어지게 말이다.

그전까지는 계속 적자만 기록했던 올림픽은 위버로스 손안에 들어오면서 황금알을 낳는 거위로 변했다. 위버로스의 각고의 노력과 운영으로 로스앤젤레스 올림픽은 상업적인 운영을 통해 시장화에 진입하는 성공적인 루트를 개척해냈다. 이는 또한 위버로스가 세계 경제와 세계 스포츠계에 가져다준 최대의 시사점이기도 했다. 오늘날, 어느 주최국에게든 올림픽은 이미 돈보다 스포츠정신이 더 중요한 그런 행사는 아니다. 올림픽으로 얻어낼 수 있는 경제적인 이득 또한 수많은 도시들이 올림픽을 개최하려고 하는 이유 중 하나가 되어버렸다.

로스앤젤레스 올림픽 이전의 역대 현대 올림픽들을 보면, 올림픽 개최는 개최국과 개최 도시에 엄청난 재정 투입과 막대한 손해를 가져왔다. 개최국과 도시도 이러한데 하물며 당시 위버로스는 민간 기업의 후원을 통해 올림픽을 개최하려고 했다. 당시 상황이 이런지라 로스앤젤레스 올림픽이 순조롭게 거행될 수 있을지에 대해 많은 사람들이 의혹을 품고 있었다.

그러나 간 큰 위버로스가 대담하게 올림픽 개최에 나섰던 것은 그 자신의 분석과 판단에 기인한 것이었다. 그는 과거 사람들이 올림픽의 스포츠와 정치적인 기능에만 주의를 기울인 채 그 경제적인 기능은 오히려 무시했다고 판단했다. 만약 비즈니스 경영 이념을 올림픽에 도입한다면 올림픽은 분명히 떼돈을 벌 수 있는 찬스가 될 것이라고 분석했다.

「탈무드」에는 '어떤 물건이든 상인의 손 안에 들어가기만 하면 모두 상품이 된다'는 말이 있다. 이 말은 위버로스에게 너무나 어울리는 말이다. 한 치의 과장도 없이 말이다.

위버로스 자신의 재산을 팔아봤자 1,000만 달러밖에 되지 않았다. 이 돈은 올림픽에 비하면 새 발의 피에 지나지 않는 돈이었다. 그렇다면 어디서 돈을 끌어와야 할까? 다시 말해서 도대체 올림픽의 어떤 부분들을 시장이 필요로 하는 상품으로 바꿀 수 있을까?

사람들은 당연히 기업의 후원을 올림픽의 자금 출처로 삼는 것을 생각했다. 평소대로 생각해보면 당연히 기업 후원금의 액수가 많으면 많을수록 좋다. 그러나 위버로스는 결코 이렇게 보지 않았다. 그는 반드시 올림픽 후원 기업들 사이에 치열한 경쟁을 촉발시켜야 한다고 생각했다. 경쟁이 일어나야 기업들이 거액을 내놓고 올림픽을 후원하려 할 것이라는 생각이었다. 그래서 그는 다른 길을 뚫었다. 후원 기업에게 문을 크게 열어주는 방식을 취하지 않고, 세심하게 계획한 후 이번 올림픽이 끌어들일 수 있는 후원 기업의 수를 확정했고 후원 최저 금액을 규정했다. 위버로스는 이렇게 해야만 후원 기업 대열에 들어간 기업들 사이의 경쟁을 일으킬 수 있을 것이며, 이는 올림픽 조직위원회에 더 많은 후원을 가져다 줄 것이라고 생각했다.

시장조사와 과학적인 분석을 통해 위버로스는 이번 올림픽의 정식 후원 기업을 30개만 받아들이기로 했고, 각 업계에서 한 기업씩 택했다. 한 기업 당 최소 400만 달러를 후원해야 했으며, 이런 후원 기업들은 이번 올림픽의 특정 상품을 독점 판매할 수 있는 권한을 얻게 되었다.

이렇게 해서 위버로스는 주도권을 확실히 장악했고 그의 이런 전략은 과연 예기했던 효과를 가져왔다. 각 대기업들이 사력을 다해 후원 액수의 입찰가를 높이면서 위버로스가 바라마지 않았던 격렬한 경쟁 국면이 조성되었던 것이다.

코카콜라와 펩시콜라가 숙적이라는 것은 모두가 아는 사실이다. 올림픽 때마다 이 두 기업은 한 치의 양보도 없는 결전을 펼쳐왔다. 1980년 모스크바 올림픽 때는 펩시콜라가 우위를 점했다. 비록 많은 돈을 내야 했지만 브랜드를 알리는 데 성공하면서 판매량도 높아졌다. 콜라 업계의 큰형님을 자부하는 코카콜라이긴 했지만 펩시와 비교했을 때 1980년 모스크바 올림픽 때 부족했던 것은 사실이었다. 그래서 이번 로스앤젤레스 올림픽에서 코카콜라는 반드시 체면을 만회해야겠다고 결심했다.

위버로스는 이 두 기업에 400만 달러라는 기본 가격을 제시했다. 펩시콜라가 생각을 정리하지 못하고 머뭇거리고 있을 때 이미 머릿속으로 그림을 다 그려놓았던 코카콜라는 후원 비용을 1,300만 달러까지 높여놓았다. 위버로스가 제시했던 가격의 2배도 넘는 액수였다. 코카콜라사의 한 이사는 이렇게 말했다.

"우리는 재빨리 900만 달러를 더 불러 펩시콜라측에게 반격할 여지를 주지 않았습니다. 코카콜라가 일격에 펩시콜라를 격퇴했던 것이죠."

과연 펩시콜라는 반격에 나서지 않았고 이로써 코카콜라가 이번 올림픽의 음료수 독점 후원사가 되었다.

회심의 미소를 지으며 코카콜라의 1,300만 달러를 받아낸 위버로스는 이번에는 다시 감광 필름 업계의 두 거물, 코닥필름과 후지필름 쪽을 조준했다. 기본 가격은 마찬가지로 400만 달러였지만 이번에는 그렇게 순조롭지가 않았다.

코닥필름도 후원 기업의 대열에 끼고 싶었지만 그들은 올림픽 조직위원회가 제시한 400만 달러 이하로는 안 된다는 조건을 냉큼 받아들이려 하지 않았다. 코닥필름측은 후원금 100만 달러와 대량의 롤 필름을 제공하는 데만 동의의 뜻을 보내왔다. 그러나 위버로스는 이를 허락하지 않았고 직접 비행기를 타고 코닥필름 본사까지 날아가 올림픽 조직위원회가 내건 조건을 받아들이라고 코닥측을 설득했다. 그렇지만 '속 좁고 거만하기 그지없었던' 코닥필름은 이에 찬성하지 않았다. 그들은 자기들이 내건 조건을 바꾸지 않고도 후원권을 얻을 수 있을 것이라는 자신에 차 있었기 때문에 위버로스의 양보를 기다렸던 것이다.

바로 이때, 줄곧 예민한 후각을 자랑해온 일본인들은 마치 무엇인가 냄새를 맡은 듯했고 이 기회에 미국 시장으로 진출하려는 결심을 굳혔다. 후지필름은 위버로스와 가격흥정에 나섰고 결국 700만 달러의 가격으로 로스앤젤레스 올림픽 필름 독점 판매 후원권을 따냈다.

코닥필름이 정신을 차렸을 때는 이미 후지필름이 미국 시장에 넘쳐나고 있었고 이 일 때문에 코닥필름 홍보부 책임자는 회사에서 쫓겨나야 했다.

미국의 제너럴모터스와 일본의 도요타 등 몇몇 자동차 회사들의 경쟁은 더욱 열기가 뜨거웠다. 서로들 이 '유일한' 독점권을 따내기 위해 사력을 다했다.

위버로스가 올림픽 실황 TV 중계권을 판매한 것은 로스앤젤레스 조직위원회 위원장으로서 거둔 가장 큰 성공이었다. TV 중계권 단 하나만으로 위버로스는 조직위원회에 1억 달러의 수익을 올려주었으니 말이다. 이는 로스앤젤레스 올림픽이 거둔 총수익의 반 정도에 해당하는 액수였다. 위버로스는 또 7,000만 달러의 가격으로 올림픽 TV 중계권을 미국, 유럽, 오스트리아 등의 나라와 지역에 팔아넘겼고, 이렇게 해서 방송국들이 무료로 스포츠 경기 중계방송을 내보냈던 관례를 깨드림으로써 또 하나의 기적을 창조해냈다.

위버로스는 유태인의 영리한 기질을 충분히 드러냈는데 심지어는 많은 사람들이 보기에 기상천외한 방법으로 자금을 모이기도 했다. 많은 사람들이 올림픽 성화 봉송으로도 돈을 벌 수 있다는 생각은 꿈에도 하지 못했을 것이다. 그러나 위버로스는 이런 생각을 해냈다.

올림픽 개막 직전, 그리스의 올림피아에서 점화한 횃불을 비행기로 뉴욕까지 옮겨온 후 다시 32개 주와 콜롬비아 특구를 구불구불 돌고 돌아야 했다. 이는 41개 도시와 1,000개에 달하는 소도시를 지나는 총 1만 5,000킬로미터 거리였으며 릴레이를 통해 성화는 마지막 로스앤젤레스에 도착해 개막식에서 횃불을 점화해야 했다.

위버로스는 올림픽 성화 봉송 릴레이에 참여해 뛰는 것이 많은 사람들이 꿈에 그리는 명예로운 일이라는 것을 알게 되었다. 그래서 그는 성화 봉송 릴레이 참여권을 공평하게 팔 방법을 제안하기에 이른다. 미국 역내의 올림픽 성화 봉송에 참여하는 사람은 1마일당 3,000달러를 내야 했다.

이 말이 밖으로 나가자 세계 여론이 떠들썩했다. 비록 위버로스가 내세운 이 방식이 비난을 받기는 했지만 그는 굽히지 않고 뜻대로 밀고 나갔다. 결국 막대한 경비를 거두어들였고, 이 성화 봉송 참여권 판매를 통해 3,000만 달러의 자금을 모았다.

5년에 이르는 준비 기간을 거쳐 위버로스는 그 자신도 감격스럽기 그지없었던 1984년을 맞이했다. 로스앤젤레스 올림픽이 하루하루 가까워짐에 따라 로스앤젤레스 전체에는 열렬한 올림픽 분위기가 가득했다. 각 후원업체가 정비하고 새로 설치한 시설로 면모가 일신된 로스앤젤레스를 방문한 국제올림픽조직위원회 위원장 사마란치는 로스앤젤레스 시찰 후 만족감을 나타내며 이렇게 말했다.

"로스앤젤레스 올림픽의 준비 작업은 역사상 가장 훌륭합니다. 흠 잡을 데가 없습니다."

제23회 올림픽이 드디어 로스앤젤레스에서 거행되어 전대미문의 성공을 이루었다. 한 달 후 나온 수치들은 이 올림픽이 2억 5,000만 달러의 수익을 올렸음을 보여줬다.

의심할 것도 없이 위버로스는 현대 올림픽 역사상의 신화를 창조했고 세계 경제사의 기적을 이루어냈다. 그는 세계 역사상 유일하게 올림픽을 맡아 준비한 민간인이었고 성공한 유태인이었다. 위버로스가 올림픽의 성공적인 운영을 통해 내보인 누구도 대적할 수 없는 비즈니스 운영 능력은 다시 한 번 유태인이 '세계 제일의 상인'이라는 말에 손색이 없는 존재임을 증명해보였다.

욱한 마음에 플레이보이를 창간한 헤프너

「플레이보이」는 전 세계를 풍미하는 유명 잡지이고, '플레이보이'는 더욱이 유명한 브랜드 중 하나이기도 하다.

「플레이보이」의 창시자 휴 헤프너(Hugh Hefner)는 미국 시카고의 유태인 중산층 가정에서 태어났다. 헤프너는 어려서부터 총명한 장난꾸러기였고 공부는 별로 좋아하지 않아 학업 성적은 떨어지는 학생이었다고 한다.

헤프너가 중학교를 졸업했을 때는 마침 제2차 세계대전 중이기 때문에 그는 정부의 부름을 받고 흔쾌히 징집에 응해 입대했다. 1945년 2차 대전이 끝나자 헤프너도 제대해 집으로 돌아왔다. 군대 추천서를 갖고 있었던 헤프너는 정부의 규정에 따라 우선순위로 대학에 들어갈 수 있는 권한을 갖게 되었다. 이렇게 대학에 들어간 그는 대학 시절 당시 미국을 뒤흔들었던 여성의 성행위에 대한 글을 한편 읽게 된다. 이 일로 헤프너는 이 분야를 연구해 보고픈 깊은 흥미를 느끼게 되었다. 이는 헤프너가 그후 「플레이보이」를 창간하게 되는 원동력 중 하나가 되었다.

대학을 졸업한 헤프너는 잇따라 시카고의 한 만화잡지와 인기 잡지사에서 일하게 되었다. 그러나 헤프너는 별 볼일 없는 기자를 하기에는 자신이 아깝다는 생각을 하고 있었다. 게다가 월급도 적었기 때문에 마음이 편하지 않았다. 그러던 어느 날, 그는 결국 결심을 굳히고 편집장 사무실을 찾아가 자신의 요구 사항을 제시했다.

"편집장님, 제 월급을 40달러 올려주시기 바랍니다."

그러나 편집장은 오히려 이렇게 대답했다.

"흥! 자네 같은 친구에게 그렇게 많은 돈을 퍼부을 값어치가 있을까?"

모욕을 당한 헤프너는 화가 머리끝까지 치밀어 단호히 사표를 내던졌다. 바로 이 울컥했던 마음으로 헤프너는 결국 자신의 재능을 펼치게 되었고 신천지를 열어 젖혔다. 그는 아버지와 남동생에게서 돈을 빌리고 은행에서 대출을 받아 1만 달러를 모았다. 그리고 이 돈으로 「플레이보이」를 창간했다.

헤프너는 제1호의 성패 여부가 관건이라는 것을 너무나 잘 알고 있었다. 도화선에 불만 붙여지면 사람들을 놀라게 할 수 있지만, 만약 불발하면 아무도 이 잡지에 관심을 보이지 않을 것이고, 그렇게 되면 헤프너는 제2호를 출간할 자금을 다시 모이기도 힘들어질 것이다. 그는 심혈을 기울여 제1호의 내용을 기획했다. 할리우드의 섹시 스타 매릴린 먼로의 사진을 표지사진으로 실었고, 동시에 잡지 글에 먼로의 반나신 사진을 끼워넣었다.

1953년 11월, 「플레이보이」 창간호가 나왔다. 헤프너는 안절부절못하며 시장의 소식을 기다렸다. 그러나 허공에 떠 있던 헤프너의 마음은 곧 제자리를 내려왔다. 판매 상황이 예상외로 좋았던 것이다. 1개월 후, 헤프너는 5만 여 권의 잡지를 팔아치웠다. 그리고 1쇄의 인쇄 부수에 거의 배에 가까울 정도로 인쇄 부수가 늘어나면서 투자금을 전부 회수할 수 있었다. 뿐만 아니라 그 자신은 하루아침에 유명인사가 되었고, 유명세를 타는 사장으로 변모했다. 1954년, 「플레이보이」의 판매량은 뜻밖에도 17만 5,000부에 이르렀다.

「플레이보이」의 처음 몇 호는 주로 먼로와 다른 몇몇 섹시 스타들의 사진들을 표지와 잡지 안에 넣는 식이었지만, 잡지의 판매량이 급증하면서 잡지사도 일정한 액수의 자금을 축적하게 되었다. 그래서 헤프너는 모델을 초청해 사진을 찍었고 이 생생한 이미지들을 잡지의 새로운 코너의 내용으로 삼았다. 또 컬러 인쇄에 심혈을 기울여 독자들에게도 신선감을 주었다.

이 밖에도 헤프너는 광고 선전을 확대하기 위해 시카고와 전국 각지에 '플레이보이 클럽'을 세웠다. 또 섹시한 미모의 젊은 여성을 토끼 모양의 '바니걸'로 선발해 이목을 끌면서 잡지의 판매량은 다시 한 번 크게 늘어났다. 그후 「플레이보이」는 순진무구한 소녀들을 등장시킨 '가난한 집의 어여쁜 소녀' 라는 새 코너를 개설했고, 그 바람에 잡지의 판매량은 또 한 번 크게 증가했다.

「플레이보이」는 대담하게 수많은 섹시 스타들의 노출 사진을 실으면서 동시에 '성애 죄책감'에 대해 부르짖었고, 이는 사회 각계의 엄청난 반향을 몰고 왔다. 이에 대해서는 긍정적인 평가와 부정적인 평가가 엇갈렸다. 그러나 보수적인 의견을 반대하고 낙태 합법화를 지지하는 등 수많은 새로운 관점을 제시하면서「플레이보이」는 사회적인 호평을 받았으며, '개방'의 상징으로 명예를 떨쳤다.

　수십 년 동안의 풍파를 거친 '플레이보이'는 세계 유명 브랜드가 되었고, 헤프너는 막대한 이윤을 올렸다. 사람들이 좋아하든 아니든 상관없이 플레이보이는 엄연한 미국인 삶의 일부가 되었다.

여성과 입과 관련된 사업은
유태인들이 가장 좋아하는 두 가지 사업

오늘날 사회에서는 어떤 물건이든 상품이 될 수 있다. 그러니 돈을 벌 기회도 무궁무진하다 하겠다. 그러나 장사를 하다보면 언제나 이윤이 많고 적고가 문제가 되고 '시기'의 문제도 생기게 된다. 어떤 상품은 아주 잘 팔리지만 이윤은 그다지 높지 않을 수 있다. 또 어떤 상품은 그렇게 잘 팔리는 것은 아니라도 이윤은 아주 높을 수 있다. 마찬가지로 어떤 물건은 특정한 환경과 시간에만 팔려 돈이 벌리고, 또 어떤 물건은 시간에 상관없이 언제든 팔아서 돈을 벌 수 있다.

모든 상인들이 도대체 어떤 물건이 가장 잘 팔려 돈이 될지를 알고 싶어 한다. 수많은 상인들이 결론을 모색하고 있을 때, 유태인들은 벌써 상품을 분류해놓고 분명하게 말한다. 과거든 현재든 아니면 미래든 '여성'과 '입'과 관련된 것들이야말로 돈을 가장 잘 벌 수 있는 상품이라고. '여성' '입'과 관련된 사업이 유태인들의 사랑을 가장 많이 받는 분야가 된 것은 이런 관념 때문이다.

유태인은 이 두 가지를 이렇게 분석한다. 남자들이 죽을힘을 다해 일을 하는 것은 돈을 벌기 위해서지만 남자들이 그렇게 해서 번 돈을 쓰는 것은 여자들이다. 만약 돈을 벌고 싶으면 우선 여자들을 눈여겨보고 여자들이 갖고 있는 돈을 벌어야 한다. 여자들의 돈을 번다는 것은 남자들이 일해서 번 돈이 모두 상인들의 주머니로 들어가는 것이나 다름없다. 그래서 여자들은 돈 버는 사업의 첫 번째 대상이다.

'입'에 관련된 사업에 대해서 유태인들은 이렇게 분석한다. 인류의 생활 속에서 가장 중요한 것은 식(食)이다. 먹어야 인체가 영양을 흡수하고 생존할 수 있으며 이로써 사회는 번영하게 되는 것이다. 이것은 너무나도 간단한 이치다. 유태인들은 바로 누구나 다 아는, 너무나도 간단한 이 이치를 갖고 돈 버는 기회를 찾아 나선다.

유태인들은 '여성'과 관련된 사업 다음으로 돈을 벌 수 있는 두 번째 사업이 바로 '입'에 관련된 상품 사업이라고 생각하고 이를 자신들의 부의 원천으로 삼는다. 입은 끊임없이 소비를 빨아들이는 밑 빠진 독이니 지금 현재 지구상에는 60억 개의 '밑 빠진 독'이 있는 것이고 그 시장의 잠재력은 엄청나다고 말할 수 있을 것이다. 그래서 유태인들은 입과 관련된 사업은 그것이 무엇이든 온갖 방법을 동원해서 경영에 나선다.

예를 들어 곡물 판매점, 식품점, 생선 판매점, 정육점, 과일 판매, 야채 판매, 식당, 커피숍, 술집, 클럽 등등, 그 수는 셀 수 없이 많다. 유태인들은 사람이 다 먹고 난 음식은 소화되고 배출된다는 것을 알고 있다. 1달러에 하나 하는 아이스크림도, 10달러에 한 접시 하는 쇠고기 스테이크도 사람의 입속에 들어가서 몇 시간이 지나고 나면 모두 배설물로 변해 배출된다는 것을 말이다. 이렇게 끊임없이 순환하면서 소비되고 새로운 수요가 끝없이 창출되니 상인들은 이와 관련된 사업을 경영하면서 지속적으로 돈을 벌 수 있다.

'여성'에 관련된 사업이 '입'과 관련된 사업보다 이익을 올리는 속도가 느린 것은 너무나 명백하다. 그래서 유태인들은 여성용 상품을 '첫 번째 상품'으로 열거하고, 식품을 '두 번째 상품'으로 열거한다. 그래서 '첫 번째 상품' 사업을 경영하는 유태인이 '두 번째 상품' 사업을 경영하는 유태인보다 많다. 유태인들이 돈 버는 재주에서는 자신들이 중국인들을 뛰어넘는다고 뽐내는 근거가 바로 중국인들의 경우 '두 번째 상품' 사업을 경영하는 수가 많다는 데 있다.

똑똑한 유태인들은 '여성'에 관련된 첫 번째 상품을 잘 조준하기만 하면 돈은 넝쿨째 굴러오게 되어 있다고 믿는다. 반대로 만약 남자들의 돈을 벌고 싶으면 필사적으로 '남자를 조준해야 하겠지만' 이런 사업은 반드시 실패하게 되어 있다. 남성들의 의무가 돈 버는 것이기는 하지만 돈을 벌 수 있다는 것이 결코 돈을 수중에 갖고 있다는 것을 의미하지는 않는다. 돈을 수중에 갖고 소비할 권한은 '여성'들에게 있기 때문이다.

그러므로 유태인들이 '여성'들을 겨냥해 사업을 하는 것은 정확한 것이다. 눈부시게 빛나는 다이아몬드, 호화로운 여성 의류, 반지, 머리핀과 목걸이, 귀걸이 등과 같은 의복 및 장신구 용품이든 아니면 여성용 고급 핸드백과 같은 상품이든 모두 상당한 이윤을 자랑한다. 이 상품들은 어서 와서 자신들을 데려가 줄 상인들의 손길을 기다리고 있다. 조금만 머리를 똑똑하게 굴리면 기회를 잡게 되고 '여성'들을 대상으로 돈을 벌 수 있게 된다. 뭉텅이의 지폐가 스스로 알아서 당신의 지갑 속으로 들어오게 되는 것이다.

전 세계에서 가장 유명한 고급 백화점인 메이시(Macy)는 네이선 스트라우스(Nathan Straus)라는 유태인이 혼자서 세운 백화점이다. 어린 시절 노동자로 시작해서 작은 상점의 점원이 된 스트라우스는 일을 하면서 대부분의 고객이 여성이라는 것을, 설사 남자들이 여성과 함께 와서 물건을 산다 하더라도 마지막 구매 결정권은 대부분 여성들에게 있다는 것에 주목했다.

자신이 관찰하고 분석한 것에 따라 스트라우스는 여성을 대상으로 한 사업의 앞날이 분명히 밝을 것이라고 생각했다. 그래서 조금 모은 자본으로 메이시라는 작은 상점을 열어 경영에 나설 때도 여성 의류, 핸드백, 화장품에서부터 시작했다. 몇 년 동안 경영을 해본 결과, 사업은 과연 번창했고 올린 이윤도 상당했다. 그래서 그는 계속 이 방향을 고수하면서 규모를 확대했다. 이는 회사의 매출액을 빠른 속도로 증가시켰다. 스트라우스는 자신의 경영상의 경험을 정리하고 이어서 다이아몬드와 금은보석 등 명품 고가 상품을 판매했다. 뉴욕에 있는 그의 메이시 백화점은 총 6층으로 된 전시 판매장을 갖고 있는데, 두 층에서 의상을 전시하고 있고, 다이아몬드 및 금은보석이 한 층, 화장품도 한 층을 차지하고 있으며, 나머지 두 층은 여러 가지 각종 상품들을 종합적으로 전시하고 있다. 여기서도 여성용 상품이 메이시 백화점에서 절대 다수를 점하고 있다는 것을 알 수 있다. 스트라우스는 30여 년의 경영을 통해 작은 점포에 불과했던 메이시를 전 세계 일류 대기업으로 성장시켰는데, 이는 여성을 목표로 선택한 그의 전략과 큰 관계가 있다.

다이아몬드 판매 방면에서도 유태인들의 혜안은 빛이 난다. 그들은 가공을 마친 다이아몬드가 더 화려하고 고급스러워 보이기 때문에 많은 여성들의 환심과 감탄을 자아낼 수 있다는 것을 너무나 잘 알고 있다. 그런데 지금 세계 대다수 국가 및 지역의 민족들을 보면 비록 남자가 권력을 쥐고 집안을 다스리고는 있어도 그들 중 어떤 이들은 자신이 벌어온 돈을 아내에게 맡겨 관리를 한다. 또 어떤 남자들은 자신이 돈줄을 쥐고 있어도 여자들에 대한 자신의 애정을 내보이고 그녀들의 환심을 사기 위해 여성들이 마음대로 돈을 쓰게 한다. 바로 이 때문에 유태인들은 다이아몬드 가공업에 거금을 아끼지 않고 투자하고 있고 여기서 엄청난 이득을 올리고 있다.

이스라엘 다이아몬드 거래소의 발전은 의심할 바 없이 유태인들의 이런 관점을 보여준다. 40여 년의 경영을 통해 이스라엘 다이아몬드 거래소는 무에서 유를 창조해냈고, 소규모 회사에서 대규모 기업으로, 국내 경영에서 다국적 경영업체로 발돋움했으며, 결국 현재 세계 최대 유명 보석 가공 기업으로 발전했다. 이 회사의 연간 매출액은 40억 달러에 달한다.

물론, 어떤 사업을 하든 그 사업을 하고 싶다고 남의 방법이나 경험을 그저 기계적으로 모방하기만 하는 것으로는 한참 부족하다. 사업을 하려면 총명한 두뇌와 깊고 깊은 통찰력을 갖고 있어야 한다. 이는 '여성'을 겨냥한 사업이든 '입'을 겨냥한 사업이든 예외가 될 수 없다.

금광에서 금을 캐지않고 물을 팔았던
유태인 아머

　19세기 중엽, 미국 캘리포니아 주에서 금광이 발견되었다는 소식이 날라들었다. 이를 천재일우의 기회라고 여긴 많은 사람들이 하나둘 캘리포니아로 달려갔다. 17세의 젊은 농부였던 아머도 금을 캐러가는 이 방대한 행렬에 몸을 실었다. 그리고 다른 모든 사람들과 마찬가지로 천신만고 끝에 캘리포니아에 도착했다.

　금을 캐겠다는 아름다운 꿈! 많은 이들이 이런 꿈을 꾸고 있었다. 게다가 점점 더 많은 사람들이 벌떼처럼 몰려들자 캘리포니아 주는 일순간에 금을 캐러온 사람들로 넘쳐나게 되었다. 그러니 금은 자연히 점점 더 캐기가 어려워졌다.

　금만 캐기 어려운 것이 아니라 그곳에서의 생활도 점점 더 어려워졌다. 현지의 기후가 건조하고 물이 부족했기 때문에 금을 캐기 위해 몰려들었던 많은 사람들이 불행하게도 꿈을 이루지 못한 것은 물론 오히려 몸까지 망치고 말았다.

　아머도 한동안 노력을 해보았지만 다른 사람들과 마찬가지로 황금을 발견하지 못하고 오히려 굶주림에 지쳐 빈사 상태에 이르고 말았다.

　어느 날, 아머는 아까워 마실 수도 없는 얼마 되지 않은 물이 든 물

주머니를 바라보고 있었다. 귓가에는 물이 너무나 부족하다고 원망을 늘어놓는 주위 사람들의 불평이 들려왔다. 그런데 그때 갑자기 기발한 아이디어가 떠올랐다.

'금을 캐낼 수 있다는 희망은 이미 사라졌으니, 금을 캐내는 것보다 물을 파는 게 더 낫지 않을까!'

그래서 아머는 금광을 발굴하려는 생각을 단호하게 접어버렸다. 그러자 수중에 갖고 있던 금광을 캘 때 쓰는 도구는 수로를 파는 도구로 변해버렸다. 먼 곳에서 강물을 연못으로 끌어와서는 작은 모래들을 걸러내면 시원하고 맛있는 음료수가 되었다. 그리고 나서 이 물을 통에 담아 메고 산골짜기까지 가서 금광을 찾고 있는 사람들에게 한 병씩 팔았다.

당시 어떤 사람은 아머를 비웃으며 큰 뜻이 없는 자라고 말했다.

"천신만고 끝에 캘리포니아까지 와서 금을 캐서 큰돈 벌 생각은 하지 않고 돈도 되지 않는 이런 장사나 하다니. 이런 장사야 어디선들 못하겠느냔 말이야, 여기까지 와서 할 필요가 있겠어?"

그러나 아머는 조금도 개의치 않았고 그런 말에 동요하지도 않았다. 그저 계속 물만 팔았다. 도대체 어디에 이런 짭짤한 장사가 있겠는가. 밑천도 거의 들이지 않은 물이 팔려나가니 세상 어디에 이렇게 괜찮은 시장이 있겠는가.

결과적으로 대다수의 사람들은 금을 캐지 못하고 빈손으로 돌아갔다. 그러나 아머는 물을 팔아 짧은 시간 내에 당시로서는 엄청난 재산인 6,000달러를 벌어들였다.

오늘날 MBA 강의실에서는 이미 고전적인 사례가 된 이 이야기는 아머의 전설적인 삶의 시작에 불과했다. 위스콘신 주의 밀워키로 간 아머는 비누 판매량이 상당하지만 경쟁이 너무나 치열하다는 것을 알게 되었다. 아머는 비누의 엄청난 판매량은 비누 시장의 수요가 상당하다는 것을 반증하는 것이라고 생각했다.

당시 이미 많은 비누 생산 공장들이 치열한 경쟁을 벌이고 있었지만, 아머는 비누 생산에 뛰어들기로 결정했다. 그는 우선 비누 생산 기술을 익혔고, 그리고 나서 시장에 나와 있는 각종 비누들을 수집해 그 특성과 결함을 자세히 연구하고 분석했다. 그리고 스스로 자금을 모아 연 작은 비누 생산 공장에서 반복 실험을 통해 시장에 나와 있는 각종 비누들보다 품질과 외관 면에서 우수하면서도 향기가 좋은 비누를 연구 개발해냈다. 아머의 비누는 시장에 나오자마자 그 독특한 스타일로 가정주부들 위주인 주요 고객들의 사랑을 받게 되었고 가장 잘 팔리는 제품이 되었다. 그러나 그 바람에 후발주자로 나선 '벼락부자' 아머는 현지 비누 상인들의 눈엣가시가 되었다. 모두들 이 눈엣가시를 없애고 즐거움을 만끽하고 싶어 했다.

아머는 성공을 거두었지만 좋은 시절은 오래가지 않았다. 누군가 불을 냈는지 그의 비누 공장은 그만 큰 화재로 잿더미가 되고 말았다.

그후 다른 지방으로 건너가 몇 년간 가죽제품 장사를 해보기도 했지만 아머는 결국 밀워키로 돌아가 다시 한 번 일을 벌여 보기로 마음먹었다. 그러나 이번에는 비누 장사가 아닌 고기 장사를 해볼 참이었다.

사업 초기, 아머는 과거 비누 사업을 했던 라이벌과 맞수들을 연회에 초청했다. 비누 사업을 하는 손님들은 하나둘 제 시간에 맞춰 연회장에 도착했다. 아머는 이 과거의 '맞수'들에게 유머러스한 말을 던졌다.

"우리들은 과거 서로 경쟁하며 서로 너무나 잘 알고 지냈던 오랜 친구들입니다. 그런데 이제는 제가 업종을 바꿔 고기를 팔려고 합니다. 여러분들이 좀 도와주세요. 육류 제품의 용기는 여러분들이 생산한 비누여야만 깨끗하게 닦아낼 수 있습니다. 제가 하는 장사가 잘되면 잘될수록 여러분들이 생산한 비누도 점점 더 많이 팔릴 것입니다. 우리 사이에는 이제 공동의 이익이 있는 거지요. 여러분의 많은 도움과 성원 부탁드립니다."

아머의 이 말은 적을 친구로 만들었다. 불까지 내면서 아머에 대한 질투와 원한을 드러냈던 이 비누 생산자들이 아머의 육류 사업 지지자가 되었고 이로 인해 아머는 육류 시장에서 안전하게 자리 잡을 수 있었다.

아머는 우선 곡식 창고를 하나 사서 육류 가공 공장으로 바꾸어 육류를 가공, 생산, 판매했다. 금을 캐러갔다가 생수를 팔면 돈을 더 많이 벌 수 있다는 것을 발견한 아머의 천부적인 예민함은 육류 식품 분야에서 큰 도움이 되었다. 그는 언제나 다른 사람들이 소홀히 넘어가는 미묘한 정보와 동태 속에서 시장의 변화와 시세의 등락을 정확하게 판단해 기회를 잡았고 신속하고도 과감하게 온 힘을 쏟아 부었다. 그리고 이렇게 해서 짧은 기간 내에 평상시에는 상상도 할 수 없는 엄청난 이윤을 거머쥐었다.

남북전쟁 말기, 전쟁으로 인한 혼란으로 시장에 내놓은 육류 식품의 가격이 급등했다. 그러나 육류 사업을 하는 사람이라면 누구나 다 알고 있었다. 이는 일시적인 현상이라는 것을 말이다. 남부군의 패세가 짙어지면서 전쟁이 곧 끝날 것이었기 때문이다. 전쟁만 끝나면 육류 제품의 시장 가격은 순식간에 떨어질 것이었다. 현명한 장사치들에게 이런 가격의 대변동은 분명히 큰돈을 벌 수 있는 좋은 기회였다. 그러나 문제는 전쟁이 끝날 시기를 아주 정확하게 판단해내야 한다는 데 있었다.

물론 아머도 예외가 아니었다. 그는 순식간에 사라져버릴 이 시기를 절박하게 지켜보고 있었다. 그는 매일 신문을 자세히 읽으며 작은 소식 하나도 놓치지 않았다. 이미 패색이 짙어진 남부군이 얼마나 오랜 시간을 버틸 수 있을지 정확하게 판단할 수 있기를 바랐다.

그러던 어느 날, 별로 눈길을 끌지도 못하는 작은 소식 하나가 그의 시선을 빼앗았다. 그 소식에 따르면 한 신부님이 남부군의 로버트 에드워드 리 사령관의 주둔지에서 손에 돈을 가득 쥔 아이들을 몇 명 만났는데, 그 아이들이 이 신부에게 어디에 가야 빵과 사탕을 살 수 있느냐고 물었다는 것이었다. 이 아이들은 로버트 에드워드 리 사령관 부하들의 아이들이었다. 아이들은 아버지들도 자신들과 마찬가지로 이미 몇 날, 며칠 동안 빵을 입에 대보지도 못했다고 했다. 그렇지만 아버지가 가져오신 말고기는 정말 먹기가 너무 힘들다는 것이었다.

물자 공급에 곤란을 겪고 있는 남부군에게 먹고 입을 것이 부족하다는 것은 당시 사람들 모두 알고 있었다. 그러나 지금은 이미 리 장군의 사령부마저 말을 잡아먹어야 하는 상황까지 와 있었으니, 이는 남부군이 궁지에 몰렸음을 보여주는 것이었다. 아머는 남북전쟁이 끝날 시간이 점점 다가오고 있다고 생각했고, 이때야말로 행동에 나서야 할 최적기라고 판단했다. 그는 재빨리 동부 쪽 시장과 돼지고기 판매 계약을 맺었다.

이 계약서는 아머가 반드시 대량의 돼지고기를 싼 가격으로 동부 쪽 시장의 판매상들에게 팔되 거래 시기는 며칠을 미루기로 규정했다. 동부 쪽 시장 상인들은 물론 이렇게 싼 가격에 돼지고기를 들여오는 것은 남는 장사라고 생각했다. 그러나 며칠이 지난 후, 남부군이 북부군에 투항하면서 남북전쟁이 막을 내렸다. 이는 시장에 육류 가격 대폭락이라는 엄청난 변화를 몰고 왔고 아머는 이 거래를 통해 100만 달러를 벌어들일 수 있었다.

사업 방면에서 아머의 담력과 전략을 보여주는 또 하나의 전형적인 사건이 일어난 것은 1875년 봄이었다. 그는 신문의 구석 모퉁이에서 소식 하나를 접했다. 몇몇 멕시코 목장의 가축떼에서 질병이 발생했으며, 당국과 관련 인사들은 이 병이 순식간에 퍼지는 전염병이 아닌지 의심하고 있다는 소식이었다.

아머는 만약 이 소식이 진짜라면 이야말로 큰돈을 벌 수 있는, 절대 놓쳐서는 안 될 기회라고 생각했다. 그러나 가장 시급한 것은 멕시코 가축떼 안에서 정말 이렇게 빠른 속도로 옮는 전염병이 일어났는지 사실 여부를 확인하는 것이었다. 아머는 만약 멕시코의 가축떼 안에서 분명히 이런 전염병이 일어난 것이라면 가장 먼저 영향을 받게 되는 것은 멕시코와 가장 가까이 접해 있는 캘리포니아와 텍사스라는 것을 정확히 알고 있었다. 미국 전체의 육류는 대부분 이 두 지역에서 생산되고 있었다. 캘리포니아와 텍사스의 가축떼에서 전염병이 발견될 경우, 이 전염병이 미국 전역으로 확산되는 것을 막기 위해 미국 정부는 자국 법률에 따라 반드시 이 두 지역의 가축과 모든 육류가 다른 지역으로 넘어가는 것을 금지시켜야 했다.

아머는 자신의 가정 주치의에게 전화를 했고 주치의는 영문도 모른 채 아머가 야외식사를 하고 있는 근교로 급히 달려갔다. 아머의 설득에 주치의는 즉시 멕시코로 급하게 달려갔고 그곳의 가축떼에서 전염병이 발생했다는 소식이 사실인지를 조사해보았다.

주치의가 현장에서 사실 여부를 확인해본 결과 그 소식은 정확한 것이었다. 아머는 신속하고 과감하게 일을 추진하기 시작했다. 그는 수중에 모을 수 있는 모든 자금을 모아 캘리포니아와 텍사스의 돼지고기와 쇠고기를 사들였다. 이 돼지와 소들이 전염병의 영향을 받지 않게 하기 위해 모든 힘을 동원하면서, 이 돼지와 소들을 급히 캘리포니아와 텍사스 밖, 동부의 각 주로 보내버렸다.

과연 결과는 아머의 예상을 벗어나지 않았다. 가축들의 전염병이 캘리포니아와 텍사스 지역 내에 진입하자 미국 정부는 즉각 이 지역의 모든 육류와 육류 제품 및 가축들이 주 경계를 벗어나지 못하게 금지시켰다. 그러자 미국 시장 내 육류와 육류 제품의 가격이 폭등했다.

캘리포니아와 텍사스 주의 금지령이 해제되기 전 몇 개월 동안, 아머는 대략 900만 달러에 달하는 엄청난 이윤을 올렸다. 아머의 결정과 계획이 성공했던 것이다.

이것이 바로 아머의 전략이었고 아머가 성공한 원인이기도 했다. 모든 것을 세세하게 주시하고 순식간에 사라져버릴 기회를 적시에 발견해 낚아채는 것, 그리고 과감하게 결정을 내려 신속하게 전력투구하는 것이 그의 전략이었고, 그가 성공할 수 있었던 원인이었다.

초특급 두뇌집단으로 구성된
키신저의 국제컨설팅 회사

'세계 제일의 상인'이라고 불리는 유태인들은 현명함으로는 비할 데가 없다. 물론 거기에는 많은 요소가 있지만 그중에서 가장 중요하고도 가장 유태인의 특성을 잘 보여주는 것이 바로 그들이 갖고 있는 영리한 심리 상태다. 유태인들은 영리함을 좋아하고 중시하며 우러러 받든다. 그뿐 아니라 영리함을 정정당당하게 좋아하고 중시하며 우러러본다. 마치 돈에 대한 그들의 마음처럼 말이다.

아래의 우스갯소리는 바로 이런 유태인들의 영리한 면모를 보여준다.

미소 양국이 성공적으로 유인 로켓을 발사한 후, 독일과 프랑스, 이스라엘도 달 여행 계획을 세웠다. 로켓과 우주선 객실 제조가 모두 자리를 잡아갔고 이어서 우주비행사를 선택해야 했다. 면접관이 우주비행사 모집에 응모한 사람에게 물었다.

"어떤 대우를 받아야 기꺼이 우주비행에 참여하시겠습니까?"

독일 응시자가 말했다.

"3,000달러 주시면 하겠습니다. 1,000달러는 제가 쓰고, 1,000달러는 아내에게 주고, 나머지 1,000달러는 집 사는 데 쓸 겁니다."

이어서 프랑스 응시자가 말했다.

"저는 4,000달러를 원합니다. 1,000달러는 제가 쓰고, 1,000달러는 아내에게 주고, 1,000달러는 집 사는 데 보태고, 나머지 1,000달러는 애인에게 줄 겁니다."

마지막으로 이스라엘 응시자가 말했다.

"저는 5,000달러는 받아야겠습니다. 1,000달러는 당신께 드리고 저도 1,000달러 갖고요. 나머지 3,000달러로 독일인을 고용해 우주선을 조종시키겠습니다!"

객관적으로 말해 이 이야기는 유태인들을 빈정대고 있다는 혐의를 벗을 수 없다. 그럼에도 불구하고 이 이야기는 어느 정도는 유태인들의 영리한 구석을 설명해주고 있다. 유태인은 실무에 종사할 필요도 없이 그저 숫자만 늘어놓고도 자신도 1,000달러를 손에 넣고 면접관에게도 1,000달러를 줄 수 있는 인정을 부릴 수 있는 것이다. 이런 현명한 사고 논리가 바로 유태인들의 사업 스타일에서 가장 두드러지게 나타나는 특색 중 하나다.

유태인은 돈 앞에서는 보통사람을 뛰어넘는 현명함을 보여줄 뿐 아니라 다른 사람의 총명함과 재치를 자기 것으로 만들 줄 안다.

유태인 비즈니스 업계에서 두뇌집단을 조직하는 것은 흔히 있는 현상이다. 적지 않은 회사와 기업들이 이미 두뇌집단을 없어서는 안 될 조직 성분으로 보고 이를 발전하고 세우는 데 온 힘을 쏟고 있다. '현대판 메테르니히(Metternich)'라고 불리는 미국의 전 국무장관 헨리 키신저는 1970년대 세계 외교 무대의 초특급 스타였으며, 중미관계와 교류에 엄청난 영향을 미친 사람이었다. 정계에서 물러난 후에도 그는 명성이 자자한 회사를 창립하고 이사장 자리에 앉았다. 키신저는 매우 지혜로운 사람이었다. 정치 무대에서 은퇴한 후, 자신의 특기와 경험 그리고 자신이 갖고 있는 자원을 충분히 이용해 기업, 더 나가서는 정부를 위한 조언과 중요한 전략을 아낌없이 제공했다.

키신저의 이 회사는 아주 예사롭지 않은 다국적기업으로 워싱턴과 뉴욕에 나누어져 있었다. 시장상의 점포가 있는 것도 아니었고 판매할 상품도 갖고 있지 않았다. 그들이 유일하게 갖고 있는 것이 바로 특수한 고급 두뇌 서비스를 제공한다는 것으로 이름하야 '국제자문'이 그것이었다. 회사 내에서 키신저는 자신의 특기를 충분히 활용했고 자신이 갖고 있는 특별한 경험들을 이용해 적지 않은 회사에 금쪽같이 소중한 조언을 해주었다. 이로 인해 키신저의 회사는 세상에 이름을 널리 알리게 되었고 적지 않은 성공을 거두었다.

키신저의 이 국제 컨설팅 회사는 전문적으로 미국을 포함한 전 세계 각국의 대기업들에게 '국제 비즈니스 전략성 조언'을 제공했다. 이 회사는 지금까지도 국제 비즈니스 업계와 실업계 그리고 금융계 전체에 자문을 제공하는 '위험 평가 회사'들보다도 훨씬 더 효과적으로 고객과 밀접한 협력을 구축하고 있다. 현재, 적지 않은 고객들이 이미 키신저의 컨설팅 회사의 서비스를 요구하며 계약에 서명했다. 이 또한 기업이 '두뇌집단'을 중시한다는 것을 드러낸다. 키신저의 컨설팅 회사가 성공을 거둘 수 있었던 것은 바로 이 때문이었다.

그러나 이런 컨설팅 서비스의 가격은 상당히 비싸다. 단 한 차례의 서비스 비용이 30만 달러에 달할 정도다.

키신저 국제 컨설팅 회사의 규모는 결코 크지 않다. 8명의 이사가 전부지만 모두들 지명도 높은 '초특급 외교 전문가' 혹은 경제계의 권위자들이다. 그중에는 영국의 전 외무대신 캐링턴, 전 미국 대통령 포드, 전 미국 국가안보 보좌관인 브렌트 스코크로프트(Brent Scowcroft), 전 미국 국무부 경제 담당 차관을 지낸 윌리엄 로저스(William Rogers)와 스웨덴의 자동차 왕이자 볼보의 최고경영자였던 페르 길렌해머(Pehr Gyllenhammar) 등등이 포함되어 있다. 이들은 사람들의 주목을 끄는 실력파 '두뇌집단'임이 틀림없다. 이들 개개인이 모두 자신만의 독특한 경험을 갖고 있으며, 바로 이 소중한 경험들이야말로 또한 그들의 지혜에서 가장 가치 있는 부분이다.

오늘날의 전자시대와 정보사회 속에서 어떤 국제적인 기업 또는 은행이든 원료 구매, 상품 판매, 자본 수출, 차관 방출 등에서 효과적인 경쟁을 벌이고 싶다면 반드시 세계경제의 동향과 각국의 정치 상황을 분명하고 정확하게 이해해야 하고 가능한 한 적시에 중요한 정치적 정보와 관련 경제 정보를 손에 넣어야 한다. 그러나 많은 세계적인 재벌 그룹들이 이런 요구에 발맞추기 위해 자신이 전문연구기관을 세우는 대신 고액을 내걸고 브레인들을 초빙해 국제 동향을 관찰하고 세계정세를 예측하고 있다. 하지만 이런 브레인들도 키신저 컨설팅 회사의 인물들과 비교해보면 공자 앞에서 문자 쓰는 꼴에 불과하다.

키신저는 이미 관직에서 물러난 지 수년이 지났지만 국제 외교 사무 중의 수많은 전략을 꿰뚫고 있고 풍부한 경험을 갖고 있다. 더욱 대단한 것은 그가 아직까지도 미국 국내외의 정계, 비즈니스 업계, 재계와 광범위하게 관계를 맺고 있고 밀접하게 왕래하고 있다는 것이다. 이로 인해 그는 신속하게 최신 정보를 손에 넣고 시기와 상황을 잘 파악하게 되었고 일류 고문의 될 만한 유리한 조건을 갖추게 되었다.

요 몇 년 간 키신저는 비록 현직에 있지는 않지만 여전히 전략을 모색하고 있고 변함없이 뉴욕과 워싱턴의 최고위급 서클에서 활약하고 있다. 그뿐 아니라 글을 통해 자신의 이론을 내세우는 짬짬이 어려움을 무릅쓰고 멀리 유럽, 중동, 남미 그리고 일본까지 방문하면서 정치, 경제 분야의 각계 주요 인사들과 회견을 나누고 정견을 피력하면서 지속적으로 영향력을 발휘하고 있다.

또한 연회와 강연에도 늘 참석해 한 차례의 담화로 2~3만 달러의 사례금을 벌어들이니 그의 사회적인 영향력은 이를 통해서도 짐작이 가능하다. 지금은 대단한 명성을 자랑하는 정계, 재계 인사들을 모아 컨설팅 회사를 함께 연 키신저. 그의 명성을 흠모하는 이들이 끝도 없이 이에 몰려들고 있는 것은 당연한 일이다. 이 회사는 자신의 우위를 밑바탕으로 하여 컨설팅 서비스를 요구하는 대기업들에게 관련 정보를 제공하고 발전 추세를 분석하며 실천 가능한 구상과 정책을 정해준다. 심지어 고객을 위해 연줄을 대고 매수하는 일도 서슴지 않는다. 이런 식으로 고객이 화를 피하고 좋은 운을 잡아 엄청난 이윤을 올리도록,

원대한 계획을 이루게끔 만들어준다. 그 덕분에 키신저는 국무장관을 맡고 있던 당시의 연봉과는 천양지차가 나는 수입을 올리고 있다.

　키신저는 1977년 관직을 그만둔 후, 미국의 저명한 JP 모건 체이스 은행과 뉴욕의 골드만삭스 투자회사에서 국제 컨설팅 고문직을 맡아 보았다. 미국에서는 비즈니스에 종사하다가 여력이 있으면 관직에도 나가고 반대로 관직에 있다가 여력이 있으면 비즈니스를 하기도 한다. 비즈니스와 관직 사이에 넘을 수 없는 어떤 경계라는 것은 없다. 이런 '국제 컨설팅 회사'를 여는 것도 사실 키신저가 처음으로 낸 아이디어는 아니었다. 이전에도 미국 정부에서 명성이 높았던 고위직 인사들과 상하원 의원들이 은퇴 후 국제 컨설팅 업무 관련 이사나 고문을 맡아 보았던 경우가 많았다. 그러나 그 중에서도 가장 큰 영향력을 자랑한 인사가 바로 키신저다.

전 세계 호텔업계의 선두가 될 때까지
만족을 몰랐던 힐튼

'창업도 힘들고 어렵지만 이를 이어받아 지켜나가는 것도 쉽지 않다'는 말이 있다. 예로부터 사업을 이어받아 더 발전시켜 나가는 것은 창업하는 것보다 더 어려웠다. 한때를 풍미했던 수많은 우수 기업들이 호적수들이 즐비한 오늘날의 경쟁 속에서 성공을 목전에 두고 실패하게 되면 좋은 시절은 다시 오기 어렵다. 심지어 양도, 경매, 파산, 도산에 맞닥뜨렸을 때도 그 원인은 아마 '방어'라는 두 글자에 있을 것이다.

시대 상황, 환경, 라이벌 등 이 모든 것들은 끊임없이 변화한다. 그런데 성공을 거두고 명성을 날리는 기업이 방어 의식에 사로잡힌 채 오만불손하게 거드름이나 피우며 전혀 변함없는 태도로 이 모든 변화에 대응한다면 그 기업은 쇠락을 피하기 어렵다. 진격 태세를 유지하는 것은 곧 진취적인 창업 정신을 유지하는 것이다. 그래야만 탄탄한 기반 위에 올라설 수 있다.

1985년 5월, 중국 상하이에 힐튼 호텔이 문을 열었다. 전 세계에 분포되어 있는 힐튼 호텔에 또 하나의 새 식구가 생긴 것이다.

힐튼 호텔은 세계적으로 유명한 '호텔업계의 제왕'이다. 이 호텔의 창업자 콘래드 힐튼의 타고난 경영 수완에 대해서는 앞에서도 이야기한 적이 있다. 사실 힐턴의 전략을 자세히 연구하다보면 더 많은 교훈을 얻을 수 있다.

힐턴은 처음에 5,000달러로 호텔을 매입한 후 연이어서 낡은 호텔을 몇 개 사들였다. 그의 사업은 이렇게 날이 갈수록 번창해갔다. 그러나 그는 이런 현실에 만족하지 않았고 쉬지 않고 진취적으로 나가야겠다고 결심했다.

힐턴이 사들인 호텔의 반은 낡은 호텔이었다. 그래서 방은 오래되어 허름했고 각종 시설도 노화되어 있다는 것이 힐턴이 직면한 큰 문제였다. 다른 고층 건물들과 비교해보아도 힐턴의 호텔은 너무나 초라했다. 힐턴의 호텔이 비록 소형 호텔들 중에서 선두를 달리고 있었지만 그 자신은 잘 알고 있었다. 자신의 이상은 결코 여기에 머물지 않는다는 것을. 그의 목표는 전 세계 호텔 업계의 선두에 서는 것이었다.

댈러스 상업지구 귀퉁이의 한 부지에 눈독을 들인 힐턴은 높은 가격을 주고 이 부지를 손에 넣은 후, 이곳에 고급 호텔을 지으라는 명령을 내렸다. 힐턴은 호텔 사업의 최고봉에 오르기 위한 등반을 시작했던 것이다. 필사적인 노력과 분투 끝에 1년 후, '댈러스 힐턴 호텔'이 완공되었다. 이 최신식 일류 호텔은 힐턴의 사업이 현대화로 내닫는 하나의 기점이었다.

힐턴의 어머니와 아내는 모두 이제부터는 편안하고 안정된 생활을 하게 되기를 바랐지만 힐턴은 여전히 새로운 모험을 해보고픈 갈망에 목이 말랐다. 한번은 단숨에 여러 지명들을 연이어 읽어 내려가더니 이렇게 말했다.

"맹세합니다. 지금 읽어 내려간 바로 이 지방에 모두 호텔을 지을 겁니다. 1년에 적어도 하나씩!"

힐턴은 흥분에 겨워 있었다.

사실, 그는 이미 1년에 하나라는 속도를 넘어서고 있었다. 1930년 11월, '엘패소 힐턴 호텔'이 성대한 개장식을 거행했다. 힐턴가의 온 가족이 각지에서 바삐 달려와 이 성대한 개장식에 참여했는데, 모두들 이 호화롭고 휘황찬란한 건축물에 찬탄을 금치 못했다. 이에 힐턴은 더욱 의기양양해졌다. 가족들은 이제 그만 확장을 그만두고 이미 갖고 있는 호텔들이나 잘 경영하면 된다고 또 한 차례 설득했지만 힐턴은 꿈쩍도 하지 않았다. 그는 '최강의 방어란 바로 진격이며, 끊임없이 확장에 나서는 것만이 최고의 경영이다'라고 생각했다.

1930년대의 경제 위기는 힐턴에게 큰 타격을 입혔다. 그러나 그는 위기에서 벗어나는 방법도 진격이라고 생각했다. 1937년, 그는 텍사스 주에서 벗어나 샌프란시스코로 건너갔다.

"텍사스만으로도 이미 충분히 큰데, 또 다시 외지로 나가 사업을 해야 할 필요가 있습니까?"

많은 지인들이 이렇게 충고했지만 힐턴은 이를 상대하지도 않았다. 그는 오랜 친구들과 함께 투자 그룹을 만들었다. 힐턴의 첫 번째 목표는 샌프란시스코의 호화로운 '서 프랜시스 드레이크 호텔'을 사들이는 것이었다. 그후, 힐턴은 다시 롱비치의 '볼렉스 호텔'을 사들였다. 그리고 곧 새로운 호텔 '에어 보콕 힐턴 호텔'이 또 완공되었다. 힐턴의 어머니가 고층에 자리 잡은 방에서 도시를 굽어보며 이렇게 물었다.

"3개나 되는 주에 호텔을 갖게 됐으니 이제 만족하겠구나!"

그러나 힐턴은 단호하게 답했다.

"아닙니다!"

그의 사업은 지금 비상하는 중이었다. 그후 힐턴은 또 다시 로스앤젤레스의 '다운타운 호텔'을 구입했고, 얼마 못가 '팔라치오 힐턴'을 준공했다. 연이어 뉴욕의 '루스벨트 호텔'과 '플라자 호텔', 오하이오의 '빌트모어 호텔'과 '메이플라워 호텔'을 사들였고, 시카고의 '스티븐슨 호텔'의 소유권을 획득했다.

1946년, '힐턴 호텔 그룹' 성립을 선포했다. 힐턴의 호텔 사업은 이미 동종 업계를 한참이나 앞서 있었다. 힐턴의 어머니는 힐턴과 나눈 마지막 대화에서 이렇게 물었다.

"네 호텔이 전국을 뒤덮었고 업계에서도 선두를 달리고 있으니 이제는 너도 만족하겠구나!"

"아닙니다!"

힐턴은 이번에도 이렇게 대답했다. 그는 '호텔업계의 여왕' 자리를 지키고 있는 월도프 아스토리아 호텔에 눈독을 들이고 있었다. 1949년 10월, 그는 드디어 소원을 성취해 월도프 아스토리아 호텔을 손에 넣었다. 그의 사업은 절정을 향해 갔고 국제화되어 갔다. 전 세계 호텔업계를 이끄는 전환점을 맞이하고 있었다.

그의 시야는 해외로까지 뻗어갔다. 그는 푸에르토리코에 '캐리비언 힐턴 호텔'을 세우자고 건의했지만 이사회의 반대에 부딪쳤다.

"미국만으로도 충분히 큽니다. 미국이 우리 사업하는 데 부족합니까? 구태여 외국까지 나갈 필요가 있겠습니까!"

그러나 힐턴은 자신의 생각을 굽히지 않고 힘으로 밀어붙였고 결국 세계로 나가 그 선두에 섰다.

1954년, 미국의 또 다른 호텔 체인인 '스타틀러 호텔(Statler Hotel) 체인'의 형성을 눈여겨본 힐턴은 이를 사들이기로 결심했다. 그러나 이 소식이 전해지자 뉴욕의 한 부동산 업체가 먼저 이 호텔 체인을 손에 넣어버렸다. 힐턴은 이를 아쉬워하면서도 한 가닥 희망을 발견했다. 스타틀러의 자산이 1억 달러에 달하기 때문에 이런 거액을 모으려면 시간이 필요하다는 것이었다. 하물며 그 부동산 업체는 호텔을 경영하지도 않았다. 그럼에도 호텔 체인을 사들인 목적은 땅 투기를 위해서였다.

힐턴은 이 호텔 체인의 소유인인 스타틀러의 홀로 된 아내를 찾아가 호텔 체인을 사들인 후에도 호텔 이름을 포함한 모든 것을 손 하나 대지 않고 그대로 유지하겠다고 밝혔다. 그러자 스타틀러의 아내도 이 호텔 체인을 정말로 호텔 사업에 몸담고 있는 사람 손에 넘겨주고 싶다고 솔직하게 인정했다. 이렇게 해서 힐턴은 정식으로 '스타틀러 호텔 체인'의 지배권을 얻었고 호텔 역사상 최대 규모의 합병을 완성해 최고의 자리에 올랐다.

그후 푸에르토리코, 멕시코, 스페인, 터키, 파나마, 베이루트, 시드니, 암스테르담, 브뤼셀, 하와이, 홍콩, 방콕 등등 '힐턴 호텔'은 끝도 없이 지어졌다. 오늘날, 전 세계를 뒤덮고 있는 '힐턴 그룹'의 호텔은 그 수가 200여 개에 이른다.

이 업적은 힐턴의 공격적인 마인드가 가져온 성과였다. 기업가가 한 단계의 성공에 만족하게 되면 그의 머릿속에서는 '방어' 의식이 생기게 마련이다. 그러나 이런 '방어' 의식은 너무나 쉽게 방어적인 전략에서 보수적인 행동으로 이어진다. 물을 거슬러 나아가야 할 배가 앞으로 나가지 않는다면 남는 것은 후퇴뿐이다. 치열한 시장경제 속에서 일단 퇴각하면 눈앞에 닥치는 것은 도태될 운명뿐이다.

주위의 온갖 반대를 무릅쓰고 세계 최초의 뉴스 전문 채널(CNN)을 만든 테드 터너

세계 매스미디어의 발전사에는 한 유태인의 이름이 새겨져 있다. 그 이름의 주인공은 바로 세계 매스미디어 업계의 거물, 테드 터너(Ted Turner)다. 그는 신문과 매스미디어, 특히 TV의 발전에 획기적인 영향을 미쳤다.

처음 비즈니스 업계에 발을 내디뎠을 당시의 테드 터너는 작은 광고회사의 경영자에 지나지 않았다. 힘겹게 7년을 경영한 끝에, 백만장자의 자리에 올랐지만 그는 결코 이에 만족하지 않고 다시 새로운 사업을 시작했다.

1960년대는 미국의 TV 사업이 크게 발전한 시기로 투자가들이 벌떼처럼 몰려들면서 TV 발전이 절정에 도달해 있었다. 사물의 발전이 극에 달하면 반드시 반전되기 마련이다. 얼마 못가 수많은 방송국이 파산에 직면하게 되었고 투자가들에게는 하루하루가 고통이었다. 그나마 능력 있는 상인들도 꽁무니를 빼고 달아나는 판이었다. 그러나 터너는 정반대로 이 시기에 TV 업계로 진출할 결심을 굳혔다. 드라마틱한 터너의 일생이 시작되는 순간이었다.

1970년 12월 7일, 터너는 옥외광고회사의 자산을 저당잡히고 300만 달러의 빚을 얻어 WTCG-7 채널을 사들였다. 이 채널의 총본부는 애틀랜타의 독립방송국에 있었는데, 당시 이 채널은 매월 5만 달러에 달하는 손실을 입고 있었다. 광고를 내보낸 지 이미 오래 지났지만 누구 하나 관심 갖는 사람이 없었다. 이 채널을 사들인 터너는 채널 이름을 WTBS로 바꾸었다. 여기서 W는 미국 동부 방송국이 규정한 자모였고, TBS는 '터너 브로드캐스팅 시스템'의 약자였다.

이 채널을 사들이기 전 터너의 행동은 회사 내부의 강력한 반대에 부딪쳤다. 이사회에서 회사의 원로와 회계사는 조금도 거침없이 이렇게 지적했다.

"이는 너무나 경솔한 짓입니다. 회사의 앞길에 큰 위험이 되는 행동이란 말입니다."

그러나 터너는 이 말을 귀담아 듣지 않았고 회계사는 결국 회사를 떠났다. 터너는 어깨를 으쓱이며 어쩔 수 없다는 듯 안타까워할 수밖에 없었다.

얼마 못가 터너는 또다시 매월 3만 달러의 손해를 보는 방송국, 노스캐롤라이나 주의 남부 도시 샬럿의 36번 채널을 사들였다. 반대 목소리는 더욱 높아만 갔다. 회사 경영자 웰 손더스(Well Saunders)는 그때를 기억하며 이렇게 말했다.

"이런 TV 방송국 때문에 우리는 철저히 망할 수도 있었습니다. 사실 우리는 그때 이미 곤경에 빠져 있었지요. 우리의 구매 계약은 부채도 모두 포함하고 있었습니다. 만약 방송국이 돈을 벌지 못하면 채무를 줄여나갈 방법이 없었습니다. 파산이 코앞에 닥쳤던 것이죠. 그때 우리는 모두 터너가 미쳤다고 했었죠."

1년 내에 터너는 TV 사업에서 200만 달러를 잃었다. 그는 오로지 광고에만 의존해서 회사를 유지하고 있었다. 경쟁이 치열한 애틀랜타에서 터너가 사들인 방송국은 겨우 5위에 이름을 올렸다. 그러나 애틀랜타에서 수용할 수 있는 방송국은 겨우 한 곳이었다. 터너는 끝없이 손해를 보면서도 또 끝없이 돈을 투자했다. 이런 상황은 다른 독립방송국들이 파산할 때까지 계속되었고 터너는 그제가 되어서야 한숨을 돌릴 수 있었다. 그리고 겨울이 지나가면 봄이 오듯이 기회가 찾아왔다. 1972년 미국의 유료 TV 서비스가 정식으로 비준되었고, 터너는 엄청난 수익을 올린 독립 TV 방송국 업자 중 하나가 되었다.

1975년, 미국의 RCA(Radio Corporation of America)가 미국 최초의 인공통신위성을 발사했다. 터너는 독특한 식견으로 다음과 같이 예견했다. 방송국이 위성의 도움을 받아 위성방송국이 될 수 있을 것이며, 위성방송은 시공을 초월하고 국경을 넘어 역사상 그 예가 없는 엄청난 비즈니스 기회를 낳을 것이라는 것이었다. 그는 이 기회를 놓치는 자는 매스미디어 업계에서 계속 살아남기 힘들 것이라고 예상했다.

또 한 번의 경쟁을 거치고 나서야 터너는 비로소 정부로부터 위성 임대를 허가받았다. 1976년 크리스마스 전, 터너는 위성 TV 프로그램을 47개 주를 포함하는 지역에 내보냈다. 미국에서는 위성을 통해 전국으로 프로그램을 내보내는 방송국을 슈퍼스테이션(Super Station)이라고 불렀다. 터너의 슈퍼스테이션은 갖은 방법을 동원해 시청률을 높였고 엄청난 비즈니스 기회를 거머쥐었다.

1976년, 터너는 2,250만 달러의 가격에 '애틀랜타 브레이브스' 야구팀의 5년간 방송 중계권을 사들였다. 야구는 미국인이 가장 좋아하는 스포츠 중 하나였기 때문에 관중이 없어 고민할 일은 없었다. 회사 경영진 중 한 사람은 다음과 같이 말했다.

"이 결정은 이제 갓 출범한 우리 방송국의 이미지를 변화시켜주었습니다. 사람들이 우리의 프로그램을 보지 않을 수 없게 만들었던 것이죠."

터너의 슈퍼스테이션의 지명도는 점점 더 높아졌다. 방송을 시작한 그해에 200만 가입자를 획득했고 그 이후 매월 5만 명의 가입자가 새로 증가했다. 이렇게나 방대한 TV 시청자를 갖고 있는 터너는 당연히 전국 각지의 광고주들을 끌어들였다. 끝도 없이 이어지는 광고비가 터너에게 엄청난 부를 가져다주었고 슈퍼스테이션의 가치는 4,000만 달러까지 올라갔다.

그러나 터너가 정말로 역사책에 이름을 남기고 국제적으로 명성을 떨치게 된 대규모의 사업은 위에서 말한 것들이 아니라 CNN 창립이었다. 터너는 하루 24시간 뉴스를 방송하는 유례없는 방송 네트워크를 세운 것이다.

미국 초기의 TV 업계 동종업자들에게는 가능한 뉴스 방송 시간을 줄여야 한다는 것이 관례였다. 뉴스로 거둘 수 있는 경제적인 이득이 거의 없었기 때문이었다. 터너도 예외가 아니었다. 시청률을 높이고 상업 광고를 따기 위해 뉴스 시간을 정부가 규정한 최저 시간으로 한정하고 오락 프로그램을 대량으로 내보냈다.

그러나 세계경제가 일원화되면서 사람들은 점점 국내외의 중대 사건에 주의하기 시작했고 이에 따라 점점 뉴스 시청을 좋아하게 되었다. 특히 비교적 객관적인 시각을 갖춘 뉴스 보도를 좋아했다. TV 업계의 동종업자들 중에 이런 변화를 알아챈 사람은 얼마 되지 않았다. 그러나 그들과는 반대로 터너에게는 이것이 예민하게 와 닿았다. 엄청난 부를 거머쥘 기회를 또 다시 만난 것이었다. 그의 머릿속에 갑자기 하루 24시간 뉴스만을 방송하는 프로그램을 만들어 뉴스 방송 영역에서 기선을 잡고 이를 기반으로 더 많은 상업적 이익을 올리자는 아이디어가 떠올랐다.

업계 전체가 뉴스 시간을 줄이고 있는데 터너는 오히려 하루 종일 뉴스만 방송하겠다니, 이는 그 예를 찾아볼 수 없는 일이었다! 이 소식이 퍼지자 미국의 각 방송 네트워크들은 모두 터너를 조롱하며 그가 웃음거리가 되기를 기다렸다. 미국 ABC의 프로그램 고문인 마이크 댄(Mike Dan)은 공개적으로 터너를 공격하고 나섰다.

"터너가 제정신으로 항해했던 시대는 한번 가더니 다시 돌아올 줄 모른다."

「워싱턴포스트」는 더 무자비하게 조롱했다.

"TV 뉴스에 관한 한 터너는 우물 안 개구리에 불과하다."

터너의 직원마저 가만히 있지 못하고 하나둘 글을 올려 충고했다.

"터너 씨, 저희에게 이런 일을 저지르지 마십시오. 만약 이 엄청난 모험을 고집스럽게 감행한다면 당신은 회사 전체를 말아먹게 될 것입니다."

풍부한 경험을 가진 회사 원로와 똑똑한 회계사는 주저하지 않고 터너에게 정확히 예산을 짜 올렸다.

"만약 이 사업에 투자하면 매월 100만 달러의 손해를 보게 될 것입니다."

그럼에도 터너는 자신의 고집을 꺾지 않고 200만 달러를 들여 TV 뉴스 채널을 설립했다. 그렇지만 이는 계란으로 바위치기에 불과했다. 막대한 자금 부족에 사람들은 다시금 이렇게 예언했다.

"터너의 실패는 시간문제다."

그러나 그는 굴복하지 않았고 지혜롭게 새로운 자금을 얻어내 이를 투입했다. 끊임없는 설득을 통해 터너는 매뉴팩처스 하노버 은행과 시티은행을 설득하는 데 성공했다. 이 두 은행은 3년 내 터너의 TBS에 5,000만 달러를 대출해주기로 했다. 물론 터너는 매년 300만 달러의 이자를 납부해야 했고 회사의 3년 광고 수입을 담보로 내놔야 했다.

방송을 시작한 첫 6개월 동안 터너는 계속 곤경에 처해 있었다. 거액을 투자했지만 좋아질 기미는 보이지도 않았고 손해만 점점 커졌다. 그는 결국 개인 재산을 팔기 시작했다. 그렇게 샬럿의 채널36 방송국을 팔아 치웠는데도 아무런 도움이 되지 않았다. 수개월이 지나도록 직원들 급여도 지급하지 못하자 직원들도 터너에게 강한 불만을 표했다. 곧 폭발할 화산을 수습하기 위해 그는 어쩔 수 없이 자신이 소중히 보관하고 있던 개당 1온스짜리 남아프리카 금괴를 현금으로 바꿔 당장에 닥친 급한 일부터 해결했다. 터너는 정신이 아득해지며 스스로에게 이렇게 말했다.

'내가 혹시 미친 것 아닐까?'

터너에겐 선택의 여지가 없었다. 그저 끝까지 싸우는 것밖에는. 1980년 6월 1일, CNN이 정식으로 방송을 탔다. 24시간 직접적인, 편집되지 않은 뉴스를 방송하는 CNN은 TV뉴스의 새로운 스타일이었다.

1981년 12월, CNN 헤드라인 뉴스가 선보였다. CNN 헤드라인 뉴스는 CNN 뉴스의 압축판으로 30분마다 내용을 업데이트했다. CNN 헤드라인 뉴스를 애지중지한 터너는 이렇게 말했다.

"CNN을 보는 것은 신문 한 부를 보는 것입니다."

"CNN 헤드라인 뉴스는 그 중에서도 가장 중요한 뉴스 신문입니다."

1982년 4월, CNN이 정식으로 24시간 뉴스 프로그램을 내보냈다. 그리고 막대한 이익이 그를 향해 손짓했다. 이 '신문'의 정기구독자는 1,000만 가구에 달했다. 1984년 미국 대통령 선거에서 CNN은 24시간 실황 방송을 진행하면서 전면에 나섰다. 이에 대해서 어떤 이는 이렇게 평했다.

"뉴스 보도에서 ABC, CBS, NBC 이 3대 방송사는 기본적으로 시청자에게 아무것도 주지 못했다. 그러나 CNN은 자신의 가치를 증명해보였다."

이런 가치야말로 대중들이 바랐던 것이었고 터너는 그렇게 명예와 부를 모두 거머쥐었다. CNN은 여기서부터 세계를 향해 나아갔다.

다른 사람이 못하는 일이라고 해서 당신도 못하라는 법은 없다. 예전에 아무도 할 수 없었던 일이라고 해서 지금도 불가능하란 법도 없다. 시장의 수요와 노련하고 실천 가능한 실행 방안은 필수조건이다. 자신이 가야 할 길이라고 확신하고 흔들림 없이 밀고 나가기만 한다면 분명히 성공할 것이다.